非物质文化遗产与旅游融合发展研究

谢丁梅 著

中国原子能出版社

图书在版编目（CIP）数据

非物质文化遗产与旅游融合发展研究 / 谢丁梅著. 北京 : 中国原子能出版社, 2025. 4. -- ISBN 978-7-5221-4117-6

Ⅰ. G122；F592.3

中国国家版本馆 CIP 数据核字第 2025FE4711 号

非物质文化遗产与旅游融合发展研究

出版发行　中国原子能出版社（北京市海淀区阜成路 43 号　100048）
责任编辑　王齐飞
责任印制　赵　明
印　　刷　河北宝昌佳彩印刷有限公司
经　　销　全国新华书店
开　　本　787 mm×1092 mm　1/16
印　　张　11.75
字　　数　210 千字
版　　次　2025 年 4 月第 1 版　2025 年 4 月第 1 次印刷
书　　号　ISBN 978-7-5221-4117-6　　　定　价　**88.00 元**

前 言

在全球化迅速发展的当今时代，文化遗产的保护与传承成为全球关注的重点议题。非物质文化遗产，作为人类文化多样性的重要组成部分，承载了无数民族的历史记忆、生活智慧与艺术创造。随着社会的进步和科技的发展，传统文化面临着前所未有的挑战和机遇。在这样的背景下，将非物质文化遗产与旅游有效融合，不仅能为非物质文化遗产的保护与传承提供新的动力，还能激活地方经济，增强文化自信。

中国政府高度重视非物质文化遗产的保护工作，2004 年 8 月，全国人大常委会批准加入联合国教科文组织《保护非物质文化遗产公约》。2011 年 6 月 1 日，《中华人民共和国非物质文化遗产法》开始施行。2023 年，文化和旅游部发布《关于推动非物质文化遗产与旅游深度融合发展的通知》，要求推动非物质文化遗产与旅游深度融合发展。本书正是在这样的背景下撰写完成的。

本书的重点内容包括非物质文化遗产的功能与作用、旅游资源开发的价值评价体系构建，以及非物质文化遗产与旅游的互动效应分析。特别地，本书深入分析了旅游开发在促进非物质文化遗产保护传承中的可行性，探讨了非物质文化遗产旅游融合的基本原则与发展范式，并详细阐述了非物质文化遗产旅游的品牌化与 IP 开发等现代市场策略。本书还特别强调了以人为本的非物质文化遗产旅游发展范式，主张在非物质文化遗产的旅游开发中充分考虑地方社区的利益与参与，确保非物质文化遗产活动的真实性和持续性。同时，本书提出了非物质文化遗产旅游融合的项目主题化、产品体验化与活动场景化的具体对策，旨在通过创新的方式提高游客的参与度和体验感。此外，本书还通过具体的地区案例，如山东枣庄、江苏姜堰，展示了不同地区如何根据自身特色和资源优势，开发与非物质文化遗产主题相关的旅游产品和活动，从而实现文化的活化、创新与传播。这些案例不仅展示了非物质文化遗产保护与旅游融合的成功模式，也为其他地区提供了可借鉴的经验。

本书综合了文化学、旅游学、经济学和社会学等视角，全面探讨非物质文化遗产与旅游的融合问题。本书以理论研究和具体案例为基础，展示了非物质文化遗产在旅游开发中的多样化应用，并通过提出创新的融合策略，增强了非物质文化遗产旅游的市场吸引力。此外，书中提供的针对性政策建议和实用操作指南，为政策制定者和行业实践者在非物质文化遗产保护及旅游开发方面提供了实际的帮助。通过本书的阐述，希望能够增强公众对非物质文化遗产重要性的认识，并推动非物质文化遗产与旅游的深度融合，实现文化遗产的持续活跃和地方经济的共同繁荣。

由于时间、水平有限，书中难免存在疏漏之处，恳请广大读者批评指正，以便在未来的研究中不断完善和提高。

目　录

第一章　非物质文化遗产基本理论

第一节　非物质文化遗产概念及类型

一、非物质文化遗产概念

“非物质文化遗产”这一概念已广为人知，但真正能够精准阐释其内涵的人并不多。为了更有效地保护和传承这些珍贵的文化资产，本书整理了一些具有代表性的见解。

根据联合国教科文组织在 2003 年 10 月 17 日《保护非物质文化遗产公约》中的定义，“非物质文化遗产”是指那些被各地人民群众或某些个人视为其文化财富重要组成部分的各种社会活动、讲述艺术、表演艺术、生产生活经验、各种手工艺技能，以及在讲述、表演、实施这些技艺与技能的过程中所使用的各种工具、实物、制成品及相关场所。非物质文化遗产具有世代相承的特点，并会在与自己周边的人文环境、自然环境甚至是与已经逝去的历史的互动中不断创新，使广大人民群众产生认同，并激发起他们对文化多样性及人类创造力的尊重。”

我国学术界的文献中，对“非物质文化遗产”的描述很大程度上沿用了联合国教科文组织的定义。《中国民族民间文化保护工程普查工作手册》中的阐述是：“所谓非物质文化遗产，是指各民族人民世代相承的、与群众生活密切相关的各种传统文化表现形式（如民俗活动、表演艺术、传统知识和技能，以及与之相关的器具、实物、手工制品等）和文化空间（即定期举行传统文化活动或集中展现传统文化表现形式的场所、兼具时间性和空间性）”。此定义强调了非物质文化遗产与民族文化的密切关联，以及它在现代社会中的生活实践和文化空间的重要性。

《中华人民共和国非物质文化遗产法》中对非物质文化遗产的界定具体如下："非物质文化遗产是指各族人民世代相传并视为其文化遗产组成部分的各种传统文化表现形式，以及与传统文化表现形式相关的实物和场所。包括：传统口头文学，以及作为其载体的语言；传统美术、书法、音乐、舞蹈、戏剧、曲艺和杂技；传统技艺、医药和历法；传统礼仪、节庆等民俗；传统体育和游艺；其他非物质文化遗产。属于非物质文化遗产组成部分的实物和场所，凡属文物的，适用《中华人民共和国文物保护法》的有关规定。"此法律文本强调了非物质文化遗产的范围广泛和多样性，以及它在法律层面的保护机制，确保这些文化资产得到恰当的保存与传承。

尽管现有的定义已经触及非物质文化遗产的核心，但仍存在一些表述上的不足，需要进一步的精细化和发展。为了对非物质文化遗产进行准确的学术界定，需要从以下几个关键维度进行明确限定：传承主体、传承时限、传承形态、遗产价值，以及遗产的范围。在此基础上，以下误区亟须纠正。将"工具""实物"及"制成品"纳入非物质文化遗产的范畴是值得商榷的。无论是联合国教科文组织还是国内学术界，都普遍认为在讲述、表演、实施技艺与技能的过程中所使用的工具和实物也属于非物质文化遗产。然而，非物质文化遗产应主要指那些人类历史上创造并以活态方式传承至今的知识类、技术类与技能类传统文化事项，这些具有重要的历史、艺术、文化及科学价值。尽管各种可见可触的工具和制成品在保护和传承非物质文化遗产中发挥着特殊作用，它们本身不应直接视为非物质文化遗产的组成部分。涉及"文化空间"的分类问题同样需要澄清。《保护非物质文化遗产公约》将文化空间列入非物质文化遗产的范畴具有其重要性，因为非物质文化遗产与其所处的外部环境紧密相关，只有整体保护，才能实现对非物质文化遗产的全面保护。然而，将某些项目以"文化空间"的名义单独申报可能导致分类上的混乱。联合国教科文组织虽然不推崇单一遗产以"文化空间"名义申报，但支持将某一地区或村寨的文化遗产种类丰富且关联度强的非物质文化遗产整体打包，以"文化空间"名义申报。这种方式有助于实施更有效的整体保护，但"文化空间"的规模应适中，以村镇为单位更为可行。

根据上述讨论，可以更精确地界定非物质文化遗产如下：非物质文化遗产是由具有特殊知识、技艺与技能的人们在历史上创造，并以活态形式传承至今的文化事象。这些事象不仅具有显著的历史价值、艺术价值、文化价值与科学价值，而且能够代表特定地域的文化，得到当地民众及社会的认可，并具备显著的传承价值。这类遗产涵盖范围广泛，主要包括民间文学、表演艺术、传统工艺技术（包括文物修复技术）、传统节日、传统仪式、生产与生活知识，以及那些展现丰富非物质文化遗产表现形式的文化空间等。这样的定义强调了非物质文化遗产的活态传承特性和其在社会文化中的重要地位。

二、非物质文化遗产类型

（一）按级别划分

根据联合国教科文组织的规定，非物质文化遗产的分类标准反映了不同层次的全球和国家重要性。成功申报或符合申报条件的项目归属为世界级遗产，这类遗产因其独特的全球价值而获得国际认可。具有特殊价值和代表性，且符合国家级标准的非物质文化遗产，则被定位为国家级。此外，中国的各省市已经开始对本地的非物质文化遗产进行普查和申报，这些项目根据其文化重要性和地域特性，可被进一步细分为省级和市县级。这样的分级制度有助于细致和系统地保护及推广非物质文化遗产，确保其在各个层面上的适当管理和传承。

（二）按表现形式划分

在 2003 年，联合国教科文组织第三十二届会议通过了《保护非物质文化遗产公约》，标志着国际非物质文化遗产保护法律框架的成熟。该公约汇集了先前关于传统民间创作及非物质遗产的研究成果，同时对 1998 年的《宣布人类口头和非物质遗产代表作条例》进行了修订，并提出了一个新的、具有广泛应用的五大类人类非物质文化遗产分类法。

在此背景下，中国的民俗学者和民族民间文化艺术研究者积极探索适合中国特色的非物质文化遗产分类体系。基于中国以往的民族民间文化艺术调查和保护的丰富经验，众多专家学者的集体智慧被凝聚起来，并采用了当代先进的科学编码方法。由此，中国民族民间文化保护工程国家中心编纂的《中国民族民间文化保护工程普查工作手册》中的“非物质文化遗产分类代码”部分，显著地展示了这一探索的科学价值和实际操作性。

截至 2021 年 5 月，国务院前后公布了五批国家级非物质文化遗产名录及扩展项目名录，统计表如表 1-1 所示。

表 1-1　第 1～第 5 批国家级非物质文化遗产名录及扩展项目名录统计

类别	第一批	第一批扩展项目	第二批	第三批	第三批扩展项目	第四批	第四批扩展项目	第五批	第五批扩展项目
民间文学	31	5	53	41	8	30	7	12	9
传统音乐（民间音乐）	72	17	67	16	16	15	19	19	8
传统舞蹈（民间舞蹈）	41	13	55	15	16	20	16	13	9
传统戏剧	92	33	46	20	28	4	15	9	14
曲艺	46	15	50	18	10	13	4	18	2
传统体育、游艺与杂技（杂技与竞技）	17	4	38	15	8	12	6	27	13
传统美术（民间美术）	51	16	45	13	19	13	23	17	22
传统技艺（传统手工技艺）	89	24	97	26	28	29	32	46	36
传统医药	9	5	8	4	7	2	10	0	11
民俗	70	15	51	23	24	15	21	24	16

在具体的普查和保护实践中，仍将面临一些难以彻底解释或解决的问题。因此，这个分类体系需要不断根据实际情况、实践需求和知识发展进行进一步的修正、调整和完善。这种持续的优化过程是确保非物质文化遗产有效保护和传承的关键，它要求持续关注实践中出现的新问题和挑战，并灵活应对。

第二节　非物质文化遗产的基本特点

物质文化遗产以其实体性、唯一性和不可再生性为特征，而非物质文化遗产则有不同的属性。

一、民间性

非物质文化遗产深植于民间，普遍在民间传播与保存，与由政府或文化精英主导的主流文化明显不同。例如，民俗，从其字面意义可见，主要指的是除官方之外，具有共同社会关系的群体，通常是直接创造物质与精神财富的基层民众，在日常生活中世代相传的习惯与生活方式。这包括了语言、行为和心理上的集体习惯，而不涵盖官方的法规或高层社会的特定习惯，尽管这些高层元素可能对民间习俗产生一定影响。这种鲜明的民间特色使非物质文化遗产在人们心中留下了深刻的印象，以至于很多人仍然将其视为民间文化艺术，并称传承者为民间艺人。以广东汉乐为例，这是一种源于一千多年前客家先民南迁时期，与当地民间音乐融合发展的中原古乐。汉乐主要在广东的梅州、深圳、韶关、惠阳等客家聚居地区流传，并在这些地区的文化生活中扮演重要角色。其独特的艺术魅力与特殊风采使其历久弥新，广受好评，成为广东三大传统乐器之一，并在国内外享有盛誉。

二、地域性

非物质文化遗产的地域性展现为三重含义：依赖性、反映性和适应性。这些特征不仅定义了非物质文化遗产与其所处地理环境的深刻联系，还表明了这类遗产如何通过反映和适应环境来持续存在和发展。

地域依赖性：揭示了非物质文化遗产在形成和传承过程中对其自然和社会环境的依赖。例如，黄河地区的羊皮筏子是对特定地理条件的应对，而农耕社会中的社火庙会是对农业周期文化的反应，高原地区的花儿传唱则适应了那里独特的社会和地理环境。这种依赖性不仅限于文化形式的起源，还包括其物质和非物质组成部分的持续发展，所有这些都深受所处地域的自然资源、人口结构、经济条件和文化背景的影响。

地域反映性：指的是非物质文化遗产如何在其结构和表达中映射出特定地域的环境特征。文化不仅是对环境的认知和解释，还是环境影响下的产物。非物质文化遗产从其环境中汲取灵感和资源，形成了独特的文化表达，如语言、艺术形式和社会习俗。这种文化的每一个方面都无可避免地带有地域的烙印，无论是自然环境还是社会环境，都在文化传承和实践中留下了不可磨灭的影响。

地域适应性：体现在非物质文化遗产如何在不断变化的环境中生存和发展。这不仅涉及跨地理环境的适应，也包括跨时间和跨文化的适应。文化体系不是孤立存在的，而是在地理、历史和民族的交互作用中形成的复杂生态系统。非物质文化遗产通过其在不同环境中的适应性表现出了强大的生命力。例如，梁祝的传说在中国多个民族中有不同的版本，每个版本不仅保留了故事的核心元素，还根据不同民族的文化特点和审美需求进行了适当调整。这种适应力使非物质文化遗产能够跨越地域和文化的界限，增强其吸引力，促进不同文化的交流和融合。

非物质文化遗产的这三重地域性特征是其生存和发展的关键。通过依赖、反映和适应地域环境，非物质文化遗产不仅能够保持其文化的连续性和完整性，还能在全球化的压力下保持其独特性和多样性。正是这种与地域环境的深刻互动，赋予了非物质文化遗产独特的文化价值和历史意义，使其成为不可或缺的人类文化遗产。

《保护非物质文化遗产公约》强调非物质文化遗产的创新与传承是受特定环境与自然的互动，以及历史背景的影响而形成的，它们为群体提供认同感和历史感，促进文化多样性与创造力。非物质文化遗产不仅是社区精神活动的产物，还是社区和自然环境共同作用的结果。这种遗产之所以具有生命力，是因为它们在其特定的社会文化土壤中得以保存和发展。只有在其原生环境中，非物质文化遗产才能保持真实性和独特性，一旦脱离了原生地，其生存和发展就会面临挑战。

三、变异性

非物质文化遗产的变异性描述了在传承和扩散过程中所发生的自发和渐进的变化。这种文化遗产主要通过语言和行为模式传递，其传播方式决定了非物质文化遗产在历史发展过程中必须不断适应周遭环境并作出调整。这种变异不仅是非物质文化遗产适应性的体现，也是其持续生命力的关键所在。文化的传递不仅局限于时间的流逝和代际间的传承，也涵盖了在不同的地理和文化环境中的扩散，这一过程中，非物质文化遗产的形态、内容和价值观都可能经历变异。这些变异体现了非物质文化遗产在时间和空间中的适应能力。例如，虽然一项非物质文化遗产在不同的历史阶段或不同地理区域中可能展现出不同的形态，但其核心元素和基本精神仍保持连续性，尽管其表现形式可能会有所不同。以甘肃陇南市西和县的乞巧节为例，传统上，节日的主要参与者是当地 12 岁以上的未婚少女。然而，随着这些年轻女性多数因学业或工作外出，节日的主要活动参与者逐渐转变为三四十岁以上的中老年妇女。这一转变不仅保证了节日活动的持续性，也为这一古老节俗注入了新的生命力。又如中国的茶文化，其发展历程展现了深厚的文化适应性和变异性。在最初，茶主要作为药用植物在古代中国被利用。随着时间的推移，人们开始欣赏茶的风味和社交价值，茶逐渐从药用转变为日常饮品。到了唐代，随着《茶经》的编写，茶文化达到了一个新的高度，茶的饮用方式和礼仪开始正式形成，并逐渐从宫廷和文人士大夫中传播到民间。宋代时，茶艺进一步发展，出现了磨茶和点茶的方式，这对后来的茶文化产生了深远影响。明清时期，随着烧水技术的进步和茶叶贸易的发展，人们开始偏爱以沸水冲泡整片茶叶的方式，这一方式一直延续至今。此外，茶文化也伴随着中国的海外贸易传播到世界各地，尤其是到了日本和韩国，形成了各具特色的本地化茶道。现代社会中，茶文化继续适应当代生活的需求，如茶艺表演、茶道课程的普及，以及将茶融入现代饮食文化等，都是茶文化应对现代社会变化的表现。这种文化的适应和变异不仅使茶文化保持了其传统的核心，同时也使其在全球文化交流中保持活力和吸引力。

非物质文化遗产的传播和接受过程揭示了其本质上的动态变化性。当非物质文化遗产从一个人传递到另一个人时，由于个体的主观能动性，传递过程中的理解和表达方式可能会导致原有文化内容的变异。此外，即便在同一个人身上，由于个体经历的变化、思考方式的发展，以及与外部世界的互动，对同一文化遗产的理解和表达也可能随时间而变化。这种变异可以视为文化传播的自然结果，它包含了创新的可能性和文化的多样化表现。例如，非物质文化遗产的一个传统歌曲或故事，在不同地区或不同群体之间的传播中，可能会添加新的元素或改变某些细节以适应新的文化环境，这种变化既可以丰富原有文化，也可能导致某些原始元素的丧失。变异的结果可能是积极的，如文化的创新和艺术的丰富；也可能是消极的，如文化意义的淡化或原有价值的退化。因此，评估变异的“好”与“坏”是一个复杂的问题，需要从文化持续性、创新性，以及社会影响等多个维度进行考量。

对于文化变异，持一种开放而审慎的态度是必要的。既不能一味拒绝变异，因为这可能阻碍文化的自然发展和适应性进程；也不能无限制地欢迎所有变异，因为这可能导致文化的本质被过度扭曲。真正的挑战在于如何在保留非物质文化遗产的核心价值和原始意义的同时，允许其在新的时代背景下适应和创新。

四、活态性

非物质文化遗产展现出显著的活态性，这一特性体现在其生命周期与时间的互动，以及与外部环境的交互中。非物质文化遗产不仅仅是过去的遗留，还是它在历史的流转中不断经历生、长、衰、死的自然过程。在时间的维度上，非物质文化遗产呈现出连续的变化和演进，通过不断的扬弃和裂变保持其活力。从与外界的关系角度来看，非物质文化遗产在信息传递和能量交换中起到关键作用。它能够接收外界的刺激，并对这些刺激做出响应，显示出其动态的交互性。此外，非物质文化遗产的表现形式如口头语言、表演艺术、传统手工艺及各种社会实践，均展现了其丰富的生命力，它们是不断发展和演变的，充满活力且有机地适应时代的变迁。

非物质文化遗产的核心是人，是人的创造力和技艺精湛所推动的文化表达。人不仅是这种文化遗产的创造者和传承者，更是其生命力的源泉。通过人的语言、行为、记忆和实践，非物质文化遗产得以在人类社会中生存和传承。人们通过非物质文化遗产表达自己的世界观、价值观和审美观，以及情感和智慧。非物质文化遗产储存在人的记忆中，通过人的社会活动不断被重新诠释和表达。在人的主体性影响下，非物质文化遗产不断适应新的社会环境和文化条件，其变化和发展是一个动态的过程。这种动态性是非物质文化遗产的本质特征，它使得文化遗产不仅是过去的产物，还是一个活生生、可持续发展的文化现象。随着社会的进步和科技的发展，非物质文化遗产也必须不断地进行自我更新和创新，以适应不断变化的人类需求和审美倾向。

五、综合性

非物质文化遗产的综合性质是其作为特定环境、文化和时代精神产物的直接表现，与当时社会生活紧密相连。这类文化遗产通常由多种表现形式组成，表明其与各种社会功能和文化表达的融合。口头遗产，作为最古老的文化表达之一，就是这种综合性的典型例子。在其发展的初期，口头文学就已经和其他艺术形式如祭仪、典礼和说唱紧密结合。例如，神话故事往往在宗教仪式中被叙述，伴随着音乐和舞蹈，形成一个诗歌、音乐、舞蹈和仪式的统一整体。同样，史诗和叙事诗不仅是被讲述，也常伴随着歌唱。山歌和情歌则融合了音乐、文学和舞蹈元素，展示了文化的多层次性。在舞蹈方面，自古以来，它从未与节奏、音乐、服饰、装扮和乐器等元素分离，显示了文化活动的综合艺术性质。戏剧则更是将文学、音乐、舞蹈和美术等多种艺术形式融为一体，形成了一种复合的艺术表现。节日、民俗庆典和祭仪同样展现了非物质文化遗产的这一特质。

非物质文化遗产的功能也同样多样，包括认识、欣赏、历史记录、娱乐、消遣、教育和科学研究等。以藏戏为例，这种古老的民族剧种不仅在中国西部地区如西藏、四川、青海、甘肃和云南盛行，也传播到印度等国家。藏戏结合了民族歌舞、说唱等多种表演艺术，通过这种综合性的表达方式，生动展现了故事的内涵，缺少任何一个组成部分都将影响其整体的艺术效果和吸引力。

六、集体性

非物质文化遗产的集体性体现在其形成和传承过程中通常依赖于群体的共同参与。例如，说唱表演艺术不仅涉及创作和表演，还包括其教学和学习过程，这些活动通常不是由个人独立完成的，而是需要多人的合作与互动。同样，民俗的形成和持续存在也依赖于特定的社会群体、职业集团、民族或地理区域的共同维护和传承。以川北薅草锣鼓为例，这种传统文化活动广泛存在于四川北部的农村地区，尤其在农忙时节，如每年七八月间除草时期，村民们会聚集一起，边劳动边进行山歌演唱。薅草锣鼓活动不仅提高了农作的效率，还极大地丰富了农民的社会生活，使得体力劳动在愉快的氛围中进行。这种文化形式的持续存在和传播，展示了非物质文化遗产如何在集体的参与和共享中得以保存和强化，同时也强调了社区活动在维持文化传统中的重要性。

七、无形性

非物质文化遗产的核心特征在于其无形性，这是其与物质文化遗产最根本的区别。物质文化遗产包括所有可见可触的文化表现形式，如建筑、工艺品和艺术品，这些都是具体的、有形的文化表达。相对而言，非物质文化遗产不具有实体形式，它包括那些无法直接看见或触摸到的文化元素，如传统音乐、舞蹈、节日、仪式及其他各种社会实践和表达方式。尽管非物质文化遗产本身是无形的，它却常常通过与物质文化遗产的结合来体现其文化价值和内涵。在这种关系中，物质文化遗产可以视为非物质文化遗产的物理载体，是后者传达和保存文化意义的媒介。这种互动表明，尽管非物质文化遗产无形，其影响和传承却深深植根于物质文化的基础之上。以梁祝传说为例，这一古老的故事讲述了梁山伯与祝英台之间的爱情，它是中国最负盛名的民间传说之一，与《罗密欧与朱丽叶》媲美，其影响力遍及全球。梁祝传说的内容主要通过口头传授维持，属于非物质文化遗产的范畴。然而，当这一传说通过影视作品、舞台剧等形式表现时，它便通过物质文化的形式实现了文化的传承和再现。这种从无形到有形的转化不仅使得梁祝故事得以广泛传播，也允许更多人通过可视和可感的表达方式来体验这段历史悠久的文化传统。因此，非物质文化遗产的无形性并不妨碍其通过有形的表达方式进行有效的传承和展示，反而通过这种方式强化了其文化的生命力和传播力。

八、传承性

非物质文化遗产的传承性是其核心属性之一，涉及文化在空间上的横向传播和时间上的纵向延续。这种传承不仅要求文化在实践中代代相传，还要求持续不断。在这个过程中，每一代的传承者既是前一代的学习者，也是下一代的教育者，形成一个连续的文化循环。与自然遗产和物质遗产相比，非物质文化遗产的继承不能自发实现，它依赖于教授和学习的活动，通常是通过口头传授和生活实践的方式进行。非物质文化遗产的持续传承基于实际需求和社会功能。这些文化形式由特定的社区、团体或个人创造，不仅反映了人们对自然界的认知，也表达了情感和社会实践。只有当这些文化表达在社区内部得到认可，能够引起情感共鸣和文化价值认同时，它们才能成为该群体的文化财富。例如，民居建筑艺术和织造技艺通常满足基本生存需求，而酿酒技艺、蜡染技艺和陶瓷烧制技艺则旨在提升生活质量。另外，口头传授、表演艺术和社会风俗等承载了教育、记忆、社会凝聚和娱乐等功能。随着时间的推移，非物质文化遗产的传承动机也可能发生变化。过去，许多传承者选择继承家业或学习某种技艺是出于经济需要，而在现代，随着非物质文化遗产价值的普遍认可，人们更多地从事这些活动是为了弘扬传统文化和探索民族艺术的魅力，如年画和剪纸艺术的传承便是出于这种目的。这种变化标志着非物质文化遗产的价值从实用主义向艺术和文化价值的转变，反映了社会对这些文化遗产深层次价值的重新评估和认同。

在传统社会，非物质文化遗产的传承主要依赖于师徒间的直接教育和现场示范，如口传心授和行为模仿。这种教育方式，常被比喻为“家庭作坊式”的传承模式，尽管成本高且效率不高，却能确保技艺的高度保真和传承质量。这种密切的师徒关系能够确保知识和技能的准确传递，但同时也面临着无法广泛传播和易受个体能力限制的风险。然而，随着时代的变迁，非物质文化遗产的传承面临严峻挑战。社会结构的转型、城市化的加速，以及就业方式的多样化等因素共同作用，导致了传统行业的衰退和传承难题的加剧。教育体系的变革和产业的发展使得年轻一代更倾向于选择其他职业路径，从而使得一些珍贵的民间艺术技能濒临失传。特别是一些需要复杂技艺和专门知识的非物质文化遗产，如皮影戏，其传承不仅需要掌握制作技术，还涉及表演和音乐伴奏等多方面技能，这进一步增加了传承的难度。皮影戏涵盖了从制皮、雕镂到操纵、演唱及伴奏等一系列复杂技艺，使得传承者不仅需要是技术的保存者，更需是创新的实践者。这种艺术形式的复杂性要求传承者具备全面的专业知识和技能，以维持其艺术表现的完整性和活力。因此，保护和传承非物质文化遗产不仅是保存文化遗产的问题，更是关乎如何在现代社会中创造条件，让这些传统艺术能够持续生存和发展的问题。

九、口头性

非物质文化遗产的传承通常依赖于口头传授，这种方式在师徒关系中尤为显著，师傅们主要通过口传心授和身体示范来确保知识和技能的准确传递。在我国，大量的非物质文化遗产存在于农村地区，这些地区的居民历史上往往缺乏文字记录能力，因此非物质文化遗产多以口头形式保持和传播。这种口头性的特点虽然在一定程度上增加了文化传承的灵活性，但也带来了文化流失的风险。尤其在少数民族地区，由于语言差异及普通话推广前的沟通障碍，再加上学习传统技艺的人数减少，许多珍贵的非物质文化遗产逐渐面临濒危状态。例如，缂丝技艺，这一中国丝绸艺术的精华，历史悠久，曾是皇家御用的主要制品工艺。缂丝工艺不仅工序复杂，技术要求高，还具有极高的艺术和审美价值。由于技艺传承者数量减少，这一技艺正面临严重的挑战。因此，虽然口头传递方式为非物质文化遗产的持续提供了一定便利，但也需要在现代社会中寻找更有效的保存和传承方法，以防止这些珍贵文化资产的进一步流失。

第三节　非物质文化遗产功能与作用

非物质文化遗产，以其丰富的内涵和多样的表现形式，不仅能够提升城市的知名度和文化审美的维度，还在多个层面发挥着独特的作用。具体而言，这些作用主要体现在以下八个方面。

一、形成旅游资源

非物质文化遗产在旅游业中扮演着至关重要的角色，这一点在两个主要方面得到了体现：一是通过挖掘新的旅游资源来形成新的旅游目的地；二是通过创新旅游商品来增强旅游体验。无形的非物质文化遗产与有形的物质文化遗产同等重要，不仅具有深厚的历史、艺术和科学价值，也是旅游资源的重要组成部分，对于传承和推广民族文化具有不可替代的作用。

在实际操作中，中国的非物质文化遗产，如京剧、昆曲、黄梅戏等传统戏剧形式，以及各种地方性的节庆庙会、少数民族的歌舞和习俗，已被开发成为极具吸引力的旅游资源。地方特色的传统手工艺品，如剪纸、泥塑、雕刻，已成为旅游市场中的热门商品。这些手工艺品不仅反映了当地的文化特色，也为旅游体验增添了独特的文化内涵。实践表明，对文化遗产的有效保护和利用可以显著提升其经济价值，并推动旅游业及相关产业的持续发展。

对于旅游业者来说，挖掘和开发非物质文化遗产的潜力是一项挑战也是机遇。他们需要与文化传承人密切合作，尊重和保护原有文化的同时，探索将这些文化资源转化为可持续旅游产品的新方式。非物质文化遗产与旅游业的结合，可以实现文化的活化和传承，让这些宝贵的文化资源得到新生。

非物质文化遗产的地域性特征，使其成为具有独特地区色彩的旅游资源，与其他地区的旅游资源形成差异，有效避免市场竞争的同质化。这一地域性的独特性对于促进旅游目的地的发展具有极其重要的意义。然而，若因过度开发或保护不足导致传统文化的丧失，旅游业及其他相关产业的长远发展将面临严重挑战。因此，为了推动我国旅游业的健康发展，必须重视并加强对非物质文化遗产的保护与利用。

二、加强保护意识

加强对非物质文化遗产的保护意识至关重要。我国拥有丰富的历史和多元的民族文化，其中非物质文化遗产种类繁多。尽管在过去这些文化遗产未能获得充分的重视，导致部分遗产濒临消失，但自非物质文化遗产这一概念提出以后，社会和学术界的关注日益增加，公众对其保护和开发的重视程度显著提高。

众多利益相关者，包括传承人，因对非物质文化遗产有深厚的情感联系和深入的了解，开始通过多种方式加强对这些文化遗产的保护。传承人尤其注重其内容和表现形式的保护与传递。此外，非物质文化遗产在旅游开发中占据了重要位置。旅游活动增强了当地居民对本民族文化的自豪感，并激发他们自发地保护和传承民族文化遗产，如民族歌舞。例如，丽江的旅游业发展促使当地民族群体更加重视其文化身份，认识到保持民族特色的重要性，而不是盲目模仿外来文化。这种认识强化了少数民族对自身文化的保护和传播意识。同时，由于非物质文化遗产的独特文化内涵，其保护不仅为当地社区带来经济利益，还显著提高了社区在社会中的关注度，从而使社区更加注重文化遗产的保护。

在国家层面，非物质文化遗产是国家历史文化的重要组成部分，其有效的保护和传承对于国家历史的持续传播至关重要，使国民能够更好地理解和尊重自己的过去。因此，国家政策亦越来越倾向于支持和强化这些文化遗产的保护措施。

三、促进文化传承

非物质文化遗产体现了一种持续活跃的文化传承方式，它超越了单纯的文献记录或物理复制的传统方式，通过教育和实际传承活动，在社区、地区乃至整个社会中得以延续和发展。《保护非物质文化遗产公约》明确提出，通过面向公众尤其是年轻一代的宣传教育活动，特定群体和团体的教育培训项目，以及非正式的知识传播方式，可以有效地保护和传承非物质文化遗产。

非物质文化遗产的内容丰富多样，不仅包括了艺术、音乐、舞蹈、戏剧、手工艺技术等文化形式，还囊括了传统医药知识、烹饪艺术、节日庆典等，这些遗产承载了广泛的民众生活制度和行为规范，是民族价值观和精神面貌的直接反映。在全球化加速和文化多样性日益受到重视的当下，非物质文化遗产的保护尤显重要，它不仅是维护文化多样性的关键，也是促进文化自觉和传承的桥梁。特别是在中国，传统节日和其他文化遗产作为传统文化教育的重要资源，在抵御外来文化冲击和挑战的历史时期发挥了无可替代的作用。这些传统节日不仅促进了家庭和社区的和谐，加强了人际关系，还增强了民族的自尊、自信和凝聚力。通过学校教育、社区活动，以及媒体传播，非物质文化遗产如春节、中秋节、端午节等节日文化被广泛传播和庆祝，这不仅让年轻一代能够了解和欣赏本民族的传统文化，也使得这些文化遗产在现代社会中继续发挥其教育和社会功能。

非物质文化遗产的传承和保护还带来了经济上的利益。通过旅游、文化节庆活动，以及相关文化产品的开发，非物质文化遗产成为推动地方经济发展的重要资源。例如，各地特色的手工艺展示、传统美食节，以及民族音乐舞蹈表演，不仅吸引了大量国内外游客，也为当地创造了就业机会，提高了居民的收入水平。

随着社会对非物质文化遗产保护的日益重视，保护这些遗产已成为热点议题。探讨如何通过法律手段实现其保护，并确保其能够持续传承至下一代，成为众多部门的关注焦点。随着非物质文化遗产在国内的重视程度的提升，传承人的社会地位也随之提高。越来越多的年轻人，无论是本地人还是外来者，都愿意加入非物质文化遗产的学习和传承中，这对于文化遗产的长远传承具有至关重要的作用。

国家级的非物质文化遗产能在国际舞台上获得宣传，吸引相应的资金用于其保护和传承。这些资金使得传承人有机会将他们掌握的知识整理成书，以书面形式保存，从而减少口头传达可能引发的误解和遗漏，确保文化遗产的准确和完整传承。

四、提高育人功能

非物质文化遗产在教育和人格培养方面具有独特的价值，能够有效地培育正确的人生观和远大的理想。依据《保护非物质文化遗产公约》所描述的非物质文化遗产的定义，非物质文化遗产不仅在其形式和表现上极具多样性，更是构成了一个复杂而不可分割的文化网络。古琴艺术不仅关联着音乐作品和演奏技术，更重要的是，它承载着丰富的传统美学和哲学思想。这些思想和美学源远流长，是中国雅文化发展的重要组成部分。古琴的代表性故事“高山流水”，讲述了琴师俞伯牙与木匠钟子期之间的精神交流，这不仅展示了音乐的传递功能，更强调了音乐与内在情感、人格理想的深刻联系。在教育领域，古琴艺术的教学不仅仅是技能的传授，更是一种精神和哲学的启蒙。通过学习古琴，学生们能够接触到中华文化的深层价值，如静寂、内省、和谐与自然的一致等。这些价值观在今天的教育中尤为珍贵，它们有助于培养学生的个人品德，提高他们的文化素养，促进心灵的成长和情感的熏陶。又如，中国民谣文化遗产内容涉及从古代神话到描述日常生活的多种情景，这些民谣以其朴实无华的语言表达了人们对美好生活的向往和热爱。这种文化遗产的传承对于提高年轻一代的生活满意度和情感智力，以及提升其人际交往能力具有重要作用。

五、促建和谐社会

在我国，许多非物质文化遗产都深深蕴含着爱国主义情感。这些文化遗产不仅记录了历史上的重要事件和人物，而且反映了人民对于国家的深情与忠诚。以春节为例，通过放鞭炮、贴春联、团圆饭等习俗，人们不仅庆祝新年的到来，还传递着对家国天下的祝福与期望。春节中的“过年”习俗，如家家户户的扫尘除旧、年夜饭的团圆和亲人间的拜年，均体现了中华民族家和万事兴的传统价值观。这些习俗在传承中不断得以强化，表达了一种“国泰民安、岁岁平安”的愿望，体现了“家国一体”的情感，是中华民族精神文化传承的重要方面。

非物质文化遗产因其多元化的表现形式和深厚的历史背景，成为凝聚和积淀爱国主义的重要载体。这种文化积淀不仅促进了民族自尊、自信的增强，还在构建社会主义精神文明和推动和谐社会的发展中起到了核心作用。因此，非物质文化遗产的保护与传承，不仅是对历史的尊重，也是对未来和谐社会建设的积极贡献。

六、加深对历史的了解

非物质文化遗产，与物质文化遗产一样，具有不可忽视的历史价值。然而，两者在表达历史认识的方式上存在显著差异，物质文化遗产通过其固态形式展示历史，而非物质文化遗产则通过活态传承来实现其历史意义。这表明，所有传统文化事项均具备历史认识的价值，能够从多个维度启发人类思考。

在我国的长期生产与生活实践中，各族人民创造了丰富多彩的非物质文化遗产。这些遗产不仅是中华民族智慧和文明的体现，也是民族情感的纽带和国家统一的基础。因此，保护和合理利用这些非物质文化遗产，对于推动经济和社会的全面、协调、可持续发展具有重大意义。

我国的非物质文化遗产种类繁多，内容丰富，它们从不同角度展示了中国的历史纵深。例如，通过研究传统节庆活动，如中秋节、元宵节、春节，不仅能够探索古代人民的生活方式，还能深入了解古代中国人的日常生活。这种历史的探索能够比较古今生活方式的差异，进一步认识到现代生活的宝贵与来之不易。通过这些丰富的非物质文化遗产，不仅加深了对国家历史的理解，还强化了对文化多样性和历史深度的尊重。此外，这些文化遗产的保护与传承，为当代社会提供了连接过去与未来的桥梁，增强了国民对文化传统的认同感和自豪感。

七、保护文化多样性的需要

根据《保护和促进文化表现形式多样性公约》，文化多样性为世界带来丰富多彩的景象，不仅为人类社会提供了更广阔的选择空间，还增强了个体的能力和价值观形成。这种多样性是社区、民族与国家可持续发展的核心动力，为维护全球和平与安全发挥着至关重要的作用。文化多样性的重要性体现在多个层面。它促进了创新和创造性思维的发展，每一种独特的文化传统和表现形式都可能激发新的艺术灵感和创新思路。文化多样性通过提供不同的解决问题的方法和生活方式，增强了社会的适应能力和灵活性。文化多样性也是社会包容性和宽容的表现，它要求社会成员之间相互尊重和理解，这对维护社会稳定与和谐至关重要。

非物质文化遗产在维护文化多样性中扮演着关键角色。它包括了语言、传统、习俗、音乐、舞蹈、戏剧、手工艺技艺等，这些都是人类智慧和创造力的结晶。通过对这些非物质文化遗产的保护，不仅可以保存文化的独特性和原生态，还可以促进不同文化之间的交流与理解，增强全球社会的和谐与安全。非物质文化遗产的保护需要国家、地方政府和国际组织的共同努力。例如，各地可以实施文化遗产记录项目，通过文化节庆、展览和研讨会等方式，让公众更好地认识和欣赏这些多样的文化表现形式。同时，教育系统应将文化多样性和非物质文化遗产的价值纳入课程，培养年轻一代的文化敏感性和尊重多样性的态度。

八、促进国际的合作与交流

根据联合国教科文组织的《伊斯坦布尔宣言》，文化不仅体现了各民族和社会的独特性，标志着国家和民族的历史成就，也是众多社区的基本身份象征。此外，文化的普遍性质使其成为不同文明之间沟通和交流的桥梁。在这一框架下，非物质文化遗产的角色显得尤为重要，它不仅是文化传承和创新的载体，也是人类社会应对现代化挑战的一个关键资源。随着全球化和现代化的推进，世界面临剧烈的变革，伴随而来的是各种社会问题和危机，如日益严重的贫困问题和扩大的收入差距。在这种背景下，非物质文化遗产的价值不仅限于其文化意义，更在于其内含的智慧和资源，这些可以被用来解决经济全球化过程中出现的问题，促进人类的和谐与可持续发展。因此，促进国际合作和文化交流，尤其是在非物质文化遗产领域，不仅有助于加深对不同文化特性的理解和尊重，也是探索和实施解决全球性问题的有效途径。通过这种合作，可以更好地利用全球文化资源，为解决国际间的经济和社会问题提供新的视角和策略。

第二章　非物质文化遗产旅游概述

第一节　非物质文化遗产旅游的理论基础

一、文化变迁理论

文化变迁，作为人类学中的一个核心议题，涉及文化内容和结构因内部发展或跨文化交流而发生的变化。此理论由路易斯·S.史宾德勒与乔治·史宾德勒提出，强调无论是社会内部的演化还是不同文化之间的互动均可引发生活方式的改变。变迁的原因通常分为内部发展，如技术的发明与发现，与外部因素，如文化的借鉴与传播。

早在 1930 年，马林诺夫斯基便通过其在特罗布里恩岛的研究，提倡用动态视角审视文化，他指出当地居民已经与全球文明接轨，受多种文化影响。这种视角突显了文化的流动性和适应性，认为文化不应被视为静态和孤立的。进化论学派利用进化理论阐释文化发展的普遍性，认为文化由低级向高级、由简单向复杂演进。传播学派重视文化在地理和空间上的分布，强调文化通过传播实现变迁。王铭铭对人类学中的进化论和传播论提出了批判性的见解，指出这两个理论在本质上是相同的，都采用了一种直线性的时空观念来解释文化的变迁。他认为进化论通过强调文化从过去到现在的单向发展，展示了一种不可逆的时间流动。而传播论则将这种时间概念扩展到空间维度，强调文化在全球范围内从中心到边缘的传播和扩散。王铭铭批判这两种理论倾向于将文化分级，如将文化简化为野蛮与文明、东方与西方、传统与现代等二元对立的形式，这不仅简化了文化的复杂性，也忽视了文化之间的相互影响和动态变化。通过这种分析，王铭铭强调了进化论和传播论在全球文化研究中的普遍性和限制。他指出，尽管这两种理论试图覆盖全球各种文化，但它们在实际研究中往往重现了对文化高低、中心边缘的划分，从而可能导致对非西方文化的误解和偏见。王铭铭的观点挑战了人类学中传统的文化研究方法，呼吁学者们采用更为动态和复杂的视角来理解文化的多样性和流动性。

20 世纪 70 年代以后，全球化浪潮对文化研究带来了深刻影响，使得学者们开始趋向于将文化视为与社会、环境、人等因素交织的综合体，并且更注重从动态系统的角度研究文化。在这一新视角下，文化不再被看作是孤立的或静态的，而是一个不断变化和发展的过程，结合历时性（变化随时间的发展）与共时性（文化在特定时间点的状态），探索文化的演进和变迁。

文化变迁的机制主要有以下三种形式。

文化传播：这是文化因素或结构在不同社会之间转移和互动的过程。文化传播可以分为有意的和无意的。有意文化传播涉及有目的、有计划、有组织的文化输出或模仿，这种策略性的文化交流常被称为“文化移入”，并可能导致接收社会和输出社会双方的文化均发生变化。无意文化传播则指在没有明确目的、计划或组织支持的情况下，文化元素的自然流动和吸收。

文化丧失：这种机制涉及在接受新事物的过程中旧事物的丧失，新的文化特征取代旧的，导致某些文化特征的萎缩或解体。这种文化的替代并不总是进步的象征，有时可能导致文化多样性的减少，走向单一化。

文化涵化：这是指在不同文化个体或群体持久且密切接触的情况下发生的文化适应和借用。涵化过程通常涉及广泛的文化模式变迁，其影响程度取决于文化间的差异、接触的环境和条件、接触的频率及其深度。涵化可以通过多种途径发生，包括战争、纠纷、殖民统治、传教活动、文化交流、移民，以及劳动力的自愿流动等。

文化间长期直接接触后会相互影响，这种互动不仅限于物质层面，还包括非物质文化属性的交换和融合。这种广义的文化交流和适应反映了全球化背景下人类文化交流的复杂性和动态性。在现代化的高速推进过程中，传统文化经历了一场剧烈的变化和重构，这不仅是一个由内在文化力量驱动的演变，更多的是受到外部力量和权力关系的深刻影响。与传统意义上缓慢的文化变迁相比，现代社会的文化转变呈现出加速的特征，尤其在工业与后工业文明的冲击下。

工业文明被视为较农业文明更为先进的阶段，它不仅改变了生产方式，也重塑了社会的整体结构和文化观念。更进一步的后工业文明，则强调信息、服务和技术的优势，这使得文化转型成为许多发展中国家脱离农业文明阶段的重要任务。

例如，中国在经历了农业文明的长期历史后，由于相对较晚的工业化起步，面临了巨大的转型压力。这种历史背景推动了从“打倒孔家店”到“全盘西化”等一系列文化批判和转型运动，显示出对农业文明的深刻反思和强烈的现代化追求。

随着技术的更迭和基础设施的改善，传统的生产和生活方式被新的工业文明模式所取代，不仅仅是技术的变更，更是文化和社会结构的根本变革。例如，当偏远乡村的道路和电力得到改善后，原本以手工技艺为生的模式迅速转变为依赖于机械和电力的工业模式。在这一文化变革和重构过程中，文化的功能也在发生变化。日常生活中的器具、节日庆典和宗教祭祀道具逐步演变成民间艺术品，最终被市场化，成为现代家居装饰品或在博物馆和美术馆中展出的艺术展品。原本属于节庆和宗教仪式的歌舞表演，已经转变成为可供大众欣赏的表演艺术。这些表演艺术逐渐通过市场机制被开发为旅游表演、庆典活动，以及剧院和舞台表演，成为一种文化产品。一部分从事民间艺术的农民逐渐转型为专业的农民艺术家，他们的作品不再仅仅是自我表达的手段，而是转化为可识别的文化品牌，进入更广阔的市场。

这些变化揭示了文化在现代化进程中的新角色和功能，不仅是文化本身的保存和传承，更关乎其如何适应并融入现代社会的需求和框架中。

马歇尔・萨林斯的研究表明，非西方民族在面对全球化和现代化的挑战时，并不单纯地接受西方文化的主导，而是通过创造性地整合自身的传统文化与现代技术，开辟了一种新的现代性路径。这种观点挑战了传统与现代、习俗与理性之间的对立观念，展示了文化变迁中的复杂性与多样性。爱斯基摩人的例子尤为突出，他们在 20 世纪 80 年代不仅大规模引进了现代技术和生活设施，而且积极恢复和保护他们的传统文化和仪式。这种文化策略的实施并没有导致传统文化的消亡，反而使得文化在全球范围内得以扩散和强化。例如，尽管有部分岛上移民离开，但他们在新的居住地如俄勒冈州和加利福尼亚州，依旧保持并发展了自己的文化传统。

在全球一体化的背景下，文化不仅仅是历史的残留，还是成为构建民族政治和文化主体意识的重要资源。文化遗产和传统活化不仅为社区提供了一种精神寄托，也变成了可供欣赏的“活的艺术”，从而在精神和审美层面满足现代人的需求。费孝通先生所言，文化物或制度的功能转变，体现了其从原有的实用功能向满足心理和审美需求的转变，这种功能的演变为文化产业和旅游业的发展提供了坚实基础。中国从 20 世纪 80 年代开始加速从农业文明向工业文明的转型，这一过程中，传统的农耕文化结构经历了剧烈的变化。随着传统产业和生活方式的改变，一部分非物质文化遗产遭遇了瓦解或消失。另一部分非物质文化遗产正在经历转化和重组，不仅保存了传统元素，而且转变成了符合现代社会需求的人文资源，成为推动当地文化和经济发展的重要旅游资源。这一现象凸显了在全球化与现代化进程中，文化的保护、传承与创新可以并存，且能为社会经济带来新的活力和发展潜力。

二、文化资本理论

皮埃尔·布迪厄的文化资本理论为理解文化的经济价值提供了一种全新的视角。在布迪厄的框架下，资本不仅仅是经济概念，还包括文化和社会资本，这些资本形式相互作用，共同影响个体的社会地位和权力结构。文化资本的三种形态。具体的状态，这是文化资本以精神和身体的持久性表现，例如，通过教育和长期培训获得的知识和技能。客观的状态，这包括所有可用作识别和评估文化程度的物质对象，如书籍、艺术作品、科学仪器。这些对象可以转化为经济资本，也是文化认同和地位的象征。体制的状态，在这种形态下，文化资本通过教育资格等形式得到机构的认可，这种认证的存在使个体能够在社会和职业环境中获得优势。布迪厄的理论突出了文化产品的双重价值：一方面，它们是文化表达和身份的载体；另一方面，它们也能转化为经济价值，成为文化产业的基础。例如，电影、音乐和书籍不仅丰富了人们的精神世界，也通过销售、许可和其他市场机制产生经济效益。

戴维·罗斯比对布迪厄理论的拓展强调了文化资本的有形和无形形态。有形的文化资本，如艺术品和遗产建筑，直观地体现了文化的价值，并可直接转化为经济资本。无形的文化资本，如习俗、信仰和语言，则更难以量化，它们的价值主要体现在社会和文化层面，但通过相关服务（如教育、娱乐和媒体内容）可以转化为经济价值。文化资本理论不仅有助于分析文化与经济之间的交互作用，也提供了理解社会不平等和文化权力结构的工具。例如，在教育领域，拥有广泛文化资本的个体更可能获得社会认可的资格和更高的经济回报。在全球化的语境中，文化资本同样起着至关重要的作用，尤其是在文化多样性和跨文化交流越发重要的今天，文化资本的理解和应用显得尤为关键。

在现代社会中，非物质文化遗产不仅仅是文化的象征，更是具有潜在经济价值的无形文化资本。正如戴维·罗斯比所阐述的，“无形文化资本”是文化资源与服务结合的产物，通过不断的服务流动，这些文化遗产得以转化为文化资本，进而通过“文化附加值”的形式累积和增加。这一过程不仅仅是文化的传播，更是其经济价值的实现，将文化资本转化为经济资本。从文化资本理论的角度出发，非物质文化遗产的旅游开发为其价值提供了一种新的解读和利用方式。文化资本不只是理论构架，它强调了文化价值与经济价值的相互转换与提升。如果忽略对非物质文化遗产的投资和保护，只让其在文化演变的进程中逐渐衰退，可能会见证整个文化体系的下滑乃至崩溃。因此，非物质文化遗产的旅游开发本质上是一种资源资本化的行动，它不仅促进了文化的经济化和商品化，同时也通过产业化的手段传播和弘扬了文化遗产。这种新的思维方式，即将文化从资本的角度进行考量和利用，不仅推动了产业的创新，还为非物质文化遗产的发展提供了新的动力和模式。通过将文化遗产资源融入产业中，不仅保存了文化的核心价值，还拓展了其影响力和经济潜力，从而为非物质文化遗产的保护和繁荣开辟了一条有效的途径。

三、舞台真实理论

（一）遗产保护界与旅游研究领域对“真实性”的不同诠释

原真性和完整性是世界遗产管理中的核心概念，它们构成了遗产申报、评估、保护及其环境整治的基础。这两个原则确保遗产地的价值被正确识别和尊重，同时指导如何平衡遗产的保护和合理利用。这一平衡是围绕三个互相关联的问题展开的：遗产的价值辨识、保护和利用。“遗产价值辨识”关注于如何准确理解遗产的原真性和完整性。这一过程是识别遗产价值的基础，涉及对遗产原始状态和完整特征的深入分析。“遗产保护”则专注于维护遗产的原真性和完整性。这涉及保护遗产免受破坏和变质，确保其历史和文化特性得以长期保存。实施保护措施时，需谨慎处理任何可能影响遗产原真性的活动，如修复和维护工作。“遗产利用”则是在确保不损害遗产原真性和完整性的前提下，探讨如何对遗产进行可持续的使用。这不仅包括经济利用，如旅游开发，还包括社会和教育层面的利用，以增加公众对遗产价值的认识和尊重（见图 2-1）。

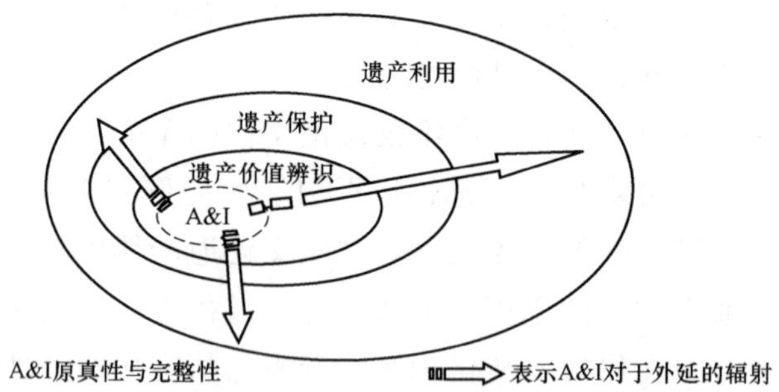

图 2-1　原真性和完整性与遗产相关问题结构关系

“Authenticity”这一词汇在中世纪时主要用于描述宗教文本和圣物的真实性，其拉丁语根源指“权威的”和“起源的”。在英文中，这一概念被广泛应用于对“真实”对“虚伪”，“真实”对“伪造”，“原作”对“复制”，“诚实”对“欺骗”，以及“神圣”与“世俗”的对立。在遗产领域中，真实性的定义更为复杂，涉及多重含义。

遗产的真实性首先是“真实的再现”，即努力使景点在外观上看起来真实，这是博物馆专业人士的首要任务——使访客信服其真实性。其次，真实性意味着遗产的历史再现既逼真又准确，得到历史学家的认可。再次，是遗产作为绝对原版的保持，任何复制或变更都被视为对其真实性的损害。最后，真实性还包括官方或法律的认可。真实性在遗产保护中的应用始于《威尼斯宪章》，展现了对遗产真实性的深入理解。徐嵩龄提出的理解框架中，真实性分为水平理解、垂直理解和形态特征三个部分。水平理解关注遗产的地点、形态、材料等具体要素；垂直理解则涉及物质、知识和精神社会功能等层面；形态特征则强调遗产真实性的时变性、多样性和相对性。这种多维度的理解方式帮助全面评估遗产的真实性，确保其在保护和传承中的完整性和原真性。

美国社会学家麦克内尔首次将“真实性”这一概念引入到旅游研究领域，提出了广为人知的“舞台真实”理论。这一理论探讨了如何在旅游体验中构建并呈现一种看似真实的环境或情境，使游客感受到某种程度的真实性，即便这种真实性可能是经过精心设计和策划的。麦克内尔的理论强调了真实性在旅游体验中的表演性质和构造性质。随着时间的推移，对于真实性的理解和研究逐渐深入，形成了四个主要的研究流派。这些流派各自侧重不同方面的真实性，包括旅游地文化和历史的真实再现、旅游体验的主观感受、经济和社会影响的真实性问题，以及旅游媒介和广告中的真实性表达。

中国学者张朝枝则对基于遗产保护的真实性概念和基于旅游研究的真实性概念进行了深入比较，帮助理解这一概念在不同学科领域的应用和演变。张朝枝的研究表明，真实性在遗产保护领域通常关注的是物质和历史的真实性，而在旅游研究中，则更多地关注体验的真实性和感知的真实性。这种差异反映了真实性在不同领域中的多层次性和复杂性。由于真实性被广泛运用于多个语境和层面，这使得其成为一个难以定义的概念。不同的学科和研究领域对真实性的理解和运用各有侧重，反映了人们在面对不同类型的文化和社会现象时对“真实”的追求和诠释。

（二）舞台真实

舞台真实一词最初源于舞台艺术领域，强调演员在表演过程中要追求真实和自然，后被引入旅游人类学研究，涉及文化商品化、文化变迁，以及传统文化的保护与创新等多个方面。社会学家欧文·戈夫曼将生活比喻为一个巨大的舞台，每个人都是其中的演员。在这种观点中，社会成员在“后台”进行密切的准备和安排，以便在“前台”上进行表演。戈夫曼提到的“后台”是一个神秘且相对封闭的区域，通常不对外公开，展示出来的则可能引起社会的不稳定。

在旅游研究领域，麦克内尔采用了戈夫曼的舞台理论，进一步提出了舞台真实的概念。在文化旅游开发中，本地文化经过精心包装和调整后，以一种看似“真实”的方式被呈现给游客。这种操作包括文化的选择性展示、修改和简化，最终形成了一种为游客定制的“文化商品”。这种方法实际上是对文化的再创造，目的在于提供符合旅游者期待的文化体验。此种“舞台真实”的设置有效地将游客从实际的文化现场隔离开来，这样做不仅可以避免因游客大量涌入而对当地文化产生冲击和破坏，还能在保护传统文化的同时满足旅游市场的需求。因此，舞台真实不仅是对文化场景的一种表演性展示，也是一种对传统文化保护与旅游开发之间矛盾的策略性应对。

在当前旅游和文化遗产管理领域，舞台化和商品化成为一种常见且有争议的实践。这些策略将后台的真实生活场景转变为旅游产品，从而满足游客对异域文化的探索需求。虽然这一做法可能面临文化真实性的批评，但从另一个角度来看，舞台化和商品化不仅可以保护文化的真实性，而且还可以有效地保护和弘扬当地文化。商品化通过将文化元素转化为可交易的产品，实际上可以为地方文化注入新的活力，使之成为民族身份的标志和当地人自我表征的工具。舞台化的文化产品通过强调特定的地方特色，使游客能够认识并认可这些特征的真实性，从而增加了文化交流和理解。此外，商品化和舞台化有助于保护那些可能因现代化进程而被边缘化的传统文化，使其得以在当代社会中重新被人们所重视和赞赏。

从防止文化被游客直接影响和可能引起的文化涵化问题的角度看，舞台化的必要性显而易见。通过创建一种控制和精心设计的展示环境，舞台化可以最大限度地减少游客对原生文化环境的直接干预，从而保护文化的原真性和完整性。人们逃离现代工业社会的渴望，对传统和真实地区的向往成为推动他们旅游的主要动力。而地方本身所散发出的传统和真实的魅力则是吸引游客前往的拉动因素。真实体验的需求预计将持续增长，尤其是在今天这个被“迪士尼化”和“拉斯维加斯化”现象泛滥的世界，人们越来越希望接触并体验真正的自然和文化景观。

在探讨旅游和文化遗产的真实性时，面临一个复杂的现实：所谓的绝对真实性在实际中是难以捉摸和定义的。学术研究中对历史事件的描述无法完全重现过去的实际情况，因为历史本身是由复杂事件和情景组成的，而非简单的叙述。同时，尽管旅游者追求一种真实的体验，他们往往并不希望面对过于原始的历史现场，因为这些场景可能过于简陋、杂乱，甚至不符合现代审美和舒适的期望。此外，当从文化和哲学的角度审视“真实性”时，可以发现它与“善”和“美”的概念紧密相连，构成了人类价值的核心取向。旅游目的地所呈现的“真实性”实际上是对客观世界的一种理想化表达，反映了人类文明活动的成果和历史的解读。游客的这种追求不仅仅是对过去的一种怀旧，更是对历史的美化和道德化，他们希望所见之处既真实又符合其对美好事物的渴望。因此，游客虽然寻求真实的体验，但这种真实通常需要经过筛选和包装，以便满足他们对美好和有序的需求。他们期望的是一种既展示历史真实又不失现代审美和舒适的体验。在这种背景下，旅游地点的“舞台化”和“商品化”实际上是一种必要的调整，旨在创造一种既满足游客对真实体验的需求，又能保护和尊重当地文化和社会现实的平衡。现代社会需要在高科技发展和维护传统价值之间找到新的平衡点。在这个平衡过程中，旅游和文化遗产的展示与保护策略应当既强调科技的应用，也不忘对过去的尊重和传承，最终形成一种高科技和深厚文化感情的和谐统一。这种方法不仅仅是对旅游业的一种策略调整，更是对如何理解和表达人类文化遗产的一种深刻反思。

（三）遗产旅游“真实性”的路径依赖

在遗产旅游领域中，游客对于“真实性”的认知并非孤立存在，而是形成了一个由多种旅游媒介互动构建的复杂网络（见图 2-2）。这个网络中，游客、媒体和遗产地本身相互作用，共同影响着游客对真实性的感知。游客往往出于获取知识、怀旧或体验文化差异的动机参与遗产旅游，寻求一种被视为真实的旅游体验。这种体验实际上是基于游客之前通过教育和各种媒体形成的对遗产地的预设印象，这种印象可以视为一种“原真印象”。在旅游过程中，游客不仅是在执行一个简单的访问行为，还是在一个动态的认知过程中，通过收集和解析关于遗产地的信息，检验并调整自己的这些预设印象。在遗产地的亲身体验允许他们根据实际经历来修正和深化对遗产真实性的感知，最终构建一个更加综合和深入的真实性感知印象。这样的过程突显了遗产旅游中信息的流动性和多层次的互动性，展示了游客如何通过与媒体和实地体验的互动，在心理和情感层面上构建和重塑对文化遗产的认知。

在遗产旅游的经营过程中，运营商主要以最大化经济效益为目标，因此其行为模式通常是市场驱动或旅游者需求导向的。遗产地的原始真实性，尽管客观存在，却往往无法充分吸引旅游消费者或产生显著的经济回报。因此，运营商往往会对遗产进行一定程度的包装，以更好地满足旅游者的期望和偏好，从而构建出

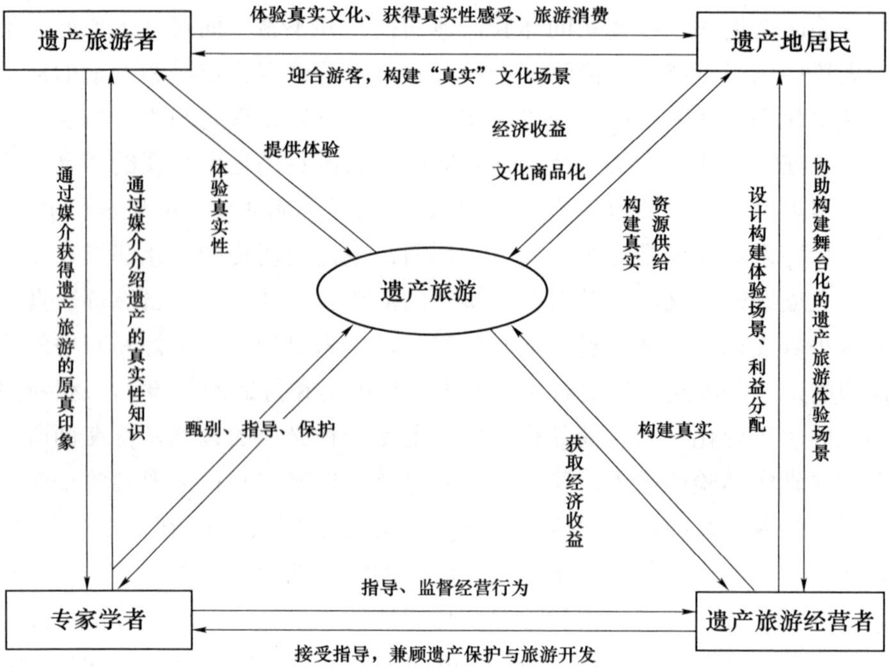

图 2-2　遗产旅游利益相关者对“真实性”的路径依赖

一种符合市场需求的“舞台化真实性”。这种被构建的“舞台化真实性”通过媒体的广泛传播，影响旅游者对遗产地的预期和认知，形成了一种“原真印象”。旅游者在访问遗产地时，携带这种认知模型，从而在体验中感受到一种设计好的真实性。因此，旅游者在遗产旅游中所体验到的真实性，很大程度上是基于运营商创造的这种“原真性效果”。这样的做法不仅回应了市场的需求，同时也提供了一种解决遗产保护与旅游开发冲突的策略。通过精心设计的舞台化展示，运营商能够在保护遗产的同时，使之成为吸引旅游者的景点，从而实现文化遗产的可持续利用和保护。

遗产地居民是当地文化的直接承载者和传播者，他们的日常生活状态自然体现了地方文化的本真特性。在旅游开发尚处于初期阶段时，这种文化的真实性得以保持，居民通常会以传统的热情好客向游客展示其文化。这种接触使得旅游者能够直接体验到地道和传统的文化实质。然而，随着目的地商业化程度的加深，居民展示文化的行为逐渐带有了商业表演的色彩，好客变成了追求经济利益的手段，这是因为旅游业的发展带来了直接的经济收益。

在遗产旅游开发中，遗产地居民和旅游经营者形成了利益共同体，共同构建“舞台化”的真实场景以吸引游客，经济利益成为主要关注点，但这常常导致遗产的真实性损失和文化污染。居民在提高生活水平的压力下参与这种“原真性效果”

的构建，分享旅游收入。然而，随着旅游业的持续发展，居民对由旅游活动带来的文化商品化和环境破坏可能产生强烈反应，态度可能从最初的欢迎变为愤怒乃至对抗，这是所谓的“多克西现象”。这反映出居民对旅游开发的复杂双重态度：既渴望经济收益，又希望保护文化和环境。

专家学者是遗产真实性的权威解释者和评判者，在构建旅游者的“原真印象”和保护遗产真实性方面起着基础性作用。他们通过各种传媒渠道向公众解读遗产的真实性，提升旅游者对遗产真实性及其重要性的认知水平，从而协助旅游者形成准确的“原真印象”。此外，专家学者通过制定相关遗产真实性标准，为遗产地的甄别和保护提供必要的依据，并在此基础上指导和监督旅游经营者的开发行为，确保旅游活动符合遗产保护的原则。

四、旅游地理学理论

旅游地理学作为一门研究旅游活动与地理环境之间相互作用的学科，系统论为其提供了理论基础。在这个框架下，非物质文化遗产旅游不仅包括旅游资源本身，还涵盖了与之相关的社会、经济和环境因素。系统论强调，旅游系统是由众多相互依存、相互作用的要素组成的整体，这些要素包括旅游者、旅游目的地、旅游业者，以及旅游活动产生的各种影响。旅游地理学借助系统理论，不仅分析旅游活动本身，还深入探讨旅游活动如何与地理环境相互作用，如何影响当地的社会经济结构，以及自然环境。例如，文献中提到的郭来喜的研究就深入探讨了旅游地理的多种组成部分，包括旅游的起因、旅游者的行为、旅游资源的配置等，这些都是旅游系统理论中不可或缺的分析内容。

非物质文化遗产旅游不仅是文化展示，更是一种文化和经济活动的交融，涉及文化的保护、传承和利用。从旅游地理学的角度出发，非物质文化遗产旅游的研究应当关注如何通过旅游活动保护和弘扬这些文化，同时避免文化的商品化和环境的破坏，保持文化的真实性和地区的生态平衡。非物质文化遗产的保护与旅游开发应当采用可持续的方式进行。例如，使用地理信息系统和多标准决策分析等方法，来评估不同地区非物质文化遗产的旅游潜力，确保旅游发展的科学性和合理性。此外，还应考虑社区居民的态度和感知，确保他们能从旅游开发中受益，同时维护他们的文化身份和生活质量。

在研究方法上，旅游地理学采用野外考察法、社会调查法、统计调查分析法、旅游图表法及分类比较法等基本方法。这些方法也是指导非物质文化遗产资源旅游开发研究的主要手段。非物质文化遗产的旅游开发研究一方面以旅游地理学的基本理论和研究方法为基础，另一方面也丰富和深化了旅游地理学的研究内容。

综合来看，非物质文化遗产的旅游开发研究需要以旅游地理学的理论和方法为基础，强调区域差异性、综合性和人地关系协调性，以实现旅游资源的科学开发和可持续利用。

第二节　非物质文化遗产旅游的资源类别

一、文化学与艺术学上的分类

对于文化和艺术的分类，各学科领域的研究者往往会根据不同的理论框架和研究目的采用不同的分类方法，没有一种唯一或绝对正确的划分方式。这种多样性反映了文化和艺术的复杂性及其在社会中的多维功能和意义。

（一）文化的分类

在人类文化的研究领域中，文化作为文化学、文化哲学、文化人类学等多个学科的共同研究对象，其分类问题一直是学者们探讨的重点。非物质文化遗产，作为文化遗产的一个重要组成部分，其分类研究不仅是对其本身理解的深化，也反映了对整体文化现象的科学把握。历史上，文化的分类方法多种多样，展示了文化现象的丰富性和复杂性。从简单的二分法，如将文化划分为物质文化和非物质文化，到三分法和四分法，这些方法试图从不同维度捕捉文化的本质特征和表现形式。

二分法作为文化理论中的一种基本分类方法，通过将文化划分为物质文化和精神文化两大类，为理解和研究人类的文化现象提供了一个清晰的框架。这种方法强调文化的两个互补方面，体现了文化的全面性。英国人类学家马林诺夫斯基将文化分为“物质设备”和“精神文化”，从而为理解文化提供了一个双维视角。物质文化包括所有的物质制造物，如器物、房屋、船只、工具和武器，这些都是文化中最直观、最易于理解的部分。这些物质设备不仅是文化的显著标志，还是衡量一个社会技术发展和工作效率的重要指标。与此同时，精神文化则包含了更为复杂且难以直观捉摸的元素，如道德、信仰、知识、经济价值体系、社会组织方式及语言等。这些精神方面的文化虽难以量化，但却是社会运行和个体行为的基础，对维护社会秩序和推动文化传承具有不可替代的作用。通过马林诺夫斯基的这种划分，物质文化和精神文化是相互依存、相辅相成的。物质文化为人们提供生存和发展的物质基础，而精神文化则赋予人们行为的意义和方向。在非物质文化遗产的研究与保护中，这种分类方法帮助认识到，即便是非物质的文化形式，也需要通过某种物质形式来表达和体现，如通过节日庆典、舞蹈、音乐表演，这些活动往往需要特定的物质支持（如乐器、服饰、场地等），展现了物质文化和精神文化的密切联系。

三分法是文化学中的另一种常见分类方法，它将人类的文化现象划分为物质文化、制度文化和观念文化（或称为精神文化）三大类别。这种方法在西方的文化人类学中具有深远的影响，并且在中国也得到了不少学者的认同和采纳。物质文化主要指的是人类创造的物质实体和实物形态，这包括日常生活中使用的工具、器物、建筑等，以及艺术和科技的物化表现形式，如文艺作品和科技产品。物质文化是文化现象中最直观、最容易观察和研究的层面，它直接展现了人类的创造力和技术能力。制度文化涵盖了社会的制度和规范，包括法律、政治、教育、宗教等社会结构和组织形式。这一层面的文化是社会运作的框架，它体现了社会的治理方式、社会秩序的维持和文化传承的机制。制度文化是社会观念和价值观的具体体现，是思想观点在社会实践中的凝结和规范化。观念文化或精神文化是文化体系中最为深层的部分，涉及价值观念、思维方式、道德观、宗教信仰等抽象的思想和意识形态。这一层面的文化影响着个体的行为模式和思考方式，是社会成员共同信仰和认知的总和。张岱年的观点深入地阐述了这三层文化的含义和相互关系。他指出，观念文化是最核心的层面，决定着社会的基本思想和价值方向；物质文化是观念文化的具体表现，是思想和科技成就的物化；而制度文化则是连接观念文化和物质文化的桥梁，通过规范和条例将观念具体化、制度化，从而影响整个社会的运作和发展。

四分法是对人类文化现象的一种更为细致的分类方法，它在传统的三分法基础上增加了“行为文化”这一类别，使得文化的分类更加全面和深入。这种方法认为文化可以划分为物质文化、制度文化、行为文化和精神文化四大类，每一类别都从不同的角度反映了人类社会的文化特征和行为模式。物质文化包括所有人类创造的物理实体，如建筑物、工具、衣物，以及其他各种形式的艺术作品和科技产品。这些是文化中最具体、最直观的部分，它们体现了人类对自然界的改造能力和审美能力。制度文化涵盖了社会的各种制度和规范，包括政治法律制度、经济制度、教育制度等。这些制度构成了社会运作的框架，规定了个体和群体的行为规范，维持社会秩序和稳定。

行为文化是四分法中新增的类别，指的是社会成员的行为模式和社交习惯。这包括了日常生活中的礼仪、仪式、节庆活动、社交互动等。行为文化是社会价值观和规范的直接表现，它既受制度文化的约束，也受精神文化的深刻影响。精神文化是文化结构中最为抽象和深层的部分，涵盖了人们的信仰、价值观念、思维方式和情感状态。精神文化是驱动社会发展和文化创新的核心力量，它影响着个体的思想行为和社会的整体进程。在《文化学通论》中，刘守华等学者通过这种四层的结构来深入探讨文化的各个方面，强调了各层面之间的互动与影响。这种分类不仅有助于更系统地理解文化的多维性，还强调了行为文化在连接物质、制度与精神各层面中的桥梁作用。通过这样的分析，可以更全面地捕捉到文化现象的复杂性，为文化研究和文化政策的制定提供了理论基础。

文化的分类方法多样，不仅反映了文化研究的广度和深度，还展示了不同学科视角下文化现象的复杂性。除了常见的二分法、三分法和四分法，其他分类方式也为理解文化的多维性提供了有力的工具。从文化的存在方式来看，可以将文化分为静态和动态两种类型。静态文化指的是长期稳定、变化较慢的文化元素，如历史遗迹、传统习俗等。动态文化则指快速变化、易于适应新环境的文化现象，如流行文化、互联网文化等。这种分类帮助理解文化在不同时间和空间条件下的适应和演变。从社会学角度，文化可被划分为精英文化、大众文化，以及官方文化、知识分子文化与民间文化等。精英文化包括高级艺术和学术研究，主要流行于社会的上层；大众文化则普遍存在于社会大众中，容易被广泛接受和传播。这种划分有助于分析不同社会阶层和群体的文化特征和消费行为。从地域的角度，文化可以被划分为东方文化和西方文化。这种分类基于地理、历史和哲学的差异，反映了不同地区在思维方式、生活习惯、价值观念上的根本差异。从文明进化的视角，文化被分为农耕文化、畜牧文化、工业文化、后工业文化等。这种分类关注文化随社会经济结构变化而演进的历程，如从原始社会到现代社会的转变。在具体的文化门类分类上，爱德华·泰勒将文化定义为包括知识、信仰、艺术、道德、法律、习俗等在内的复杂整体，而马林诺夫斯基进一步细化，将文化种类扩展到了器物、社会制度、仪式活动、语言文字等更具体的类别。这些分类不仅说明了文化的广泛性，也显示了文化研究的详尽性和系统性。

文化作为一个多层次、多维度的概念，涵盖了人类社会生活的几乎所有方面，从物质制作到精神信仰，从日常行为到社会制度。这种广泛性和内在的复杂联系使得对文化的分类必须采用多种方法和角度，以尽可能全面地捕捉和反映其丰富性。不同的学科背景和理论框架导致研究者在分类时采用不同的划分标准和原则。例如，人类学者可能侧重于文化的社会功能和象征意义，而社会学者可能关注文化的结构和社会影响。此外，艺术学家和历史学家可能会从审美和时代变迁的角度来探讨文化类别。这些不同的视角丰富了文化的研究，但也导致了分类方法的多样化。文化分类的目的不同，所采用的分类系统也会有所不同。例如，保护文化遗产的研究可能更侧重于文化形式和表现的分类，以便于保护和传承；而市场研究可能更注重文化消费的分类，以满足市场营销的需要。因此，分类系统的设计往往与研究的具体目的紧密相关，这也是为什么同一文化现象在不同研究中可能会被归入不同类别的原因。

（二）艺术的分类

艺术在现代文化体系中占据了举足轻重的地位，它的影响日益扩展，深入到人们日常生活的每一个角落。特别是在非物质文化遗产这一领域，艺术与之关联尤为紧密。许多非物质文化遗产项目本质上是民族和民间艺术的体现，即使是那些看似与艺术无直接关联的非物质文化遗产，如婚俗、节庆和其他民俗活动，也无可避免地蕴含着艺术元素。在当今的文化语境中，这些活动的审美和艺术价值越来越受到重视。在艺术学和美学领域，艺术分类学或艺术形态学一直是研究的重要部分，构成了学科体系中的关键分支。艺术的分类方法多样而复杂，表现为一种多元化的发展状态。这种分类不仅基于艺术的形式和表现手法，还涉及其背后的文化、历史和社会环境等因素，从而形成了一个充满活力的学术讨论领域。

探讨艺术的“自然体系”并归纳其基本分类，是艺术学领域中一项重要的学术任务。不同的理论家对艺术门类的界定各不相同，形成了多种分类体系。其中较为著名的是法国艺术理论家巴托提出的“美的艺术”体系，他初步将艺术分为五种类型：诗歌、音乐、舞蹈、绘画和雕塑。这一分类后被法国“百科全书”派进一步修正和推广，形成了西方近代艺术的经典表述。在这一版本中，舞蹈被排除，取而代之的是建筑艺术，因此形成了包括诗歌、音乐、绘画、雕塑和建筑的五种主要艺术样式。这种经典的艺术分类不仅奠定了近代西方艺术体系的基础，而且成为该体系的核心。值得注意的是，由于戏剧最初被广义地归类在“诗歌”之下（这里的诗歌概念包括了叙事诗、抒情诗及戏剧诗，相当于现代的广义“文学”），戏剧并未在早期体系中独立出来。然而，随着时间的推移，舞蹈和戏剧被重新识别为独立的艺术门类，从而在原有的五种艺术基础上扩展为七种艺术门类。进入20世纪，随着电影艺术的诞生和成熟，人们开始将电影视为一种独立的艺术形式，与传统艺术门类并列。因此，电影被誉为“第八艺术”，这一称谓凸显了电影在现代艺术体系中的重要地位和独特性。这一系列的艺术分类变革，不仅反映了艺术形式的发展和变化，同时也影响了艺术理论和实践的进程。20世纪30年代至40年代，中国现代艺术家和理论家丰子恺在其著作《艺术修养基础》中提出了包括十二种艺术门类的分类体系，称为“一打艺术”。这一体系突出体现了时代特征与民族特色，显著地将摄影与电影这两种新兴艺术形式独立出来，并将书法与金石这两种中国传统艺术样式单独分类。此分类方法不仅展示了当时中国学者对西方艺术体系的本土化解读，也是20世纪上半叶在艺术分类研究领域的重要学术成果。鉴于当今艺术体系的实际状况与需求，本书提议一种更加现代且具有中国特色的艺术分类，共包括十四种艺术门类：建筑艺术、实用装饰工艺艺术、书法、绘画、雕塑、文学（语言艺术）、音乐、舞蹈、戏剧、曲艺、杂技、摄影艺术、电影艺术、电视艺术。这一提议旨在更好地融合现代性与民族性。

在艺术分类方法上，普遍存在几种流行的逻辑分类方式。第一种是本体论分类方法，即根据艺术作品在现实中的存在方式，将艺术样式划分为空间艺术、时间艺术及空间时间艺术三大类。第二种是认识论或心理学分类方法，该方法根据感官体验将艺术分为视觉艺术、听觉艺术与视听综合艺术。第三种是符号学方法，按照艺术的表现形式，将其划分为再现性艺术、表现性艺术及再现一表现性艺术。第四种是功能论方法，区分艺术为单功用艺术与复功用艺术（即纯粹艺术与实用艺术）。这些分类方法各具特点，适用于不同的研究和应用场景。

从上述讨论中可以看出，艺术的分类体系，无论是基于自然归纳还是逻辑演绎，均表现出极大的多样性和复杂性。这一现象反映出，不存在一种绝对或唯一正确的艺术分类方式。艺术分类的多样性和丰富性不仅源于艺术现象本身的多样性和复杂性，更重要的是，它们依赖于研究者所采用的不同分类原则、标准，以及他们的研究目的和需求。这种理解对如何对非物质文化遗产进行分类和研究具有重要的启示作用。通过分析和借鉴已有的艺术分类学术成果，可以更有效地理解和保护非物质文化遗产，从而确保这些宝贵文化资源得到恰当的识别、归档和传承。

二、世界遗产及人类文化遗产的分类

在全球文化遗产的广阔体系中，非物质文化遗产占据了一席重要地位，形成了人类文化遗产的一个关键分支。这一概念的形成，实质上是联合国教科文组织对世界遗产及人类文化遗产分类体系认识的深化与更新的结果。非物质文化遗产涵盖了那些无形的文化元素，例如，传统手艺、表演艺术，以及各类社会习俗与节日庆典，它们不仅丰富了人类的文化多样性，也是历史传承与现代生活之间的桥梁。因此，教科文组织的文件和努力，都在不断推动全球社会对这些独特文化现象的保护意识和理解深度。

（一）《世界遗产公约》所界定的“世界遗产”

《世界遗产公约》是在1972年11月由联合国教科文组织在法国巴黎的第17

届会议上通过的一项重要公约，其核心宗旨是促进对世界文化和自然遗产的保护。这份公约强调了国家层面与全球层面上对遗产的保护责任，目的是确保这些无可替代的财富能够传承给未来世代。根据《世界遗产公约》，世界遗产分为两大类：世界文化遗产和世界自然遗产。世界文化遗产主要指那些具有重要历史、科学、艺术或文化价值的地点，如历史建筑、城市、遗迹等。而世界自然遗产则包括具有卓越自然美景、生物多样性或地质价值的自然地区，这些地区展示了地球生态和地理的独特性。

（二）世界文化与自然双重遗产的确认

在《世界遗产公约》的框架内，传统上遗产地被分类为文化遗产或自然遗产。然而，随着时间的推移，人们认识到某些遗产地同时具备这两种价值，这导致了对双重遗产的识别与保护的需求。一个典型的例子是中国的泰山，在 1987 年由联合国教科文组织的自然遗产专家卢卡斯考察后，发现泰山不仅满足文化遗产的标准，同样也达到自然遗产的评审要求。卢卡斯赞叹泰山将自然与文化的元素独特地结合在了一起，并且在理解人与自然的关系上提供了新的视角。

泰山的这一独特性质使得它成为第一个以文化与自然双重身份被列入《世界遗产名录》的遗产地，从而扩展了遗产类别，增添了“世界文化与自然双重遗产”这一新类别。这种分类的扩展不仅为泰山带来了荣誉，也为后来的遗产申报如黄山、峨眉山与乐山大佛及武夷山等设置了范例。这些遗产随后也以双重身份被成功列入名录中。

截至 2004 年 6 月，全球已有 23 个遗产地被认定为文化与自然双重遗产，显著增加了世界遗产的多样性。这种分类的演变，实际上标志着从最初的两类扩展到现在的三类，即世界文化遗产、世界自然遗产及世界文化与自然双重遗产，更全面地体现了人类与自然的和谐共处。这不仅是对遗产类型的一个补充，也强调了在全球范围内保护文化与自然遗产的重要性。

（三）文化景观遗产的提出

在探讨世界遗产的多元分类中，文化景观遗产的概念提出标志着人类对遗产保护认识的深化与扩展。最初，《世界遗产公约》所定义的遗产类型并不包括文化景观遗产。然而，时间的推移带来了对遗产认识的演变。具体来说，到了 1992 年，也就是《世界遗产公约》公布 20 年后，联合国教科文组织在第 16 届世界遗产委员会会议上，首次正式将文化景观纳入遗产类型。这一变化意味着，遗产的类别从原先的三种扩展到了四种，分别是世界文化遗产、世界自然遗产、世界文化与自然双重遗产以及新增的世界文化景观遗产。这一修正，不仅反映了全球遗产保护观念的成熟，还表明了对文化与自然之间交织关系的重视。

（四）非物质文化遗产进入人们的视野

随着对人类遗产保护实践与理论的不断深化，世界遗产保护领域逐渐意识到，仅仅通过物质文化遗产的保护是不够的。原有的“世界文化遗产”分类主要涵盖了具有物质形态的文化元素，如文物、建筑物和遗址，这些都是物态化、凝固的文化遗存。然而，人类文化的宝库远不止这些可见可触的遗产。非物质文化遗产，包括民间文化、民俗，以及民族艺术等，这些文化形式以活态的方式存在，通过口耳相传的方式代代传承，不断地在人类社会文化生活中发挥着重要作用。与物态化的文化遗产相比，非物质文化遗产以其活态和非物质的特性，更加深刻地体现了人的存在价值，同时也更加脆弱，易于消逝。因此，20 世纪 80 年代，联合国教科文组织开始关注非物质文化遗产保护问题，并在其文件中明确区分了“物质文化遗产”与“非物质文化遗产”。这一区分的提出，不仅扩展了遗产保护的范畴，也强调了保护文化多样性的重要性，使得非物质文化遗产的保护逐渐成为国际文化保护工作的重要组成部分。

（五）世界遗产的基本分类

按照联合国教科文组织的当前分类方法，世界遗产可以被划分为三大类别：文化遗产、自然遗产、自然与文化双重遗产。总结归类如图 2-3 所示。

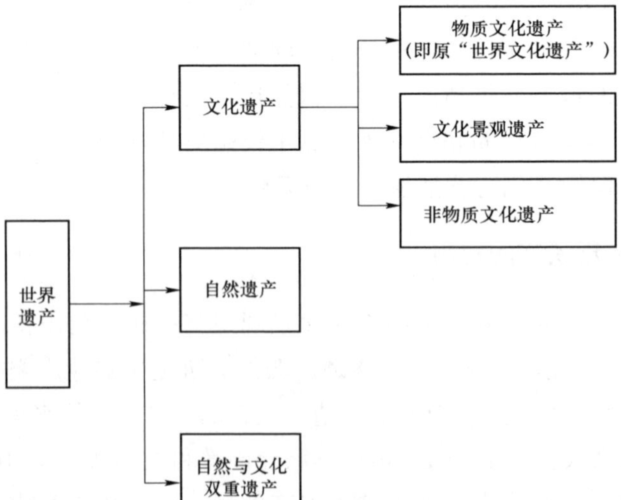

图 2-3　联合国教科文组织世界遗产分类

从人类遗产和文化遗产类别的不断演变和丰富化过程中，可以观察到一个共性：这些分类系统是基于对人类遗产和文化遗产的研究成果、理解的扩展及深入，特别是在遗产保护的实践需求和所面临的问题中，通过经验总结而形成的。这些分类并非源于抽象的逻辑推导，而是具有实验性、实践性、操作性，并且开放和可演化的。当前对非物质文化遗产的分类和理解，同样沿袭这一模式。

三、国际文件关于非物质文化遗产的分类

正如人类遗产和文化遗产的分类体系经历了持续的发展和深化过程一样，非物质文化遗产的分类也同样经历了一种类似的演变。这种分类无法固化为一种标准化的、被全体人类毫无异议地认可的形式。相反，它必须随着人们对非物质文化遗产认识的增加而不断发展和变化，体现出多样性的可能性。

为了更好地理解这一点，可以探讨联合国教科文组织关于非物质文化遗产分类的演化。在联合国教科文组织的档案中，最具代表性、权威性和法律意义的是2003 年第 32 届会议正式通过的《保护非物质文化遗产公约》。根据这个文献，可以将联合国教科文组织对非物质文化遗产的分类和界定的演变分为两个阶段。《保护非物质文化遗产公约》诞生之前的阶段：在这一阶段，非物质文化遗产的概念和重要性逐渐为国际社会所认知，但尚未形成一个全面和统一的国际法律框架。《保护非物质文化遗产公约》通过之后的阶段：该公约的通过标志着非物质文化遗产保护进入一个新的法律和操作性更强的阶段，公约明确了非物质文化遗产的保护范畴和国际合作的重要性，为全球非物质文化遗产的保护提供了法律依据和实践指导。

（一）《保护非物质文化遗产公约》公布之前的分类

在联合国教科文组织《保护非物质文化遗产公约》正式颁布之前，该机构的早期文件已经对非物质文化遗产的概念和分类进行了探讨。1989 年，教科文组织通过了《保护民间创作建议案》，该案为民间创作（即传统的民间文化）提供了一个经典定义，并列出了传统民间文化（后被称为“人类口头和非物质遗产”）的主要表现形式。这一定义和对表现形式的列举对后来的非物质文化遗产定义和分类产生了深远影响。

民间创作或传统的民间文化，涵盖了源自特定文化社区的所有创作活动，这些活动基于传统，由社群成员或个人表达，并被视为体现该社区的文化和社会特征。这些创作的规范和价值通过口头模仿或其他方式传承。其表现形式包括语言、文学、音乐、舞蹈、游戏、神话、礼仪、习俗、手工艺、建筑技术及其他艺术形

式。到了 1998 年，在联合国教科文组织的第 155 次执委会会议上，通过了《宣布人类口头和非物质遗产代表作条例》。这一文件复述了 1989 年《保护民间创作建议案》中的定义，并将“民间创作”改称为“口头和非物质遗产”，同时对其包含的表现形式进行了轻微的补充。该条例进一步定义了“口头和非物质遗产”为来自某一文化社区的全部创作，这些创作反映社区的文化和社会特性，通过口头或其他形式传承其准则和价值。除了前述的形式外，还考虑了传统的信息传播方式。

根据上述介绍，可以看到非物质文化遗产的定义和分类是随时间逐步发展和扩充的。从 1989 年的《保护民间创作建议案》到 1998 年的《宣布人类口头和非物质遗产代表作条例》，不仅对民间文化的定义有所增补，而且对其分类的深度和广度都有显著的扩展。在 1989 年的文档中，已经列出了非物质文化遗产的十种主要表现形式：语言、文学、音乐、舞蹈、游戏、神话、礼仪、习惯、手工艺、建筑艺术和其他艺术。1998 年，这个范围进一步扩展，新增了“传播与信息的传统形式”，这说明了非物质文化遗产的定义正在逐渐包含更多与现代社会交流密切相关的元素，从而反映了非物质文化遗产适应时代变化的需求。1998 年的《宣布人类口头和非物质遗产代表作条例》还明确地将人类口头和非物质遗产划分为两大类：一是包括了广泛的民间传统文化表现形式，从具体的艺术表达到信息的传播方式；二是“文化空间”，这个类别提供了一个对非物质文化遗产空间维度的理解，强调了文化活动发生的特定环境和时间对于传统文化的重要性。这样的分类不仅丰富了对非物质文化遗产的理解，也为其保护提供了更具体的指导。

（二）《保护非物质文化遗产公约》的分类

2003 年联合国教科文组织第 32 届会议正式通过的《保护非物质文化遗产公约》标志着国际非物质文化遗产保护进入了一个新的阶段。这份文件是目前国际上最具权威、影响力最大，并具有法律效力的文档，它不仅总结了此前关于传统民间创作和口头及非物质遗产的研究成果，而且对 1998 年的相关定义进行了修正，并重新分类了人类非物质文化遗产。

《保护非物质文化遗产公约》将非物质文化遗产分为五大类，这一分类方法已经被世界各国广泛采纳。口头传授和表现形式，包括作为非物质文化遗产媒介的语言。表演艺术。社会实践、仪式和节庆活动。有关自然界和宇宙的知识和实践。传统手工艺。

在探讨《保护非物质文化遗产公约》的框架内，非物质文化遗产的定义及其分类得到了明确的规范。根据公约和联合国的实际操作，某些特定的文化场所被称作“文化空间”，因其在展示和保持非物质文化遗产中的重要作用而被视为非物质文化遗产的关键类别之一。具体而言，该公约的精神和实践初步确立了包含六个非物质文化遗产分类体系，除了已有的五种类别外，还特别包括了与这些传统表现形式密切相关的文化空间。

中国国务院办公厅在《关于加强我国非物质文化遗产保护工作的意见》的附件中也有提及非物质文化遗产的分类。根据《国家级非物质文化遗产代表作申报评定暂行办法》第 3 条，非物质文化遗产主要分为两大类：一类是传统文化表现形式，包括民俗活动、表演艺术、传统知识和技能等；另一类是文化空间，这指的是那些定期举行传统文化活动或集中展现传统文化表现形式的场所，这类空间具有明显的空间性和时间性特征。

非物质文化遗产的具体范围则包括以下六项：

（1）口头传授，尤其是作为文化载体的语言；

（2）传统表演艺术；

（3）民俗活动、礼仪和节庆；

（4）与自然界及宇宙相关的民间传统知识和实践；

（5）传统手工艺技能；

（6）与以上表现形式相关联的文化空间。

这一分类不仅准确反映了非物质文化遗产的多样性和丰富性，而且突显了文化空间在传承和展示传统文化中的独特角色。

在探讨联合国教科文组织《保护非物质文化遗产公约》及其在我国实施的相关政策时，非物质文化遗产的分类体系中不仅包括五种传统类别，还额外列出了“文化空间”作为第六种独立的类别。这种分类方法不仅遵循了公约的精神，而且对遗产的理解提供了更加全面和系统的视角。

在此基础上，非物质文化遗产的六大类别可以并列在同一个层面，也可以分为两个层次，具体分类如下。

（1）口头传授，包括作为文化载体的语言。

（2）传统表演艺术。

（3）民俗活动、礼仪和节庆。

（4）有关自然界和宇宙的民间传统知识和实践。

（5）传统手工艺技能。

文化空间：与上述传统表现形式密切相关的场所，这些场所不仅承载着文化活动，还定期举行相关的传统活动，展现其空间性和时间性的特征。

此分类方法有效地强调了文化空间在非物质文化遗产保护中的独特地位和作用，确立了其作为非物质文化遗产基本类别的重要性。这种系统化的分类不仅有助于更好地理解和传承各种文化形式，还有助于制定更为有效的保护和推广策略。

（三）对于上述分类方法的分析

分析联合国教科文组织制定的非物质文化遗产分类体系时，会发现其分类方法并非一成不变且具有多样性。这种分类体系主要基于非物质文化遗产的表现形式和社会文化功能来进行区分。具体而言，非物质文化遗产可以根据其表现方式如口头传统、表演艺术、传统手工艺等进行分类；同时，还可以依据其在社会生活和文化活动中的作用，如社会习俗、仪式、节庆活动，以及与自然界相关的知识和实践等方面进行区分。这种分类展示了非物质文化遗产的丰富多样性和社会文化的多维性。然而，这种分类并非自上而下的系统性划分，而是基于各国在文化遗产保护实践中的需求、重要性、紧迫性和濒危性等因素，采用自下而上的归纳方法。这种方法虽然贴近实际，反映了保护现实的需求，但也导致了分类的不完整性和非逻辑性。例如，在分类时，各类别之间的界限并不严格，存在重叠和交叉现象。在“传统文化表现形式”中，一些社会习俗和节庆活动同时也被视为“文化空间”，这表明了分类的模糊性和包容性。此外，当前的分类体系虽然在概念上有所区分，但在实际应用中，诸如口头传统和传统表演艺术之间的界限往往模糊，这些文化形式在传承和表演中往往是相互交织的。例如，民间故事、民族史诗在表演中可能既包含口头叙述也涵盖表演艺术，展现了语言和表演的双重特性。同样，“与自然界和宇宙相关的民间知识和实践”也常常与其他文化表现形式交叉出现，显示了非物质文化遗产的交织性和复杂性。

随着进化论的应用，生物学中的固定分类界限逐渐消失，这种现象在人文社会科学领域尤为明显。文化遗产的分类同样面临着这种困境。在文化与自然双重遗产的概念提出后，人们对世界文化遗产与自然遗产的分类方法有了新的理解，这进一步证明了分类体系的发展和完善是一个不断演进的过程。因此，面对《保护非物质文化遗产公约》的现有分类体系，不应该停滞不前，而应根据保护实践的发展和新的理论认识，不断探索更科学、更合理、更全面的分类方法。随着保护实践和认识水平的提高，非物质文化遗产的分类体系将继续修正和完善。这不仅是对传统的挑战和反思，也是文化遗产研究与保护实践向更深更广层面发展的必然趋势。

第三节　非物质文化遗产旅游资源开发价值评价体系的构建

一、构建非物质文化遗产旅游资源开发价值评价体系的目的

构建非物质文化遗旅游资源开发价值评价体系的目的在于解决非物质文化遗产在全球范围内面临的挑战，特别是如何在不同文化背景下进行科学和系统的评估与开发。非物质文化遗产虽源于西方概念，但在不同国家间的文化特性和实际情况存在差异，迫切需要一个符合本国国情的评价体系，以支持其在旅游开发中的科学合理利用。

在非物质文化遗产旅游资源的开发过程中，既存在认知局限性也面临着各种社会群体和个人对价值的不同解读。这要求评价体系不仅要有学术的深度，更应具备实用性，为政府决策和公众理解提供指导。有效的评价体系应从多角度、多维度进行构建，确保其评价结果的全面性和科学性。构建这一体系的目的还在于提升非物质文化遗产的国际认可度和旅游开发的质量。通过科学的评价方法，可以客观地揭示非物质文化遗产在当代社会、经济及文化发展中的作用和价值，支持相关的保护和利用策略。系统的评价体系不仅有助于政策制定者和旅游开发者理解和利用这些遗产，也有助于提高公众对非物质文化遗产重要性的认识和理解，从而促进可持续旅游和文化多样性的保护。

根据文献资料对资源价值分类的归纳，旅游资源的总价值包括使用价值和非使用价值，如图 2-4 所示。使用价值指的是旅游资源在实际利用过程中所产生的直接经济和社会效益，而非使用价值则涵盖了文化、教育、生态等方面的潜在价值。这些价值的全面评估和科学认知，是确保非物质文化遗产旅游开发的可持续性和科学性的关键。通过建立全面、科学的评价体系，可以更好地指导非物质文化遗产的保护与开发，确保其在旅游开发中发挥最大的社会和经济效益。

在非物质文化遗产的价值评价中，旅游经营者与文化部门的关注重点不同。经营者多关注产生经济收益的使用价值，而文化部门则侧重于非使用价值，如未来利用可能性和为后代保留的价值，这些往往难以量化。目前，我国的 ICH 价值评价多为定性分析，缺乏定量分析。

图 2-4 所示的旅游资源价值构成图解，将使用价值和非使用价值细化，使其更加直观和量化。使用价值主要包括直接的经济收益，而非使用价值涵盖了文化、

教育、生态等潜在价值。在这种评价体系中，使用价值涉及游客消费、旅游业收入等直接经济效益，这些是旅游经营者最为关注的部分。而非使用价值则涉及文化传承、教育意义、生态保护等方面，这些价值更为抽象，但对于文化部门来说，却是非物质文化遗产未来可持续发展的关键。本书通过构建综合评价与专项评价相结合的体系，既考虑到非物质文化遗产的经济收益，也重视其社会、文化和环境价值。在定性评价与定量评价的结合上，通过具体的数据分析和科学量化方法，使非物质文化遗产的各种价值更为清晰和易于理解。这种评价体系的建立，不仅有助于改变公众对非物质文化遗产的认知，也为政府和相关部门制定保护和开发政策提供了科学依据。同时，它也能引导旅游经营者在追求经济利益的同时，更多地关注文化和环境保护，从而实现非物质文化遗产的可持续利用。

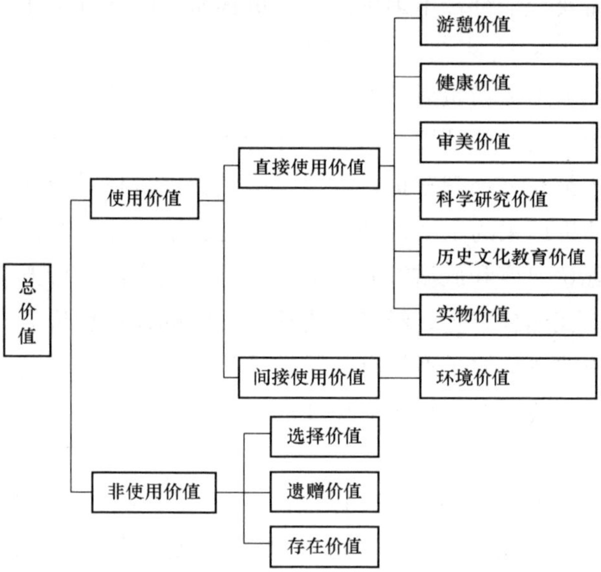

图 2-4　旅游资源价值构成

本书深入评估非物质文化遗产在旅游开发中的价值，目标涵盖规划、开发与管理三个方面。从规划的角度，分析区域内非物质文化遗产的现状和可持续性，为旅游开发策略和宏观规划提供理论支持。从开发视角，探讨非物质文化遗产的特性和功能，为新旅游产品设计及景区升级提供依据。在管理层面，评定旅游资源的质量和规模，为资源管理和解决开发中的生态管理问题提供参考。

二、评价主体

评估非物质文化遗产旅游开发价值的主体选择至关重要，因为不同评价主体的知识背景、关注焦点和价值观不同，可能导致对旅游开发价值的评价出现偏颇。为了保证评估的客观性和全面性，评价团队应包括与非物质文化遗产紧密相关的多方利益相关者。

非物质文化遗产的旅游开发虽由旅游者的兴趣激发，但其健康的维护和发展不能单由旅游者决定。因此，包括非物质文化遗产领域的专家学者（如大学教授、文化界人士）、旅游行业的专业人士、政府官员、遗产地的居民，以及旅游者本身在内的多个利益相关者，都应该参与到评价过程中。这样的多元评价体系可以确保评价的深度与广度，同时兼顾不同视角和专业知识，以促进非物质文化遗产的可持续旅游开发。

三、评价原则

在非物质文化遗产的旅游开发中，遵循以下四个基本原则至关重要。

（1）“保护第一”原则。这一原则强调，在开发非物质文化遗产的过程中，保护应当置于首位。国际社会普遍认同这一观点，强调在组织和管理非物质文化遗产的过程中，应优先考虑其保护。这一原则旨在确保非物质文化遗产在旅游开发过程中不受损害，其文化价值得以传承。

（2）实事求是原则。对非物质文化遗产旅游资源的评价应建立在实际调查之上，综合运用遗产学、地理学、管理学、人类学等多学科的理论与知识。评价应客观真实，科学分析非物质文化遗产的特性和价值，以确保评价结果的准确性和科学性。

（3）全面系统原则。非物质文化遗产的旅游价值和功能是多方面的，包括文化、美学、科学研究、观赏、历史和社会价值等。其功能涵盖观光、休闲、娱乐、健身和科普等。在开发这些资源时，应考虑自然、社会、经济、环境等因素，并评估文化遗产的承载力，确保开发活动的可持续性。

（4）综合效益原则。非物质文化遗产的开发不仅仅追求保护，也旨在其合理利用，以实现社会、生态和经济效益的最大化。这要求充分发挥非物质文化遗产的潜在价值，不仅仅局限于经济效益，更包括其对社会和生态环境的正面影响。

遵循这些原则，不仅能够保护和传承非物质文化遗产，还能确保其在旅游开发中的合理利用和可持续发展。

四、评价内容

本书将非物质文化遗产作为旅游资源进行评价，旨在从其合理开发与保护的角度，以及实现最大的社会经济效益出发。评价过程包括使用特定方法，全面鉴定和评判区域内旅游资源的内在价值和外部开发条件。这种评价全面而客观地了解旅游资源的品质、特性和开发潜力，进一步明确这些资源在类似资源中或在特定区域的地位，从而确定其开发优先级，为旅游开发规划提供科学依据。

针对非物质文化遗产作为旅游资源的评价，可以从以下三个方面展开。

（1）吸引力评价：考察非物质文化遗产作为旅游资源的吸引力，包括资源的品质、地域特性、环境质量及其使用价值，这些因素是吸引游客的关键，也是非物质文化遗产旅游开发的核心动力。

（2）生命力评价：分析非物质文化遗产旅游资源的开发条件，这是评估旅游资源开发可行性的重要因素。

（3）承载力评价：研究利益相关者对遗产的认知和保护意识，以及产品化对遗产的影响，这关键于遗产的持续传承和旅游的可持续发展。

通过这三个评价维度，可以更科学地理解和利用非物质文化遗产旅游资源，为旅游开发提供坚实的理论和方法支持。

五、评价指标的选取

选择评价指标时，非物质文化遗产旅游研究应从单一的保护角度转向更全面地反映旅游的特性。刘滨谊教授的“三元”理论提供了一个综合的视角，结合了宏观策划、时空规划和单体设计，涵盖了客源市场、生态环保和美景创造，以及产业经济、游客心理行为和时空形态格局。这种理论框架下的吸引力、生命力和承载力为评价非物质文化遗产旅游资源提供了实用的参考。

1. 吸引力

吸引力评价关注旅游地如何成为具有磁性的目的地，即其对游客的吸引力。这包括了旅游地的独特性、历史和文化价值、自然和人造景观的美感，以及如何通过体验导向的规划来满足游客的需求。旅游地的市场形象和能力在于满足并超越游客的期待，通过深入分析体验构成的各个角度，确定旅游地的市场定位和识别。

2. 生命力

生命力涉及旅游地在经济、社会和环境方面的持续发展能力。这涉及旅游系统内部的管理和外部的环境互动，目的是确保旅游项目和产品的经营战略与开发策略的持续有效性。生命力的评价需要考虑旅游项目如何适应市场变化，以及如何在不损害资源的前提下促进经济和社会的发展。

3. 承载力

承载力评价主要关注旅游地的经济效益、社会文化的适应能力和生态环境的可持续性。这包括评估旅游地能够承载的游客数量，保护资源免受过度开发的能力，以及如何平衡发展和保护的需求。承载力的核心是解决资源保护与旅游发展之间的潜在矛盾，确保旅游活动不会破坏遗产地的文化和生态环境。

通过这三个维度的综合评估，可以确保非物质文化遗产作为旅游资源的开发不仅具有吸引力，而且是可持续和负责任的。这种多维度的评价方法有助于实现旅游发展的长远目标，同时保护和传承文化遗产的价值。

非物质文化遗产作为旅游资源的开发和保护是一个多维的过程，既需要关注其固有的文化价值，也需适应旅游市场的动态需求。在国际标准如联合国教科文组织《宣布人类口头和非物质遗产代表作条例》提供的客观评定标准基础上，非物质文化遗产旅游的评价标准则显得更为动态和相对，因为它受到旅游市场变化和游客偏好的直接影响。这种评价的复杂性在于，非物质文化遗产在成为旅游资源的同时，既要保持其文化的真实性和独特性，又要适应市场的需求，确保其吸引力、生命力和承载力达到平衡。文化的真实性和商业价值之间的张力，使得非物质文化遗产的旅游开发成为一个充满挑战的领域。从政府主导的保护措施到文化传承者的参与，以及旅游开发者的实际操作，都必须精心设计以维持这种平衡。

在实践中，非物质文化遗产的保护往往伴随着其商品化的风险，可能导致文化本质的流失和形式的同质化。因此，评价非物质文化遗产的旅游资源价值时，需要一个综合的视角，既要考虑文化的深度和独特性，也要兼顾其市场吸引力和经济潜力。这种评价要基于深入的地方研究和市场分析，确保旅游开发活动能够在不损害文化的前提下，提供经济上的可持续性和社会文化上的正面效应。此外，社区的广泛参与和公众的文化意识提升是实现这一目标的关键。通过增强本地社区的参与和赋权，可以更有效地保护和传承文化，同时使得旅游开发更具包容性和参与性。因此，非物质文化遗产的旅游开发不仅是文化政策制定者和学者关注的焦点，更是社区和旅游业者共同探索的过程。

吸引力、生命力和承载力理论是一种综合的旅游规划和资源管理框架。这一理论将资源规划、旅游策划、以及风景名胜区的规划纳入同一学术体系中，通过全面分析一个地区或资源的吸引力、生命力和承载力，提供了一个系统的方法来优化旅游目的地的发展。通过吸引力、生命力和承载力理论，可以系统地增强旅游地的市场形象和吸引力。这不仅涉及美化和营造独特的景观，也包括塑造独到的文化和历史故事，这些都是吸引游客的关键要素。同时，生命力的分析帮助确保旅游地在经济、社会和环境方面的可持续成长，支持其适应变化多端的旅游市场和社会需求。此外，承载力的评估则是确保旅游地能在不超过自身环境和社会承受限度的情况下，有效地吸纳和管理游客流量。这包括经济投入产出的合理性、社会文化的适应性和生态环境的保护，旨在解决资源保护和旅游发展之间的潜在矛盾。吸引力、生命力和承载力理论的实施有助于实现旅游规划中“市场卖点—生命周期—可持续利用”的三位一体发展模式，这一模式强调旅游地的市场吸引力、生命周期的管理，以及资源的可持续利用，使得旅游开发不仅满足当前的市场需求，而且长远地保护和利用自然与文化资源。

本书运用这一理论来构建非物质文化遗产旅游开发的价值评价体系。

（1）非物质文化遗产旅游资源吸引力评价

遗产资源的品质。非物质文化遗产作为旅游资源的吸引力评价涉及遗产的品质、知名度和丰度三个核心因素。根据联合国教科文组织及《中华人民共和国非物质文化遗产法》，非物质文化遗产的评价强调其独特的文化价值，这包括艺术、历史和人类学等领域的重要性。这些遗产不仅是人类创造力的象征，也是活的文化传统的见证，具有高度的吸引力。

遗产的级别，如世界级或国家级，通常与其知名度成正比，更高的级别意味着更大的知名度和吸引力。此外，非物质文化遗产的丰度，即一个区域内遗产资源的种类和数量，也极大地影响了其旅游潜力。资源的多样性不仅增加了旅游体验的吸引力，还丰富了游客的体验。通过普查和编目，可以详细了解区域内遗产资源的分布，为将这些资源有效整合为旅游产品提供了基础。

遗产地域独特性。非物质文化遗产旅游资源的地域独特性主要通过稀缺度与奇特度，以及适游期长度与使用范围两个指标来衡量。稀缺度与奇特度反映了遗产的独一无二或罕见性质，如特定民俗活动或手工艺技术，这些因其无法在其他地方找到的特殊性而成为吸引游客的重要因素。这种独特性不仅增强了地区的文化身份，也提升了其作为旅游目的地的吸引力。适游期长度与使用范围涉及非物质文化遗产可供游客体验的时间长度和能适用于多少种旅游活动。例如，节日、庆典或其他按特定文化日历进行的季节性活动，这些都直接影响旅游目的地的访问频率和游客流量。非物质文化遗产如果能整合进多种旅游产品中，如工作坊和教育旅行，其使用范围更广，能吸引更多游客。

遗产地环境质量。非物质文化遗产地的环境质量包括环境的舒适度、安全度、易保护性，以及文化空间的整体协调性。优良的自然环境不仅能提升游客体验，使其在放松愉悦的氛围中深入体验文化活动，还有助于非物质文化遗产的保护和文化价值的传递。国务院办公厅强调文化空间应与环境紧密联系，以支持传统文化活动的持续进行。此外，环境的易保护性和文化的市场欢迎度也是重要考量。旅游活动应得到当地社区的接受，避免引发文化冲突。对旅游者的行为进行适当管理，确保旅游活动既促进文化遗产的传播，又维护其完整性和地区环境的和谐，是进行非物质文化遗产旅游开发时的必要策略。

遗产使用价值。遗产使用价值主要通过其体验深度、广度及与著名景区的关联性来评价。非物质文化遗产需通过有形化过程在旅游中呈现，如通过表演者、工匠或特定节庆活动地点展现，增强旅游资源的吸引力和文化体验的丰富性。此外，非物质文化遗产与知名的物质遗产或自然景观结合，能够提升旅游体验的层次和满意度，如将传统手工艺融入著名历史建筑的参观路线中。

（2）非物质文化遗产旅游资源生命力评价

非物质文化遗产旅游资源的生命力评价涵盖遗产管理能力、旅游开发条件及其对环境和经济的影响等多个维度。管理能力关键在于管理者的专业性和资金支持，确保非物质文化遗产得以正确展示和传承。旅游开发条件包括地理位置、市场定位、经济贡献及基础设施，这些因素共同影响非物质文化遗产吸引游客的能力。良好的地理位置和互补的旅游资源有利于增加访问量。经济贡献评估则聚焦于投资回报和经济带动效应。基础设施的完善程度直接影响旅游体验和游客满意度。

（3）非物质文化遗产旅游资源承载力评价

利益相关者对遗产的认知和保护意识。非物质文化遗产的旅游资源承载力评价涉及广泛的利益相关者，包括政府、居民、旅游者及经营者等，他们对遗产的认知和保护意识直接影响遗产的可持续使用和开发。政府在调控市场和保护文化遗产中扮演关键角色，制定政策以确保文化保护优先于经济利益。同时，开发商和旅游经营者在追求经济回报的同时可能与文化保护目标产生冲突，需通过合理管理和规划确保活动不损害文化遗产。此外，旅游消费者的满意度和反馈是评价旅游开发成功与否的重要标准。遗产地居民作为文化的直接传承者和保护者，他们的参与和支持是确保文化遗产可持续利用的基石，其积极参与不仅能增强文化活力，也能提升社区经济福祉。

目前传承状况。非物质文化遗产的当前传承状况包括遗产的普及程度、传承人的情况及相关学术研究。遗产的普及程度反映了其在特定区域和人群中的知名度和影响力，广泛的普及有助于文化的传播和保存，增强其作为旅游资源的潜力。传承人的数量和年龄结构的合理性是持续文化传递的关键，他们的专业能力和传承质量直接影响非物质文化遗产的活力。此外，系统的学术研究有助于深入理解文化遗产的价值，指导科学的文化传承和旅游开发，减少商业化过程中可能的负面影响。这些因素共同确定非物质文化遗产的旅游开发承载力。

遗产产品化对遗产（地）形成负面影响的可能性。在将非物质文化遗产转化为旅游产品时，应深入考量其承载力和保护需求，以免对遗产本质及地区社会生活方式造成损害。旅游容量指一定条件下，资源能承受的最大活动量而不影响其质量和特性。超出此限，可能导致资源退化和生态破坏。因此，对非物质文化遗产的旅游容量进行严格评估至关重要，以防止其文化价值因异质文化引入而被稀释或改变。同时，非物质文化遗产的商品化需警惕文化形式和内容的过度简化，避免文化本质受到扭曲。

六、评价方法

在当前的研究中，对非物质文化遗产旅游资源的开发价值评估，本书采纳了一种创新的、综合定性与定量评价的方法论。尤其重视层次分析法和德尔菲法的应用，这两种方法各有其独特的优势，能够确保评价的科学性和系统性。此外，相较于传统上偏重自然资源的评价，本书的方法论对于人文资源的评估提供了更为精确的视角。

层次分析法，由萨蒂教授开发，是一种广泛应用于决策问题的结构化技术。它通过将复杂问题分解为易于管理的多个层次和因素，使用专家打分的方式来确定各因素之间的权重关系，最终形成一个数学模型以计算最佳解决方案。在文化遗产的评估中，此法特别适用于处理涉及多变量和多层次因素的评估问题，能够客观地量化各因素对遗产总体价值的贡献。

德尔菲法，则是一种基于专家共识的预测技术，通过多轮匿名问卷调查形式，逐步收敛专家意见，直至达成一定程度的共识。该方法的优势在于能有效利用专家组的知识和经验，尤其适用于那些缺乏充足历史数据支撑的复杂问题。在评估非物质文化遗产时，通过德尔菲法可以有效整合各领域专家的意见，从而提出一系列更为全面和深入的评价结果。

结合这两种方法，本书先通过层次分析法评估非物质文化遗产的吸引力、生命力和承载能力等关键因素，然后利用德尔菲法进一步验证和精细化这些评估结果，确保其广泛的专业接受度和高度的准确性。例如，本书中通过层次分析法确定了各评价因素的权重，并通过德尔菲法对这些因素进行了多轮专家验证，收集并分析了来自高校、科研机构和政府部门的 24 份有效反馈。

非物质文化遗产的旅游资源开发需要考虑的不仅是其历史和文化价值，还有其在现代旅游市场中的吸引力和实际的可持续性。遗产的生命力和承载力是评估中的重要组成部分，它们直接关系到遗产能否持续吸引游客及其对游客活动的支撑能力。根据国内外的研究，这些因素的评估在整个评价体系中占据了超过一半的比重，显示出评估非物质文化遗产旅游资源的开发价值不仅是文化的需要，更是商业活动中的一部分。

因此，这种综合定性与定量相结合的评价方法，不仅能减少主观随意性，提高评价的可操作性，还能深入挖掘和理解非物质文化遗产的独特价值和开发潜力。这为正确评价和有效开发人文旅游资源提供了一个科学、系统的方法框架，特别是在当下这个对人文资源评价方法求新求变的背景下，本书的方法论提供了重要的理论和实践价值。

第三章　非物质文化遗产与旅游的互动

第一节　非物质文化遗产的旅游价值分析

对非物质文化遗产在旅游领域的价值进行评估，是其合理利用的初步阶段，同时也是推动保护、传承与旅游业发展相互促进的核心环节。非物质文化遗产作为特定民族或群体的独特文化存储，反映了其历史文化传统的演变，这些群体文化基因的原生态表现，构筑了其独特的旅游吸引力。这种吸引力源于非物质文化遗产是在特定历史时期和地理环境中形成的生产和生活方式的总和，这些文化的积累、沉淀及传递，赋予了它们无可比拟的魅力和独特性，使其能够吸引不同偏好和层次的游客。需要指出的是，非物质文化遗产的旅游价值受到时间和空间限制，以及不同利益相关者的主观评价的影响，因此展现出一定的相对性。尽管如此，优秀的非物质文化遗产能够跨越时代的界限，凭借其独有的文化魅力吸引广泛的公众注意，并在旅游开发过程中显现其深远价值。从旅游角度来看，非物质文化遗产的价值主要体现在以下四个方面：增强文化吸引力并提供休闲体验、提供教育价值并支持研学旅游的发展、促进相关产业发展和旅游经济的增长、增强民族认同感并助力旅游营销活动。

一、文化吸引和旅游休闲价值

非物质文化遗产体现了特定民族或社群的原始状态，揭示了其历史文化的独特发展路径，从而拥有显著的文化吸引力。举例来说，中国各地区的民间传统歌舞各具特色：新疆表现出热情奔放，西藏显露高远空灵，江南则展示婉转典雅。通过对非物质文化遗产资源的深度开发和文化内涵的挖掘，可以重现其文化价值和功能。非物质文化遗产不仅吸引游客探索异质文化，还提升了旅游体验的文化深度，增强了旅游产品的内涵和品质。此外，游客能够体验到旅游产品的特色化和个性化，享受非物质文化遗产所带来的深厚乐趣，实现休闲和自我修养的旅游目的。

第一，歌舞戏剧类非物质文化遗产，已成为游客领略区域民族风情和习俗的核心内容。传统戏剧、音乐和舞蹈等艺术形式不仅承载着一个地区的文化历史，也成为表达当地人民情感和生活方式的重要方式。这些艺术表演类非物质文化遗产项目蕴含了丰富的文化艺术元素，为游客提供了一场视觉和感官上的盛宴，使他们能够直接接触并体验到最纯粹的文化表达。以京剧为例，这种戏剧形式起源于清朝，融合了昆曲、汉剧、弋阳腔等多种地方戏曲元素，形成了独特的表演艺术。京剧以其鲜明的脸谱、精湛的表演技艺和丰富的历史故事深受国内外观众的喜爱。演员通过生动的表演方式，如唱、念、做、打（唱腔、念白、表演、武打），展示了中国传统文化的美学精粹。每一个角色和表演都经过艺术家们精心设计与表达，使京剧不仅成为文化传承的重要载体，也是展现中国传统文化审美的重要窗口。

第二，非物质文化遗产中的民俗节日因其独特的文化内涵和参与性体验，历来是游客最喜爱的旅游项目之一，具有极强的旅游感染力。例如，泼水节不仅是傣族最重要的传统节日，也是一种展示其文化特色和社区团结的活动。在这一天，傣族人民无论男女老少，都会穿上节日的盛装，带着敬意和喜悦，前往佛寺参加浴佛仪式，这一仪式象征着净化和祈福。节日的高潮部分是互相泼水的活动，原本是对佛像进行洗净后的仪式行为，逐渐演变成为一种祝福的交流方式。参与者通过向对方泼水来表达对方来年的吉祥、幸福和健康的美好祝愿。活动中的水花四溅，不仅凉爽怡人，也增添了节日的欢乐气氛，成为一道独特的风景线。这种形式的民俗活动不仅增进了社区成员之间的联系，也吸引了众多外来游客的目光。游客们在参与泼水节的过程中，不仅能体验到傣族的传统文化，还能感受到节日中的互动乐趣和深厚的人际情感。通过这样的亲身体验，泼水节等非遗民俗节日极大地丰富了游客的旅游体验，让他们在快乐和水花中深刻感受到非遗文化的魅力。

第三，物质文化遗产与非物质文化遗产的融合已成为推动国际遗产旅游发展的重要趋势，这种联动不仅丰富了旅游体验的内容和形式，也增强了旅游目的地的文化吸引力。以湖北宜昌的三峡人家景区为例，该区域巧妙地将土家族的吊脚楼和土家族民俗婚嫁表演相结合，通过举行具有浓郁民族特色的婚礼表演和游客互动体验，让游客不仅能观赏到传统建筑的独特风貌，还能深入参与到地方文化中，体验到非物质文化遗产的魅力。此外，各地区在推广非物质文化遗产旅游时，也纷纷利用自身独特的非遗资源创造新的旅游产品。如安徽安庆市在“千人自驾游安庆”活动中，大力宣传黄梅戏，通过现场演出和互动环节，让游客在欣赏到高水平艺术表演的同时，更深刻地感受到黄梅戏蕴含的地方文化和情感。这样的活动不仅提升了游客对安庆文化的认识，也激发了对传统艺术形式的兴趣。通过这些活动，旅游项目不仅展示了物质文化遗产的美学价值，更通过非物质文化遗产的动态展演，使得文化传承活化、生动。这种动静结合、古今互融的体验方式，极大地提高了旅游的文化含金量和感知度，使游客能够从多角度、多层次地理解和欣赏目的地的文化。此外，这种融合还带动了地方经济的发展，增加了文化旅游的可持续性。游客通过参与这些文化体验，不仅为当地带来了经济收益，也促进了文化遗产的保护和传承。长远来看，物质与非物质文化遗产的有机结合，为区域旅游业的发展提供了新的动力和方向，同时也为文化多样性的全球传播和理解提供了有效的平台。

第四，非物质文化遗产以其形式多样和内容丰富的特性，在全球文化遗产保护和旅游开发中占有重要地位。它包括但不限于表演艺术、口头文学、生活习俗、服饰礼仪及传统工艺等方面。这些文化表达形式不仅仅是纯粹的艺术展示，更是艺术与美学的融合体，体现了历史上不同时代、不同民族人民的劳动智慧和创造力。非物质文化遗产是各民族和文化群体生活方式、艺术创新和审美情趣的直观展示，它们传承至今，验证了其跨时代的审美和艺术价值。例如，在湖南的凤凰古城，游客穿上当地的民俗服装进行摄影是一种非常受欢迎的体验方式。这不仅让游客亲身体验到当地的文化氛围，还增加了对该地区文化遗产的认识和欣赏。同样，在河南荥阳，当地的油纸伞工艺因其精湛的技艺、美观的花型和鲜艳的色彩而闻名。这些油纸伞不仅展示了传统工艺的独特魅力，也成为非物质文化遗产旅游商品开发的重要元素。这些非物质文化遗产元素的旅游开发，不仅为当地带来了经济利益，还加强了文化自信和文化传承。通过将非物质文化遗产与旅游结合，可以有效地增强公众对传统文化的认识和尊重，同时为年轻一代提供学习和接触传统文化的平台。此外，非物质文化遗产的多样化展示和体验活动也促进了国际文化交流，通过这种形式，不同国家和地区的游客可以更深入地了解和欣赏到不同文化的独特性和魅力，进一步推动了全球文化的多元共融和互相尊重。

二、社会科普和研学旅行价值

非物质文化遗产是历史沉淀的宝贵产物，不仅承载了数百甚至数千年的文化传承，而且在不断变化的历史进程中始终能够保持其活力与原真性。非物质文化遗产项目反映了不同历史时期的生产力水平、人类的创造力和认知能力，以及科技的发展程度。它们是理解过去、探索人类文化与技术进步的重要窗口。以景德镇为例，这座城市因其千年不断的窑火而在世界陶瓷业中享有盛名，被誉为“瓷都”。景德镇不仅在传统陶瓷制作技术上有着深厚的历史和技艺，更是不断适应现代发展的需要，转变了其传统产业发展方向。近年来，景德镇积极推广陶瓷科普文化旅游，通过举办各种展览、工作坊和研学旅游活动，让公众不仅能欣赏到精美的陶瓷艺术，还能深入了解其背后的文化和科技含义。这种发展策略有效地将传统非物质文化遗产与现代旅游业结合起来，不仅为景德镇带来了新的经济活力，也提高了陶瓷文化的普及率和科普价值。通过这些科普和教育旅游活动，景德镇不仅成为陶瓷科教和研学的重要场所，更是成为一个全球性的文化交流平台，展示了非物质文化遗产在传承与创新中的活力，以及在促进文化和科技发展中的重要角色。这样的发展模式为其他非物质文化遗产项目提供了宝贵的经验，说明了非物质文化遗产在现代社会中的广泛应用和深远影响，尤其是在提升公众对历史文化的认识和兴趣方面发挥着不可替代的作用。

非物质文化遗产不仅是文化的象征，更是科学研究和教育的宝贵资源。例如，中国的传统医药和冷兵器锻铸技艺不仅为民俗学家、历史学家、考古学家和剧作家等提供了丰富的研究材料，也是社会科学领域获取信息的重要源泉。这些传统技艺和知识的保存和传承，为多学科交叉研究提供了实际的样本，涵盖了历史学、人类学、民俗学、语言学、社会学等领域。非物质文化遗产的保护地多在相对封闭的环境中，这种孤立状态有助于保持其原始特征，使得地方的民风、习俗、方言、宗教信仰和节庆活动得以完整地保留。这为从地方史到社会史、经济史、文化史等多个角度的历史研究提供了翔实的第一手资料，成为研究人类社会历史发展变迁的重要窗口。

非物质文化遗产中蕴含的历史知识、古代技艺，以及艺术作品，都是现代社会教育资源的宝贵组成部分。这些传统知识和技能不仅展示了人类文化的多样性，也提供了关于创新和适应的重要案例。更进一步，非物质文化遗产项目中所体现的伦理道德观念和行为规范，对于塑造个人品德、提升社会素质及培养实际能力具有不可估量的价值。它们通过教育活动传递社会主义核心价值观，有助于建立和维护良好的社会风气。根据《国务院关于促进旅游业改革发展的若干意见》（国发〔2014〕31 号），研学旅行被视为拓展旅游发展空间的重要战略。这一政策首次提出，针对不同教育阶段的乡情教育内容，应建立相应的研学旅行体系，以充分发挥非物质文化遗产在教育中的作用。这种教育模式不仅能够加深学生对本土文化的理解和认同，还能通过实地体验加强学习效果，使得教育内容生动而具体。非物质文化遗产因此可视为一本生动的百科全书，它不仅记录了自然和人文的变迁，也是一个展示历史、科学和艺术知识的活态博物馆。通过研学旅行，学生和旅游者可以直观地体验和学习这些文化遗产，实现在实际环境中的知识学习和情感体验，这种教育方式的实用性和影响力远超传统课堂教学。

三、产业带动和旅游经济价值

非物质文化遗产不仅是民族文化的重要组成部分，也是具有显著经济潜力的资产。非物质文化遗产的独特性、原生态的文化特征和地域性吸引力为其赋予了独一无二的价值。通过对这些文化元素的深入挖掘和创意转化，可以极大地提升旅游目的地的知名度，并带来显著的经济收益。非物质文化遗产项目因其稀缺性和不可再生性，具有明显的增值潜力，成为展示文化多样性和区域特色的重要资源。此外，非物质文化遗产还能通过转化为文化产业资本，进一步促进地方经济和社会发展。以四川青神的竹编文化为例，这一传统技艺已有千年历史，不仅在当地社会生活中占据重要位置，而且已经发展成为一个具有强大市场潜力的绿色产业。青神竹编以其独特的艺术性、观赏性和实用性，开发了包括平面竹编、立体竹编和竹编套绘等三大产品体系，形成了一个多元化的业态，包括平面、立体、瓷胎、混合等多种竹编产品。

竹编传承人张德明在继承传统技艺的基础上，进行了创新和商业化尝试。他花费三年时间，反复试验，最终成功将精细如发的竹丝与光滑温润的白瓷结合，创造出既具有传统美感又符合现代审美的竹编艺术品。此后，张德明创立了自己的竹编品牌“竹福”，将传统竹编技艺转化为可市场化的高端产品，这不仅提升了传统工艺的市场价值，也为当地经济发展注入了新的活力。

非物质文化遗产作为文化产业发展的重要资源，其独特的文化符号和丰富的传统内涵为文化产品的符号价值创造提供了丰富的原材料。将非物质文化遗产元素融入旅游标志系统设计、产品包装、品牌建设等方面，不仅能够增强文化产品的市场吸引力，也有助于传播和保护这些珍贵的文化遗产。例如，恩施土家女儿会，一个具有四百多年历史的文化节庆，已经成为土家族聚居地的一大旅游亮点。这一盛会不仅融合了节庆、文化、旅游于一体，还成功地将土家族的民俗婚礼、山歌对答、传统仪式和舞蹈等文化元素展现给了广大游客，从而形成了一种独特的文化旅游产品。通过这种方式，非物质文化遗产的旅游产业化不仅让土家族的文化得到了广泛传播，也显著提升了地方经济。然而，非物质文化遗产的产业化运作需要建立在一个系统化、市场化的基础之上。这要求建立一个从创作、制作、生产到市场营销等环节的完整产业链。对于非物质文化遗产项目而言，这不仅意味着保护和传承，更涉及如何通过现代市场运作机制，使这些传统艺术和技能转化为可持续的经济产品。

实现这一目标，需要对非物质文化遗产项目的各个环节进行资源集聚和整合。这包括技艺人才的培养、原材料的供应、生产设施的建设，以及市场推广渠道的开发等。通过建立专门的平台，如文化产业园区、非物质文化遗产展示中心，可以有效地集中资源，提升产业化经营的效率。此外，产业聚集化的发展策略还能帮助非物质文化遗产项目实现规模经济，优化资源配置，避免资源浪费和市场操作中的不经济现象。例如，通过与旅游、教育、娱乐等其他产业的融合，非物质文化遗产可以扩大其市场影响力，增加经济收益，同时还能增强公众对非物质文化遗产文化价值的认识和尊重。

四、民族认同和旅游营销价值

非物质文化遗产是民族或群体的精神家园，是文化特性、精神特质的集中体现，也是生存智慧、生活态度、发展经验和社会行为的沉淀。这些独特的文化形式和群体意识通过世代传承，在多元化的世界中展示其持续的价值，成为民族或群体识别的显著标志。非物质文化遗产不仅凝聚民族精神，还是民族文化复兴和社会可持续发展的源泉，被视为人们共有的“精神家园”。

在全球化的背景下，文化的保存与传承显得尤为重要。非物质文化遗产在维护民族认同和国家文化政治功能方面扮演着关键角色，是维系民族生存和国家安全的重要基石。在这种情况下，非物质文化遗产的保护和传承不仅是文化的需求，更是政治和社会的需求。尽管长城、兵马俑等物质文化遗产在全球范围内广受关注，非物质文化遗产的潜在价值和市场营销潜力却常常被忽视。非物质文化遗产如京剧、昆曲、武术、杂技、中医、民歌、刺绣、剪纸，不仅富含深厚的文化内涵，还具有独特的表现形式和艺术风格，能够更全面和生动地展现中国文化的独特性和魅力。

在国际旅游市场中，非物质文化遗产的正确营销和利用可以显著提升目的地的吸引力。例如，在加拿大温哥华，中国国家旅游局制作并投放的以长城和京剧人物为主题的大型户外广告，不仅成功地吸引了游客的注意，还有效地提升了中国的国际形象，展示了中国丰富的文化资源和独特的艺术风格。此外，非物质文化遗产的营销还应该包括数字化策略，如利用社交媒体、在线平台和移动应用来传播非物质文化遗产内容，让全球观众能够随时随地接触和了解这些独特的文化遗产。这种方法不仅可以扩大非物质文化遗产的影响力，还能激发年轻一代的兴趣，确保其传承不断。在具体操作上，非物质文化遗产的展示和营销可以通过建立主题公园、文化村、工作坊、展览和演出等形式进行。这些活动不仅能增进游客的文化体验，还能直接带动当地经济发展，通过售卖手工艺品、艺术作品和其他相关商品，为当地创造收入。同时，通过组织国际文化节、交流活动，非物质文化遗产可以成为跨文化对话的桥梁，增进不同文化间的理解和尊重。

第二节 旅游开发促进非物质文化遗产保护传承的可行性分析

非物质文化遗产的活态保护与传承是一项复杂而动态的任务。非物质文化遗产区别于具体而固定的历史文物，它不仅仅局限于某一个历史时空节点，而是随着社会生活的不断变化而发展、创新和重构。非物质文化遗产的这一活态属性意味着它不应仅仅受到静态和被动的保护，如同封存在博物馆中的文物那样，而应当接受一种更加活跃和动态的保护方式。

从非物质文化遗产的内在特性看，它不仅是宝贵的精神财富，更是文化资本的重要组成部分。随着社会和经济的发展，非物质文化遗产产业化的路径成为一个亟待解决的现实问题。我国在这方面的探索表现为非物质文化遗产保护与传承与旅游开发的有机融合。越来越多的实践中，可以看到“保护谁、谁传播、为了谁”的人本意识在逐渐加强。这种从重视“物”的传统保护模式，转变为重视“人”的人本范式，强调通过活态保护、活态传承和活态旅游开发，促进非物质文化遗产的活态保护和传承。

活态传承不仅是保护非物质文化遗产的最有效方式，也是一种积极的传承手段。非物质文化遗产作为旅游资源，凭借其悠久的历史和独特的文化魅力，已经显示出在现代旅游市场中的巨大潜力。通过与现代市场需求和技术的结合，非物质文化遗产可以转化为强大的文化能量，促成一个“以文养文，以文兴文”的良性发展循环。旅游开发不仅提供了一个现代化的发展环境，为非物质文化遗产创造了新的生存空间，而且通过增加公众对非物质文化遗产的认识，为其传承打下了坚实的群众基础。

随着深度文化旅游的兴起，以艺术和文化体验为主的旅游形式受到了游客的热烈欢迎。这种市场需求的增长直接推动了非物质文化遗产的活态传承，文化旅游的市场需求和产业化发展成为非物质文化遗产传承的重要促进因素。在此过程中，经济效益与文化效益的双重增长证明了以旅游开发为路径的非物质文化遗产保护与传承策略的可行性。以陕西的民俗村茯茶小镇为例，这里的旅游体验活动不仅仅是让游客参与茶叶的制作过程，如称茶、蒸茶、压制和发酵，更是一种深入的文化体验。游客在亲手制作茯茶的同时，也在探索和体验茯茶的深厚文化底蕴，感知到茯茶镇丰富的文化记忆和历史价值。这种体验式的旅游活动不仅增强了游客对非物质文化遗产文化的理解和欣赏，同时也为当地非物质文化遗产的保护与传承带来了新的生机。

一、增进非物质文化遗产的价值认同

在非物质文化遗产的旅游发展过程中，一个多元化的利益相关者网络扮演着至关重要的角色。这些利益相关者包括国家和地方政府、当地居民、旅游运营商，以及文化传承人等。他们通过各自掌握的传统文化资本来重塑自我身份，从而增强文化自豪感和文化认同。旅游开发的独特手段和方法能够挖掘和开发那些地方特色鲜明的非物质文化遗产项目，让一些几乎被忘记或被遗弃的文化遗产重新进入公众视野。这种重组后的遗产不仅展示了传承人的创造力和智慧，也吸引了大量外来游客来体验和游览，从而激发和增强了旅游地东道主的自信心和自豪感。随之而来的是，这种增强感也逐渐促进了本地居民对传统文化的保护和传承的意识。现代旅游开发的趋势是向个性化和特色化发展。在这种趋势下，那些文化独特且艺术价值高的非物质文化遗产项目更容易被开发和利用。旅游业的兴起和发展不仅带动了经济收入的增加，还促进了传统民间工艺、戏曲传说、节庆礼仪等的重新挖掘和整理，从而使传统文化和非物质文化遗产的保护得到了更多的社会关注和支持。

非物质文化遗产在民间土壤中生根发芽，逐渐成为文化的活跃载体，而传承人则是这一过程中不可或缺的关键角色。随着非物质文化遗产项目与旅游产业的结合，非物质文化遗产旅游的开发已成为推动传统文化传承和创新的重要途径。特别是许多国家级工艺类非物质文化遗产项目，它们不仅作为民族特色的旅游商品被广泛营销和开发，还有效促进了非物质文化遗产传承人的经济独立和文化身份的巩固。以云南大理白族扎染技艺的传承人张仕绅为例，自 1987 年起担任大理市民族扎染厂厂长，张仕绅不仅靠着其独到的发展理念和管理模式，将一个不知名的小厂发展成为海内外知名的企业，而且其产品已远销至日本、美国等十多个国家和地区。这不仅为当地村民创造了可观的经济效益，同时解决了本村及周边村落、巍山县部分农村剩余劳动力的就业问题。更重要的是，这样的发展提高了白族群众自觉传承和发展扎染技艺的积极性，使扎染产品成为大理的特色旅游商品，广受游客欢迎。

非物质文化遗产旅游的开发不仅限于产品的销售和营销，还包括与市场的紧密结合，如主题工艺展示、旅游商品开发等。这些活动提供了一个平台，使非物质文化遗产传承人能够展示他们的技艺，同时也提供了一个认同的空间，其中传统与现代、文化与商业的界限被重新定义。通过这种方式，非物质文化遗产旅游开发不仅促进了非物质文化遗产的价值认可，还帮助传承人获得更广泛的社会认可和尊重。此外，非物质文化遗产的旅游开发还实现了文化与经济的双赢策略。旅游活动不仅促进了地区经济的发展，也为非物质文化遗产的传承和保护提供了资金支持。通过这种方式，非物质文化遗产旅游带动了一个文化与经济互补的循环，这不仅增强了社区的文化自豪感，也促进了经济的持续增长。

二、发挥非物质文化遗产的服务功能

非物质文化遗产的无形性、文化性、民间性，以及历史性特点导致它们在市场、政府和公众认知中通常处于较低位置，这些特点使得多数非物质文化遗产项目难以适应当前的生产与生活方式，导致相关门店倒闭或转行，技艺老化或消失。尽管如此，非物质文化遗产由于其稀缺性、多元性和活态性的属性，如果得到合理开发和利用，便能够成为现代文化产业和市场的重要资源。旅游开发的介入使得非物质文化遗产得以转化为宝贵的文化资源。通过母题重构、文化创新和功能转化，旅游产业的运作不仅保持了非物质文化遗产的精神内核和象征符号的连续性，还赋予了非物质文化遗产新的生机和活力。具体而言，这种转化过程涉及在不改变非物质文化遗产核心精神和象征意义的前提下，创造性地调整其表达方式和功能，以适应现代市场的需求。此外，利用非物质文化遗产丰富的传统表演艺术资源，成为推动演艺文化产业发展、丰富群众精神生活、活跃演出市场、提升地方文化影响力的有效途径。在中国，经过不断的探索与实践，某些非物质文化遗产已经转化为当地经济发展的特色甚至是支柱产业，展现了其现代服务功能。例如，成都的宽窄巷子就是一个案例，该地区成功地塑造了独特的生存空间和生活状态，使非物质文化遗产的现代服务功能得到了充分的发挥。宽窄巷子内，传统表演艺术如川剧、皮影戏和木偶戏，以及手工艺如蜀锦绣制，不仅诠释了深刻的人文内涵和文化记忆，也引领了文化产业的发展，带动了综合产业的进步。这一过程体现了非物质文化遗产在现代社会中的新角色和功能，证明了非物质文化遗产的现代转化及其对经济和文化发展的双重贡献。

非物质文化遗产不仅承载了某一地区或族群的传统印记，也记录了世代人的生产生活经验和技能习俗，从而在区域文化和品牌形象塑造中发挥着重要作用。非物质文化遗产项目的地方经济影响显著，通过与商业模式的融合，这些文化遗产可转化为产品，甚至演变成产业。当这些产业达到一定规模时，它们不仅成为区域经济的象征，还能够塑造出独特的区域品牌。以江西景德镇的手工制瓷技艺、安国的药市、天津杨柳青的年画，以及吴桥的杂技为例，这些非物质文化遗产项目已经形成了各自的区域经济标志和文化品牌。例如，杨柳青年画不仅有着超过九百年的历史，还通过成立年画协会，并将年画纳入地方教育体系中，从而实现了文化的有效传承和品牌形象的加强。同样，吴桥以其深厚的杂技文化背景，已成为国际知名的文化旅游目的地，被誉为“世界东方杂技旅游胜地”。

非物质文化遗产的功能不限于文化的保存和传播，它还促进了地方经济的发展。例如，安国药市最初只是纪念药王的庙会活动，后来发展成为北方最大的药材交易中心，促进了医药及相关产业的繁荣，形成了以中药材种植、市场群建设、产业基地发展和医药文化为四大支柱的产业集群。此外，非物质文化遗产还为现代精神文化需求和服务业提供了丰富的文化素材和特色资源。新兴的传媒和创意产业的发展，特别是具备双向互动特征的新传媒平台，为非物质文化遗产的市场化发展提供了新的机遇。这些平台不仅增强了非物质文化遗产的可见性和可访问性，还为其商业化提供了有效的途径。

三、充实非物质文化遗产的保护资金

在非物质文化遗产保护的领域中，政府的角色至关重要。随着现代化进程和城镇化的快速发展，许多非物质文化遗产面临着前所未有的挑战。在中国，政府长期以来一直是非物质文化遗产保护的主要力量。这一点从中国加入《保护非物质文化遗产公约》后的一系列行动中可见一斑，全国范围内积极推动非物质文化遗产的名录申报与保护工作。政府在非物质文化遗产保护中的作用体现在多个方面。政府拥有宏观调控的权力，能够协调、管理与控制非物质文化遗产保护相关的各个方面，包括资金投入、政策法规的制定、人才培养，以及管理体系的建立。这些因素共同决定了非物质文化遗产保护与传承的效果。例如，通过合适的政策支持和足够的财政投入，政府可以确保非物质文化遗产项目的有效保护与持续发展。然而，尽管政府投入在非物质文化遗产保护中发挥着核心作用，财政支出和资源投入是有限的。这种局限性要求政府在分配资源时必须进行精细化管理，确保资金和资源能够得到最有效的利用。此外，政府对非物质文化遗产的支持虽然在政策层面得到了体现，但这种政策层面的价值认可并不总能直接转化为社会公众的广泛认同。因此，政府在推动非物质文化遗产保护的同时，也需要探索如何加强公众对非物质文化遗产的认识和支持，这包括提高非物质文化遗产的社会可见度和公众参与度。为了进一步强化非物质文化遗产保护的资金支持，政府可以考虑以下几个策略。增加公共财政的直接投入，确保有足够的资金用于非物质文化遗产保护项目。鼓励私人和企业投资非物质文化遗产项目，通过税收优惠等激励措施吸引更多私人资本参与非物质文化遗产保护。可以通过公私合作模式引入更多的资源和创新管理方法，以提升非物质文化遗产项目的管理效率和财务可持续性。

非物质文化遗产的保护和传承在旅游开发中显现出其重要价值，通过具体实践得以显著地促进地方经济发展与文化的可持续保护。以湖北省宜昌市的“枝江民间手工布鞋技艺”为例，该地通过村落再造模式，建立了步步升布鞋文化村，形成了一套包含布鞋文化研发、手工布鞋生产、遗产旅游开发及妇女就业培训的综合文化旅游产业体系。这一模式不仅为地方创造了经济收益，同时也提供了传统手工技艺的传承机会，特别是提升了乡村妇女的社会地位和经济独立性，促进了家庭和社会的和谐与稳定。然而，据统计，受中央财政补助的国家级非物质文化遗产项目不足半数，这表明依靠国家或地方政府的财政拨款来保护非物质文化遗产存在一定的局限性。因此，非物质文化遗产旅游开发的策略，如通过门票、旅游商品销售等方式获得的收入部分用于非物质文化遗产保护，对非物质文化遗产传承队伍的稳定与壮大，以及非物质文化遗产复兴具有不可忽视的正面影响。

非物质文化遗产的保护不能仅仅局限于静态的保存，活生生的代际传承是保持非物质文化遗产活力的关键。例如，中国国家博物馆就安排了一些地方特色民间艺术的优秀传承人现场展示制瓷、染织、刺绣等技艺，而北京东城区非物质文化遗产博物馆则展出包括象牙雕刻、花丝镶嵌技艺在内的多种展品，并设立了木工体验馆，让游客可以亲手体验和学习传统木具的制作过程。通过这种方式，非物质文化遗产不仅作为文化的传递者，其独特性和艺术价值也在旅游市场中得到了重新的评价和认可。这种模式遵循可持续发展的原则，对具有时代特征的代表性文化载体进行“遗产化”和“活态化”的保护和开发，符合旅游产业化发展的趋势。

在非物质文化遗产的旅游开发过程中，将非物质文化遗产转化为可观赏、可体验的文化产品，不仅增强了旅游者的体验深度，也为濒危非物质文化遗产的保护提供了动力和市场空间。游客的参与和消费为非物质文化遗产的活态保护提供了新的经济资源，这在一定程度上解决了传统保护方式因资金不足而面临的挑战。此外，非物质文化遗产旅游的发展也激发了地方投资开发的热情，为更多的非物质文化遗产项目提供了发展的机遇。随着非物质文化遗产项目的增多，它们在全球文化遗产中的地位逐渐被国际认可，这不仅促进了地方文化的国际交流，也加强了非物质文化遗产保护的国际合作。

第三节　非物质文化遗产保护传承与旅游开发的互动效应

一、非物质文化遗产保护传承对旅游开发的促进

（一）非物质文化遗产在文化旅游中的角色

1. 展示社会文化形态：生活方式与生产技艺

在文化旅游中，非物质文化遗产扮演着重要的角色，特别是在展示社会文化形态方面，它不仅揭示了特定地区或民族的生活方式和生产技艺，还加深了游客对这些独特文化的理解和欣赏。非物质文化遗产的展示通常涉及广泛的社会生活领域，包括日常生活习惯、工艺技能、食物制备方法，以及更广泛的社区活动等。生活方式的展示通常反映了一种文化中固有的生活节奏和价值观，如家庭结构、生活空间的使用，以及日常活动的安排。例如，在中国某些乡村地区，非物质文化遗产项目如古老的农业技术和节日庆典仪式不仅保留了传统的农耕文化，也展现了与自然和谐相处的生活哲学。

生产技艺则是非物质文化遗产展示中的另一个关键方面，它涵盖了从传统工艺如陶瓷制作、织布、染色技术到更为复杂的手工艺如雕刻和金属工艺。这些技艺不仅是技术的传承，也是对历史和文化认同的一种表达。例如，景德镇的瓷器制作技艺不仅展示了精湛的工艺，也反映了中国瓷器在全球的文化交流中的重要地位。此外，非物质文化遗产也展现了特定地区的社交礼仪和传统习俗，这些习俗往往在特定的社会和文化背景下形成，如节日庆典、婚礼仪式及其他社区聚会。这些活动不仅加强了社区成员之间的联系，也为游客提供了一窗口，通过这些互动和观察，游客能够更深入地理解和体验当地文化。

2. 体现社交礼仪与传统习俗

非物质文化遗产体现了特定社区的社交礼仪和传统习俗，这些习俗和礼仪是文化身份和社会结构的重要组成部分，它们揭示了人们如何在社会中互动，以及这些互动如何塑造了一个社区的文化和社会价值观。社交礼仪和传统习俗在非物质文化遗产中的表现形式多样，从日常的问候习惯到复杂的节庆活动都包括在内。例如，在中国，传统茶文化不仅仅是泡茶和饮茶的技艺，更深层次地反映了礼仪

和尊敬的文化规范。茶艺表演中的每一步骤，如茶具的选择、茶叶的准备，以及倒茶的顺序，都富含深厚的文化意义和社交礼仪，体现了一种追求和谐与尊重的生活哲学。

在非物质文化遗产的节庆活动中，社交礼仪和传统习俗的展示尤为突出。节日如春节、中秋节等，不仅是家庭团聚的时刻，也是展现各种传统习俗的重要时机。在这些节日中，无论是传统的食物准备、特定的装饰习惯，还是节日特有的活动如舞龙舞狮，都深刻体现了社交礼仪和共同庆祝的文化意涵。此外，婚礼也是一个展现非物质文化遗产中社交礼仪和传统习俗的重要场合。不同文化和地区的婚礼仪式各不相同，这些仪式通常包括一系列复杂的步骤，如穿戴传统服装、进行特定的仪式活动和遵循特定的婚礼礼仪，这些都是该文化价值观和社会结构的直接反映。

3. 反映区域和民族的独特性

非物质文化遗产项目不仅是历史的载体，也是文化多样性和区域特色的生动表达。这些遗产项目深根于其所属的地理和文化环境中，展示了各地各民族在历史演变过程中形成的独有的社会风貌和文化景观。

区域的独特性通过非物质文化遗产在方言、风俗、艺术形式，以及食物等方面得到了体现。例如，彝族的火把节、苗族的银饰工艺、藏族的唐卡绘画，这些都不仅仅是简单的文化活动或艺术作品，它们蕴含着深厚的历史和文化意义，展示了每一个民族独特的生活方式和审美观。此外，非物质文化遗产还能展示某一地区如何通过其自然资源和历史条件塑造了独有的文化实践。例如，水乡古镇的船工曲、海边村落的渔歌，这些生活在特定自然环境中的人们创造的非物质文化遗产项目，不仅保存了人与自然的和谐相处的智慧，也体现了人类文化多样性的珍贵。

（二）非物质文化遗产的文化旅游资源潜力

1. 地域性和多样性对旅游吸引力的增强

非物质文化遗产的地域性和多样性显著增强了非物质文化遗产对旅游吸引力的影响。非物质文化遗产的地域性体现了文化遗产与其所在地理位置的深刻联系，使得每一个非物质文化遗产项目都有其独特的地方标志性和文化背景，这不仅为游客提供了深入了解当地文化的窗口，也为旅游目的地增添了独特的魅力。地域性的展示使得旅游体验丰富多彩，因为每个地区都有其独特的非物质文化遗产项目，如特定的手工艺技术、节庆活动或表演艺术，这些都是那个地区文化的独有表达。例如，四川变脸，也称为川剧变脸，是四川省非物质文化遗产的瑰宝之一。这种独特的表演艺术不仅是川剧的重要组成部分，更是中国传统戏剧文化的一个标志性表现。变脸艺术以其神秘迅速的面具变换技巧，吸引了无数国内外游客的目光，使其成为四川文化旅游的亮点之一。在四川成都等地，旅游发展部门和文化机构已经意识到这一非物质文化遗产项目在旅游推广中的重要价值。不仅在传统剧院里有定期的川剧变脸表演，一些旅游景区和文化节庆活动中也经常设有川剧变脸的专场表演，以此吸引和增加游客的参与度。更有甚者，一些旅游体验项目还提供川剧变脸的互动体验课程，让游客不仅能观赏到这一绝技，还能亲自学习和尝试，体验变脸背后的文化深意。此外，四川变脸的传播和推广也通过现代媒介和国际文化交流活动得到加强。世界各地的文化节、国际旅游博览会，以及海外的中国文化中心等，经常将川剧变脸作为展示中国传统艺术的重要内容之一。通过这些平台，四川变脸不仅增强了游客对四川乃至中国文化的认识和兴趣，同时也为地方经济的发展带来了直接的经济效益和长远的品牌影响力。

多样性是非物质文化遗产的另一个关键特性，涵盖了从传统工艺到表演艺术、从节庆习俗到民间传说的广泛范畴。这种多样性不仅展示了人类文化的丰富性，也满足了不同文化背景和兴趣爱好游客的需求。游客可以根据自己的兴趣选择参与或观赏不同的非物质文化遗产活动，从而增加旅游体验的个性化和满足度。因此，非物质文化遗产的地域性和多样性共同作用，极大地提升了旅游目的地的吸引力，使其不仅仅是观光的地点，更是体验和学习多元文化的场所。通过恰当的展示和利用，非物质文化遗产可以转化为一种强大的文化旅游资源，促进旅游业的持续发展，同时也加强了文化的保护和传承。

2. 非物质文化遗产资源的地理分布和类型丰富性

非物质文化遗产的地理分布和类型丰富性是其成为独特文化旅游资源的重要因素之一。非物质文化遗产项目遍布全球各地，每个国家和地区都有其独特的非物质文化遗产资源，这些资源涵盖了极为广泛的文化表达形式，从而为全球文化旅游提供了无限的可能性和深度。

地理分布的广泛性意味着几乎每个地区都有其特有的非物质文化遗产项目，这些项目通常与该地区的历史、地理、社会结构和文化传统紧密相关。例如，京剧、广绣、藏族歌舞以及蒙古族长调等，都是与其特定地理和文化背景密切相关的非物质文化遗产表现。这种广泛的地理分布不仅增加了旅游目的地的多样性，而且为理解全球文化多样性提供了重要视角。

在类型上，非物质文化遗产的多样性表现在其涵盖了从传统艺术、工艺、表演艺术、社会习俗、节日活动到自然和宇宙知识的各个方面。每种类型的非物质文化遗产都有其独特的文化价值和吸引力。在表演艺术方面，如京剧和川剧。京剧是中国戏曲的一种，以其精美的服饰、唱腔和生动的表演闻名；而川剧则以变脸和灵活的杂技表演著称，这些都深受国内外游客的喜爱。另外，云南的彝族火把节表演，展示了彝族文化中的歌舞和传统仪式，是一种独特的文化体验。在工艺技术方面，中国的瓷器制作尤其在景德镇的陶瓷艺术，已经有千年的历史，其精湛的技艺和美丽的成品吸引了无数的艺术爱好者和收藏家。此外，苏州的刺绣，也称为苏绣，是中国四大名绣之一，以其精细和生动的图案闻名，常用于高级服饰和艺术装饰。社会习俗和节日活动方面，中国的春节和中秋节等传统节日充满了丰富的非物质文化遗产元素，如舞狮、舞龙、剪纸和灯笼制作。这些活动不仅是文化的传承，也是家庭和社区成员之间社交和庆祝的重要方式。自然和宇宙知识方面，中国的传统农业知识如二十四节气，指导农事活动与日常生活，展示了与自然节律相协调的生活智慧。这些多样的非物质文化遗产类型不仅展示了人类文化的创造力和智慧，也极大地丰富了旅游体验，使游客能够通过参与和体验这些活动深入理解不同文化。

非物质文化遗产的地理分布和类型丰富性也带来了挑战，特别是在如何有效保护和合理利用这些文化遗产资源的同时，保持其真实性和活力。为此，需要国家、地区乃至全球层面的合作与协调，确保非物质文化遗产旅游的发展既促进了经济增长，也加强了文化的保护和传承。通过这种方式，非物质文化遗产资源不仅为当地社区带来直接的经济利益，还强化了文化认同感，增强了全球游客对这些独特文化的尊重和欣赏。

（三）非物质文化遗产对旅游市场的影响

1. 激活特定旅游市场的潜力

非物质文化遗产对旅游市场的影响显著，尤其是在激活特定旅游市场的潜力方面表现突出。通过提供独特的文化体验，非物质文化遗产有助于开发新的旅游产品和服务，吸引那些寻求深度文化体验的游客。这种激活效应不仅促进了经济增长，还增强了文化的可持续性。

非物质文化遗产项目通过其独特性和原生性吸引了一批特定的目标游客群体，这些群体通常对传统文化和民俗艺术有着浓厚的兴趣。例如，中国的剪纸艺术、四川变脸和云南的彝族火把节等，都是具有强烈地域文化特色的非物质文化遗产项目，吸引了大量文化游客。这类游客往往愿意投入更多的时间和资源来体验这些文化活动，从而为当地旅游业带来了稳定的经济收益。非物质文化遗产项目的活动往往与节日、庆典和其他文化聚会相结合，成为旅游推广的重要内容。

这些活动不仅增加了旅游目的地的吸引力，也创造了特定的旅游高峰期。例如，中国的春节期间的龙舞和舞狮、端午节的龙舟赛和中秋节的赏月及灯会等。这些节庆活动吸引了来自世界各地的游客，有效激活了季节性和节日性旅游市场。此外，非物质文化遗产还可以通过教育和体验活动来激活旅游市场。许多旅游目的地开发了以非物质文化遗产为主题的教育旅游产品，如工作坊、培训班和互动体验等，允许游客不仅仅是旁观者，而是通过亲身体验成为文化的一部分。这种类型的旅游活动对家庭游客尤其具有吸引力，可以增进家庭成员之间的联系，同时教育下一代对传统文化的尊重和理解。例如，参与北京的皮影戏制作工作坊，或在苏州参加刺绣课程，都是深受家庭游客欢迎的活动。

2. 促进旅游相关产业的联合发展

非物质文化遗产对旅游产业的影响不仅限于提升旅游体验的丰富性和深度，更显著地，非物质文化遗产活动促进了旅游相关产业的联合发展，为整个旅游生态系统带来了新的生机和协同增长的机会。非物质文化遗产的吸引力促进了旅游服务业的发展，包括酒店业、餐饮业、交通业和零售业。游客对于特定非物质文化遗产活动的兴趣往往会延伸到寻求地道的住宿和餐饮体验，从而带动地方特色餐饮和住宿的发展。例如，参观陕西历史博物馆的游客可能会选择在当地特色酒店住宿，并尝试陕西的传统美食如羊肉泡馍和凉皮，这些都直接刺激了当地经济的活跃。非物质文化遗产项目的保护和展示需要各种支持服务，包括场地建设、保护设施的维护、展览设计等，这些都为建筑业、设计业和文化产业创造了需求。此外，为了更好地展示非物质文化遗产文化，相关技术的应用，如虚拟现实和增强现实技术，也被引入到旅游体验中，进一步推动了高科技和创意产业的发展。非物质文化遗产的教育和传承功能促使了教育培训业的兴起。很多地区开发了以非物质文化遗产文化为主题的教育课程和体验式学习项目，这些项目不仅提供给当地居民，也对外地和国际游客开放，增加了教育培训服务的市场需求。非物质文化遗产项目通过与国际旅游、文化交流合作项目的联动，加强了国际合作与市场的开拓。例如，中国的非物质文化遗产文化节常与国际旅游推广活动相结合，吸引国际游客参与，这不仅促进了旅游市场的国际化，也加深了全球文化交流与理解。

3. 实现旅游开发的经济效益

非物质文化遗产在旅游开发中的经济效益显著，体现在多个方面。非物质文化遗产项目通过提升旅游吸引力，直接增加了旅游收入，同时为当地经济注入活力。非物质文化遗产活动吸引了大量的国内外游客，这些游客为参与非物质文化遗产体验活动而支付门票费用、参加工作坊或购买相关纪念品。例如，游客参观故宫博物院时不仅购买入场券，还可能在博物院内购买以非物质文化遗产艺术为主题的文创产品，如以京剧面具为设计灵感的商品。这类消费直接增加了旅游景点的运营收入。通过非物质文化遗产项目，旅游目的地得以开发独特的旅游产品，如主题旅游路线和文化体验包，这些产品通常价格较高，因此能够提升平均旅游消费水平。与普通的观光活动相比，这些深度文化体验更能满足现代游客对个性化和深入体验的需求，从而提升整体旅游收益。此外，非物质文化遗产项目的旅游开发还带动了就业机会的增加。从导游、手工艺人到文化讲解员，非物质文化遗产的保护和展示为当地居民提供了多种就业机会。这些工作不仅限于直接的旅游服务职位，还包括背后的支持和管理工作，如非物质文化遗产项目的维护、市场营销和产品开发等。非物质文化遗产旅游还促进了相关行业的发展，包括交通、餐饮和零售等。游客在参与非物质文化遗产活动期间，对交通工具的需求增加，可能会选择当地特色餐厅就餐，也会在当地市场或商店购物，这些都为当地经济带来了间接收益。

二、旅游开发对非物质文化遗产保护传承的促进

（一）增强遗产地保护意识与地方居民的文化自豪感

旅游开发对非物质文化遗产保护传承的促进作用显著，尤其在增强遗产地保护意识与地方居民的文化自豪感方面表现得尤为突出。通过将非物质文化遗产融入旅游活动，不仅提升了旅游体验的独特性和吸引力，也有效地激发了当地社区对自身文化遗产的价值认识和保护意愿。

在全球化和现代化的背景下，许多传统文化和技艺面临着逐渐消失的威胁。然而，随着旅游业的蓬勃发展，文化旅游成了一个重要的经济活动，为非物质文化遗产的保护提供了新的视角和动力。通过旅游开发，原本可能被遗忘的传统技艺和文化形式得到了重新的关注和评价，进而促进了这些文化遗产的保存和传承。例如，多个地方政府和私营企业已经认识到，通过将非物质文化遗产项目整合进旅游产品和服务中，不仅可以吸引更多的游客，还可以增加游客对当地文化的理解和欣赏。这种策略经常伴随着对非物质文化遗产传承人和相关工艺人的支持，包括提供培训、资金和市场推广机会。这些举措显著提升了非物质文化遗产项目的可见度和经济价值，从而激发了社区成员维护这些文化遗产的积极性。

进一步地，通过专门的展览、节日和庆典活动，以及旅游纪念品的创造，非物质文化遗产文化得以向游客展示其独特魅力。当地居民见证他们的传统文

化受到外来游客的赞赏和尊重，从而增强了对本土文化的自豪感和归属感。例如，在中国的一些少数民族地区，如云南的彝族火把节，通过旅游推广，不仅提高了节日的知名度，也加强了当地居民对自己文化传统的自豪和保护意识。此外，旅游开发带来的经济效益也是激励社区参与文化保护的重要因素。在许多发展中国家和地区，非物质文化遗产活动成为重要的收入来源，特别是对于那些依靠手工艺生活的社区。这种经济激励促使当地居民更加积极地参与到非物质文化遗产的保护和传承中来，确保这些宝贵的文化资产得以持续地向后代传承。

（二）旅游开发通过挖掘与开发地方特色传统促进非物质文化遗产的可持续性

旅游开发对非物质文化遗产的可持续保护和传承起到了关键作用，特别是通过挖掘和开发地方特色传统，增强了非物质文化遗产项目的活力和持续性。这一过程不仅强调了文化的保存，也促进了经济和社会的互动与发展。通过将非物质文化遗产融入旅游活动中，地方政府和旅游开发者有机会展示区域内独特的文化特色。这种展示不仅提高了地方文化的可见性，而且增加了当地社区对保护这些文化遗产的认识和投入。旅游开发通常涉及对传统技艺的现代化适应，使得这些技艺更加适应现代市场的需求，例如，通过改良传统工艺或将传统元素融入现代产品设计中，从而使这些文化遗产在现代社会中重新获得价值。中国的苏州刺绣，一种有着千年历史的传统手工艺，通过旅游开发得以在国内外市场上展示其独特魅力。旅游开发者与当地工艺人合作，不仅将刺绣技艺展示给游客，还开发了体验式旅游项目，如刺绣工作坊，允许游客亲自体验并了解这门技艺的复杂性和美学价值。这种互动加深了游客对非物质文化遗产价值的认识，同时也为当地创造了经济收入，促进了传统技艺的传承。此外，旅游开发有助于保护和利用那些可能被忽视的文化元素。在云南，多个少数民族的传统节日和仪式通过旅游开发变成了吸引游客的活动，如彝族的火把节和纳西族的东巴文化节。这些活动的旅游化不仅为当地社区带来了收益，也强化了民族文化的传承，增加了年轻一代对自身文化传统的兴趣和参与。旅游开发推动了当地基础设施的改善和新的服务业的发展，这些直接和间接地支持了非物质文化遗产的保护和传承。改善的交通网络、住宿设施，以及信息传播技术等都使得偏远地区的文化遗产更加易于接触和理解，从而在全球范围内提升了这些文化的影响力和认可度。

第四节　非物质文化遗产保护传承与旅游开发的胁迫效应

一、旅游市场细分及定位受非遗影响

非物质文化遗产项目往往富含深厚的文化和历史内涵，能够强烈吸引对特定文化感兴趣的游客，如学者、文化研究者和特定文化的爱好者。这一群体虽然对深入了解和体验原汁原味的文化传统充满热情，但普通游客对于非物质文化遗产的了解有限，其文化的复杂性和专业性可能不易被大众消费者接受和欣赏。这种情况下，非物质文化遗产的旅游潜力被其小众性质所限制，成为特定文化爱好者的目的地，而非广泛的大众旅游市场的焦点。非物质文化遗产项目的推广和解释需投入大量的教育资源，以确保游客不仅能观赏到表面的表演或展示，还能深入理解其文化意义和历史背景。这一过程需要专业的导游、详尽的解说资料，以及丰富的互动体验，才能增强游客的参与感和满意度。

对于旅游开发者来说，挑战在于如何将非物质文化遗产的深厚文化内涵转化为对所有游客都有吸引力的旅游产品。需要创新方法，将非物质文化遗产融入更广泛的旅游活动中，如结合当地的美食、自然景观或其他文娱活动，创造综合的旅游体验。例如，可以将非物质文化遗产表演与当地节日庆典结合，或在自然风景区设立非物质文化遗产体验工坊，这样不仅能展示非物质文化遗产文化，还能利用更广泛的旅游资源吸引游客。此外，旅游市场的细分及定位策略也需灵活调整，以适应非物质文化遗产旅游的小众特性。通过精准营销，向特定的目标群体推广，如通过社交媒体、专业旅游杂志和文化交流会议等渠道，向文化爱好者和教育群体推介非物质文化遗产旅游，可以有效提升非物质文化遗产旅游的市场影响力。

二、旅游开发方式受非物质文化遗产约束

非物质文化遗产因其深厚的文化价值和稀缺性，对旅游开发方式提出了特殊要求。非物质文化遗产不仅仅是一个吸引游客的元素，更是一个文化的传承载体，其保护和传承应当是旅游开发过程中的核心考虑。不同于传统的旅游资源，非物质文化遗产的开发需要细致入微的规划和敏感度，确保在增加其可见性和经济价

值的同时，不损害其文化的本质。

在开发非物质文化遗产旅游产品时，需充分考虑非物质文化遗产项目的脆弱性和保护需求。这意味着，任何开发活动都必须在不影响非物质文化遗产项目持续生存的前提下进行。例如，对于传统工艺或表演艺术，旅游开发计划应包括对工艺人或表演者的直接支持，如确保他们从参与中获得公正的经济回报，提供必要的工作条件和材料，以及投入资源于他们技能的进一步培训和发展。同时，非物质文化遗产旅游产品的设计需要与非物质文化遗产项目的文化背景和传承方式相适应。这包括使用适当的解释材料和传播方式，确保游客不仅体验到非物质文化遗产的表层魅力，而且能够理解其背后的文化意义和历史价值。此外，开发者应采用创新的方法来传达非物质文化遗产的故事，利用数字媒体和现代技术手段如增强现实或虚拟现实增强游客的体验，同时保护实物不受损害。

对于旅游管理者来说，非物质文化遗产旅游开发还应包括与当地社区的广泛合作。社区参与不仅可以增强项目的社会支持度，还能确保非物质文化遗产传承活动的真实性和连续性。通过这种方式，旅游开发不仅成为经济活动，更成为推动文化保护和社会发展的重要工具。

三、旅游开发可能破坏文化原生环境

非物质文化遗产的保护传承具有潜在的胁迫效应，尤其是在那些地处偏远、文化环境相对封闭的区域。这些区域通常因为交通不便和经济条件相对落后，长期以来保持着文化的原生态，非物质文化遗产文化在这样的环境中得以较好的保存。但随着旅游业的推进和开发，这种原始的文化生态面临着前所未有的挑战。

随着外界游客的涌入，原有的文化格局开始发生改变。为了满足游客的需求，地区内可能会建设新的旅游设施，如酒店、餐厅和交通设施，这些建设活动不仅影响了自然景观，也可能对当地的社会结构和文化传统产生干扰。居民可能会出于经济利益的考虑，开始转变传统的生活方式，以适应旅游市场的需求。例如，传统的手工艺人可能将生产重心从满足本地需求转向制作旅游纪念品。此外，为了迎合外来游客的文化偏好，一些原有的文化元素可能被弱化或改造以适应商业展示的需要。这种变化往往伴随着文化的表面化和商品化，导致文化的深层价值和意义被忽视。长此以往，原有的文化传统和习俗可能逐渐被边缘化或替换，新的文化形式虽然在表面上看起来充满活力，但可能缺乏深度和真实性。更严重的是，随着外来文化的输入和不断的文化互动，当地居民可能开始接受和模仿外来的生活方式和价值观，这种文化的逐渐同质化使得非物质文化遗产的独特性受到威胁。长远来看，这种文化同化过程可能导致非物质文化遗产项目的内涵丧失，非物质文化遗产的传统精神和原始特色逐渐淡出人们的日常生活。

四、旅游开发还可能冲击遗产的独特性

旅游开发对非物质文化遗产的独特性构成了明显的冲击。在当前的大众旅游时代，旅游产品的设计往往强调娱乐性和商品性，以迅速吸引消费者并实现经济效益。这种做法在短期内虽然可能促进当地经济增长，但对于非物质文化遗产的长远保护和传承，却可能产生负面影响。在不少民俗文化旅游村的运营中，非物质文化遗产元素常常被用作吸引游客的手段，这导致了非物质文化遗产项目的舞台化和商业化。为了满足游客的观赏需求，许多本应在特定时间和场合下举行的传统活动被改造为日常表演项目，失去了其文化的神圣性和传统意义。例如，某些节庆和仪式被重新设计，以适应固定的表演时间表，甚至在内容上做出调整以增加娱乐性，从而在一定程度上削弱了这些文化活动的原始价值和意义。更进一步，这种为迎合游客口味而进行的文化改造，往往导致非物质文化遗产项目之间的差异性减弱，同质化问题日益严重。许多地方在表演和展示非物质文化遗产时，为了吸引更广泛的观众，可能会引入相似的元素或模式，这不仅使得各地的非物质文化遗产表演失去了地域和文化的独特性，也使得文化的多样性受到侵蚀。此外，这种过度的商业化处理可能引起文化的庸俗化，其中一些表演为了迎合市场而过度夸张或曲解传统文化，从而导致公众对这些文化遗产的误解或曲解。长此以往，非物质文化遗产不仅失去了教育和传承的功能，也可能被公众视为简单的娱乐产品而非要认真对待的文化遗产。

第四章　非物质文化遗产旅游融合的对策

第一节　非物质文化遗产旅游融合的基本原则

旅游发展被视为一种有效的非物质文化遗产保护、传承与促进途径。作为历史沉积的珍贵财富，无论在文化发展或旅游推广中，均需以保护为基本原则。实施方针应当侧重于“保护优先，紧急救援为重，合理利用，持续传承”。基于这样的框架，本书从政府、商业实体及公众三个不同维度，探讨了推动非物质文化遗产旅游发展的策略和原则。

一、政府主导，机制构建

在非物质文化遗产的保护与旅游开发中，政府扮演着不可或缺的领导角色。政府的支持是非物质文化遗产旅游开发成功的关键，因此必须从宏观层面采取积极措施。建立一个全面的非物质文化遗产数据库是基础工作，这不仅有助于保护非物质文化遗产，也促进了其科学管理和合理利用。通过这样的数据库，可以对非物质文化遗产项目进行归类，区分哪些非物质文化遗产适合开发进入市场，哪些应当严格保护，不宜商业化。政府需要建立一套科学的非物质文化遗产旅游开发评价指标体系。这套体系应当能够评估非物质文化遗产项目的市场潜力和保护需求，以确保每一项非物质文化遗产的独特性和文化价值得到尊重和保护。通过这种方式，政府可以制定不同级别的保护计划，针对不同的非物质文化遗产制定具体的策略和措施。为了保证非物质文化遗产的长效保护，政府还需结合国内外的文化遗产保护法律，并根据地方实际情况，制定一系列实际可行的保护规章制度。这些法规不仅要形成一个长效的法律保护体系，而且还需设立机制来约束不合理的开发行为。资金支持是非物质文化遗产保护和旅游开发的基础。因此，政府应当将非物质文化遗产保护经费纳入年度财政预算，并设立专项基金，这些基金应明确资金的使用范围和相关的财政机制，确保资金的合理利用，支持非物质文化遗产的保护、开发和传承活动。政府在推动非物质文化遗产旅游开发的同时，还必须加强其监督管理职能。应当建立一套行之有效的行政管理机制，通过监督和管理确保非物质文化遗产保护、传承与旅游开发之间能够实现良性互动，促进文化的传播和地区经济的发展。只有这样，非物质文化遗产的价值才能得到真正的发挥，同时确保其不被过度商业化破坏。

二、市场主体，产业发展

非物质文化遗产的保护和旅游开发应当基于保护的前提进行科学合理的规划和实施，这样不仅能够传承和弘扬优秀的文化遗产，而且还能利用旅游业的综合带动作用和产业化市场的优势，为非物质文化遗产的持续保护和传承筹集必要的资金。面对非物质文化遗产保护资金的不足，政府有责任采取有效措施，如直接资金投入或通过发行债券等方式，这些措施可以增强社会资本的投资信心。通过这样的策略，不仅能够发挥市场的基础作用，还能强化旅游企业等市场主体的地位，这对于构建一个健康、可持续发展的文化旅游产业格局至关重要。

在这个过程中，政府和市场主体应共同努力，通过旅游开发为非物质文化遗产项目创造更好的开发条件，这包括完善基础设施、创新融资渠道，并吸引更多的投资主体参与到非物质文化遗产的保护和开发中来。通过这些措施，可以有效地整合和利用资源，促使非物质文化遗产与旅游、经济发展等其他产业的融合，从而构筑一个多层次、多元化的产业发展链条。

三、主客参与，活态传承

非物质文化遗产的旅游开发不仅有助于传播和弘扬这些优秀的文化资产，还可以培育和扩大非物质文化遗产的受众群体。在这一过程中，非物质文化遗产活态保护传承的实施尤为重要，这要求同时吸引本土受众和外来游客，激发他们的参与热情。

加强社区群众的认知是保护非物质文化遗产的基石。通过演出展览、利用新旧媒体传播等多种方式，可以有效增强本地居民对非物质文化遗产艺术价值及其在旅游市场中潜力的认识。这样的普及宣传不仅提升了居民的自主保护意识，还激发了他们的参与活力，营造了有利于非物质文化遗产保护与旅游开发的氛围和环境。

为了让游客更好地参与到非物质文化遗产的传承中来，开发者需要满足其体验需求，针对不同类型的非物质文化遗产采取差异化的开发策略。通过资源整合和线路设计，非物质文化遗产旅游可以被有效地纳入区域性的旅游活动中。例如，通过节庆活动、舞台表演、角色扮演等互动形式，让游客能够直接参与到非物质文化遗产的实践中。这种体验性和趣味性的活动不仅增强了游客的参与感，也有助于他们深入了解和学习非物质文化遗产文化。此外，通过这些活动，游客的积极反馈和口碑可以成为非物质文化遗产传承的有力推广。例如，游客通过社交媒体分享自己的体验和感受，可以吸引更多人对非物质文化遗产产生兴趣，进一步扩大非物质文化遗产的影响力。同时，这种参与性和体验性的活动也能创造出一种积极的循环，既促进了非物质文化遗产的传承，也提升了旅游开发的质量和效果。

第二节 非物质文化遗产旅游的品牌化与IP开发

一、基本内涵

品牌化在文化产业的发展中扮演了核心角色，尤其是在物质与非物质文化遗产的保护和传承中。通过有效的市场化和产业化策略，文化遗产不仅能获得新的生命力，还能通过品牌化的过程，成为具有长期价值和影响力的文化标识。品牌不仅仅是商业标志，它更是一种文化的表达方式，能够反映一个地区或民族的文化精神和价值观。在文化产业，尤其是受政策保护的传统文化领域中，核心技艺和价值的传达是至关重要的。这些文化的核心价值不仅需要被保护，更要被积极地传承和发扬，这就需要通过建立一个支持这些价值传递的平台，即文化品牌。

非物质文化遗产的品牌化，特别是通过旅游这一平台，能有效地将文化遗产转化为可市场化的产品，如地方特色商品或表演艺术产品。这样不仅提升了文化遗产的经济价值，还增强了公众对这些文化遗产的认识和欣赏，从而支持了文化的可持续发展。例如，通过将非物质文化遗产如手工艺技术、传统表演艺术等融入旅游产品和体验中，可以创建独特的地方品牌，这些品牌反过来又能够吸引更多的游客和消费者，形成一个文化与经济双赢的局面。此外，这种品牌化还能增强地方文化的可识别性和独特性，为当地社区带来更多的自豪感和归属感。

在非物质文化遗产的旅游品牌化发展中，有效利用其独特属性是关键，这一过程涉及精确的市场定位与战略规划。随着旅游业趋向标准化与开放化，文化旅游市场的竞争愈发激烈。供应商必须确保他们所提供的文化内容能够显著地进入旅游者的决策过程中。研究显示，旅游者在选择旅游目的地时会考虑 2 到 6 个选项，而文化因素的考量范围广泛，这要求旅游供应者在市场定位和品牌开发方面具备核心竞争力。有效的市场定位涉及对目标市场的细分，通过深入理解旅游者的需求和偏好来设计旅游产品。这种方法使供应商能够提供足够的理由或展示足够的文化魅力，以吸引旅游者并使他们记住目的地。为此，旅游经营者通常会挖掘文化内涵，从中提取有吸引力的元素进行营销加工，以增强目的地的吸引力。

在文化旅游发展中，旅游目的地的文化符号和元素最终形成了该地的品牌，这种品牌定位通常强调历史、社会和文化价值的独特性。旅游目的地通常包含多种社会文化特质，但并非所有特质都同等吸引旅游者。因此，进行市场吸引力、游客体验度和满意度的评估变得至关重要。通过这一过程，旅游供应者需筛选出既具市场潜力又易于推广的产品，或选择能够有效传达核心文化价值的元素，以支撑品牌的建立和发展。

旅游作为一种体验性的经历，其产品和服务的特点包括消费与供给的同步性、无形性，这些特性决定了旅游产品消费的现场性和异地性。实现品牌化的过程中，不仅需要开发极具体验性的旅游产品，而且必须在品牌推广和产品供给中营造出强烈的场景感。旅游产品应深具地方感和文化特色，以增强消费者的体验感。非物质文化遗产通过与旅游的互动发展，不仅可以增加旅游体验的丰富性，而且还可以利用其独特性来打造旅游品牌的知识产权（IP）。这种 IP 代表了个性和稀缺性，成为新的认知和流量入口，是构建旅游信任体系的核心。在个性化日益明显的旅游时代，优质的 IP 成为旅游发展的决定性因素，具有内容优势的旅游产品和成功塑造的旅游 IP 是旅游开发成功与否的关键。非物质文化遗产的品牌化过程中，不仅需要重视传承人的保护和激励，还必须根据旅游市场的价值取向进行文化元素的精炼和物化传承，同时构建以非物质文化遗产为核心的旅游体验 IP，打造独具特色的品牌。这样的策略既保护了非物质文化遗产的独特文化价值，又有效地将这些价值转化为旅游市场的吸引力，形成了旅游发展的独特体验内核，促进了文化的传播和旅游业的发展。

二、案例应用：土家族梯玛歌的非遗与旅游融合——湖北省宣恩县黄坪村

2008 年 6 月，土家族梯玛歌被国务院批准列入第二批国家级非物质文化遗产名录。梯玛歌被誉为“研究土家族文化的百科全书”，内容涵盖开天辟地、人类繁衍、民族迁徙、祭祀、狩猎农耕和饮食起居等，集诗、歌、乐、舞为一体，是土家族的

长篇史诗。梯玛歌通过土家语表述，演唱形式多样，包括唱、对唱、合唱和吟唱，形式上是韵文和散文的综合体，凸显其文化价值。然而，相较于土家吊脚楼建筑和歌舞，土家族梯玛歌的旅游利用率和品牌化程度较低，市场化和产业化程度不足，削弱了土家语言的保护、传承和发扬力度。

（一）项目概述

宣恩县黄坪村结合土家语言和民俗，打造了 IP 品牌，塑造出“阿尼阿兹”的土家语言形象，形成了较好的非物质文化遗产与旅游互动和应用效果。黄坪村位于恩施土家族苗族自治州宣恩县，村里以盛产黄金梨闻名。恩施州旅游发展现状注重民族文化特别是民俗文化的开发利用，但这种聚类式同质性竞争不利于旅游的可持续发展。黄坪村通过科学利用物质文化遗产和非物质文化遗产，克服了这一难题。

（二）规划与实施

黄坪村旅游规划从土家族梯玛歌的精髓土家语言着手，挖掘地区与文化的黏合性，提炼 IP 形象，形成 IP 品牌。土家语言历史悠久，寓意深远，如土家语“阿尼阿兹”表示“我爱你”等语言朗朗上口，以土家语言命名旅游区将进一步传承土家族语言文化，扩大恩施土家文化的影响力。

黄坪村活动多样，不仅是国家级非物质文化遗产名录项目三棒鼓的流传地，也是滚龙连厢和宣恩耍耍两个湖北省级非物质文化遗产名录的传承地。村里土家族文化氛围浓郁，土语山歌、对襟服饰、民歌舞蹈、土家哭嫁，以及传统节日“女儿节”“月半节”等为旅游项目的开发奠定了深厚的文化底蕴。土家语言和其特有的民族特性成为旅游发展和文化融合的重要元素。

（三）具体措施

1. 挖掘地域性和文化性的耦合点

黄坪村拥有丰富的土家民族文化，并且是黄金梨之乡。“阿尼阿兹”在土家族语中代表“我爱你”，“贡梨”甜蜜滋润，寓意“不分离”，是美好生活和纯真情感的象征。围绕这两大元素，保留自然景观和乡村韵味，以温柔开发和留白艺术“再造”黄坪美丽乡村。

旅游项目设计以“甜蜜体验”为主题，以“梨”为景观，用“不同色彩”表现土家人的生活和精神内涵，通过创意设计旅游体验产品，依托全域景观创意打造并完善旅游配套设施，形成包含观光、休闲、度假等多样化的旅游项目体系。通过不同区域之间的创意项目串联，创造起伏多变的情感体验。

2. 创造 IP 并进行场景化演绎设计

为深化黄坪村对旅游者的影响力，增强形象营销意识，注重形象塑造和口碑传播，利用“阿尼阿兹”打造 IP 并注册商标。用贡梨、色彩、极限运动、清甜等符号构建黄坪村独特的品牌形象。在贡梨的销售上，创意设计商业品牌包装，展示黄坪村的旅游信息和品牌形象。通过持续的旅游场景设计和品牌营销活动，给予旅游者参与体验和 IP 认知的机会，树立并强化黄坪村旅游产品鲜明的品牌形象。

3. 进行“阿尼阿兹”旅游产品创新

围绕“阿尼阿兹”文化主题，串联旅游区内重点项目，进行“阿尼阿兹”旅游产品创新。游客即“演员”，旅游区则是“舞台”，以游客“情感”变化为主线，以土家族生活化、场景化的情感表达为体验，创意设计旅游体验场景，让游客能够身临其境、沉迷其中。

（四）效果与影响

通过上述措施，黄坪村成功将非物质文化遗产与旅游产业结合，既保护了土家族的传统文化，又推动了当地的旅游经济发展。这种创新的旅游发展模式，不仅有效传承了土家族的非物质文化遗产，还为游客提供了丰富的文化体验，增强了地方文化的影响力和吸引力。黄坪村的成功案例为非物质文化遗产与旅游融合提供了有益的借鉴，显示了文化旅游产业的发展潜力和广阔前景。

第三节　非物质文化遗产旅游融合的项目主题化

一、基本内涵

随着市场经济的发展，“主题”的概念已广泛扩展到生产和生活的各个领域，包括旅游行业。在个性化消费日益凸显的背景下，现代旅游主题空间应对市场的需求进行了相应的演变，从而成为一个重要的发展领域。科技进步和消费需求的变化推动了旅游主题的多样化，而主题空间也从传统的线性布局发展到更具特色的片状布局。这种转变反映了社会经济快速发展带来的休闲消费需求增加，进而创造了多元化的旅游主题需求空间。现代旅游活动不仅需要满足传统的“食、住、行、游、购、娱”六大需求，还应涵盖“商、养、学、闲、情、奇”等新的六大元素，这表明旅游消费市场的潜力正在进一步扩展。同时，这种多元化的旅游动机也为旅游产品的策划和设计提供了更广阔的平台。由于不同动机的旅游者在选择旅游地时存在显著差异，因此旅游者在计划出游前需要考虑的是选定的目的地是否符合其个人偏好。对于旅游供应方而言，他们需要考虑的是如何满足旅游者的核心需求。在差异化竞争的市场环境中，目标人群对消费和配套的辅助功能有着明确的主题倾向，这导致许多旅游地的商业空间规划和发展逐渐向主题化方向发展。

随着旅游市场的成熟和消费者需求的提升，游客对旅游体验的品质有了更高的期望，对传统的走马观花式旅游行程和粗制滥造的观光产品逐渐失去兴趣。相反，具有独特主题和丰富文化内涵的品牌旅游项目越来越受到欢迎。因此，旅游业的未来发展策略应当聚焦于主题化特色，有效整合和利用当地的文化资源、风俗民情和生态环境等，以形成一个资源互补、主题鲜明且品质优良的综合旅游产品。对于非物质文化遗产而言，其与旅游的互动关系表现出强烈的耦合性。开发旅游产品，发挥旅游与非物质文化遗产的互补优势，以及打造具有市场潜力和可持续性的旅游产品，是非物质文化遗产与旅游互动发展的关键。当前，多个地区已开始着重于非物质文化遗产的保护和利用，通过逐步搭建产业平台，挖掘特色，创建鲜明的主题，满足目标市场的有效需求，并实现差异化发展，从而形成非物质文化遗产和旅游互动的核心竞争力。这种发展模式不仅促进了非物质文化遗产的保护与传承，还为旅游业带来了创新和差异化的市场机会。

在当下的文化旅游发展趋势中，越来越多的城镇开始利用非物质文化遗产的独特价值来打造主题化旅游地，从而促进文化传承与旅游发展的互动融合。成都的万达城青城水街和浙江绍兴的安昌镇便是两个突出例证。这些地方通过整合各级非物质文化遗产资源，不仅为非物质文化遗产手艺传承人提供了展示其技艺的平台，还通过举办各类文化活动，如腊月风情节，吸引了众多国内外游客，从而活跃了当地的文化旅游市场。万达城青城水街集合了众多非物质文化遗产商户，包括竹编、漆器、蜀绣、蜀锦等，这为游客提供了一站式体验非物质文化遗产文化的机会。同时，安昌镇利用其典型江南水乡的历史背景，不仅保留了传统的非物质文化遗产项目，还通过将非物质文化遗产活动融入日常生活和旅游体验中，增强了游客的参与感和体验感。此外，安昌镇的做法，如将宣卷馆等国家级非物质文化遗产项目的传承地设在景区内，展示了一种创新的非物质文化遗产保护模式。这种模式不仅使非物质文化遗产文化更加生动地呈现在公众面前，还有效地推广了非物质文化遗产文化，增强了社会各界对非物质文化遗产价值的认可和支持。然而，这种集中展示非物质文化遗产的模式虽然有助于提升非物质文化遗产的可见度和互动性，但也存在着将非物质文化遗产过度商业化的风险，可能会影响其文化的真实性和传承的深度。因此，湖北省宣恩县彭家寨的做法提供了另一种视角，即通过深化单个非物质文化遗产项目与旅游景区的互动，进行主题创新和活态展示。这种模式更注重于非物质文化遗产本身的深度开发与传承，而非简单的集中展示，提供了一个更为可持续和有指导性的非物质文化遗产旅游发展模式。

二、案例应用：彭家寨的非遗与旅游融合开发

（一）背景介绍

彭家寨位于湖北省恩施土家族苗族自治州宣恩县沙道沟镇西南部，坐落在武陵山脉的北麓。彭家寨的吊脚楼群巍峨壮观，是中国六大民居建筑之一，并被列为国家重点文物保护单位。这些建筑具有上百年历史，集建筑与人文美学于一体，具有极高的历史、艺术和科研价值。彭家寨被誉为“土家聚落的典型选址”，是国家住房和城乡建设部、国家文物局公布的第四批“中国历史文化名村”，也是恩施州 20 个民族民间文化生态保护区之一。著名建筑学家、华中科技大学教授张良皋称彭家寨吊脚楼群为现代“建筑活化石”。

（二）旅游开发现状

武陵山区是我国土家族的最大聚居地，涉及湖南、湖北、贵州和重庆四省市，共有 71 个县。区域内拥有丰富的世界级自然和文化遗产，如湖南武陵源、唐崖土司、张家界世界地质公园和梵净山保护区等，以及多个国家级 5A 级景区和特色旅游名镇。尽管武陵山区旅游资源丰富，旅游吸引力强，但现有旅游产品主要依靠自然山水资源打造观光旅游，而以民族村寨为代表的人文旅游开发较为滞后，缺乏高品质的民族特色景区和旅游村落，特别是将土家族物质文化遗产和非物质文化遗产活态利用的主题旅游景区。因此，满足游客在观光之余深入体验土家文化，打造主题化旅游目的地，是实现武陵山区旅游转型升级的关键。

（三）发展策略

彭家寨以土家文化为背景，结合吊脚楼建筑文化及其附属元素，形成了泛化的生活式非物质文化遗产展示区。彭家寨依山而建，面水（龙潭河）而居，其旅游功能的布局需在挖掘内涵的同时，将沿龙潭河的几个土家山寨串联，形成主题元素赋予的文化载体。

1. 提炼文化主题

文化主题的选取既要形成主题，又要避免单调，通过挖掘和突破文化的多层次

和主题性之间的矛盾，聚合形成整个旅游目的地的灵魂。对于彭家寨来说，古老的土家建筑文化是其灵魂，民族文化是其背景，红色文化和盐商文化是其点缀。

2. 保护与传承非物质文化遗产

2011 年 5 月，“土家族吊脚楼营造技艺”被列入第三批国家级非物质文化遗产名录。彭家寨的吊脚楼建筑集建筑、雕刻和绘画等艺术于一身，多为木质结构，形式活泼、结构独特，规模宏大且特色鲜明。吊脚楼的设计注重空间利用的合理性、生态环境的亲和性和建筑材料的经济性，凸显了民族建筑的高超技艺，对现代建筑产生了深远影响。吊脚楼是土家文化中极具民族特色和代表性的文化符号，吸引了大量中外建筑专家和游客前来参观。

3. 构建旅游发展模式

彭家寨的旅游发展模式基于其土家建筑、田园物候、风土人情等资源特色，针对各类旅游市场和地方实况，破除个性与共性、保护与利用、名气与体验，以及景区与社区之间的矛盾，厘清文物保护与旅游互动发展的共存关系，促进土家古建筑名气与游客旅游取向的价值融合。通过主题发展、环境优化、资源整合和业态创新，打造文化与旅游的融合互动平台，形成土家泛博物馆。2021 年 8 月 7 日，彭家寨景区正式对游客开放。

4. 细分建筑文化主题元素

在非物质文化遗产与旅游互动平台搭建的基础上，根据旅游功能布局和“武陵九寨”发展定位，细分建筑文化主题元素，以土家建筑营造技艺为核心，分别以古建筑材料、特殊建筑形式、建筑仪式精神和古建筑民俗等为类型，形成饮食器具、木匠技艺、干栏建筑、竹编织锦、滨水建筑、水利设施、瓦陶工艺、音乐器具和风水建筑九个主题元素，用景观小品的形式表现。

（1）彭家寨：展示土家族吊脚楼的生活式场景。

（2）汪家寨：通过上梁台、木匠堂、鲁班阁集中体现土家族营造技艺。

（3）狮毛寨：以饮食器具展示古时土家建筑特色。

（4）曾家寨：作为土家族织锦技艺的展示中心。

（5）梁家寨和伍家寨：分别展示滨水建筑和水利设施。

（6）张家寨、白果寨和唐家寨：分别以瓦陶工艺、音乐器具和建筑风水为主题进行文化展示和设计。

通过这些措施，彭家寨以非物质文化遗产土家吊脚楼营造技艺为核心，形成了整合区域旅游资源的文化旅游区。通过演绎和创新，形成系列化又独具特色的旅游产品，是非物质文化遗产与旅游良好互动的有效试验，同时也是非物质文化遗产的旅游主题化应用。这种模式不仅保护了珍贵的土家文化遗产，还为游客提供了丰富的文化体验，促进了当地经济和旅游业的发展，实现了非物质文化遗产与旅游的良性互动。

第四节　非物质文化遗产旅游融合的产品体验化

一、基本内涵

在体验经济的影响下，非物质文化遗产旅游开发模式面临重大转变。传统的场馆展示方式已难以完全满足游客对深度参与和体验的需求。现代游客越来越倾向于寻求互动性和体验性更强的旅游产品，希望通过实际参与来更深刻地体验和理解非物质文化遗产文化。为适应这一趋势，非物质文化遗产旅游开发需要创新，设计和开发出让游客能够动态参与的体验型非物质文化遗产旅游产品。这种参与不仅仅是观看展示，而是应包括实际操作、体验工艺制作过程或参与传统活动等。例如，游客可以亲自尝试制作地方传统工艺品、参与当地的节庆活动，或是通过角色扮演等方式，深入体验非物质文化遗产的文化背景和技艺精粹。此外，非物质文化遗产旅游的开发应关注提供全方位、立体式的体验。这包括但不限于地方风土人情的介绍、特色住宿和餐饮体验、当地民居的参观，以及与当地人的互动交流。例如，设计非物质文化遗产旅游产品时，可以结合当地的食品制作工艺或烹饪技术，让游客在品尝美食的同时了解其文化意义和制作过程；或者在当地特色民宿中安排住宿，使游客能够在日常生活体验中感受非物质文化遗产文化。

（一）设计类型多样的体验式旅游线路

在体验经济的大背景下，设计多样化的体验式旅游线路成为提升旅游业吸引力的关键策略。以非物质文化遗产为核心的旅游产品设计，能够充分利用各地独特的文化资源，为游客提供丰富的文化体验。

根据地区非物质文化遗产资源的分布和特色，设计旅游线路应突出地域特色。例如，在文化资源丰富的地区，可以设计包括传统手工艺体验、民族歌舞互动，以及地方特色美食体验等内容。这种设计不仅使游客能深入体验当地文化，还能促进当地非物质文化遗产项目的保护与传承。考虑不同地区的发展水平和旅游基础设施，旅游线路设计需因地制宜。在旅游较为成熟的地区，可以开发高端的非物质文化遗产体验线路，吸引对高质量文化旅游有需求的游客。而在发展较慢的地区，则可以通过打造具有地方特色的商业街或民族文化体验区，吸引游客深度游览，从而带动地方经济发展。旅游线路设计还应考虑多样化的游客需求，设计不同主题的体验项目。例如，结合自然景观和非物质文化遗产文化的综合体验游，既能满足游客对自然美景的欣赏需求，又能提供文化深度体验。

（二）构筑全方位非物质文化遗产旅游体验游

为了提升非物质文化遗产的旅游吸引力，并促进生态和文化资源的结合，开发全方位的非物质文化遗产旅游体验成为一种趋势。这种体验旨在通过综合各种感官体验——听觉、视觉、触觉、味觉及运动体验，来全面展示一个地区的文化魅力。例如，可以借鉴某些岛屿地区的做法，整合当地的音乐、建筑、手工艺、美食和传统体育等元素，构建独具特色的旅游体验。

听觉体验可以包括当地的传统音乐和民歌。通过组织现场表演，让游客在欣赏地方音乐的同时，感受当地的文化氛围。视觉体验则涉及地方的建筑风格和手工艺品展示，如传统民居和工艺品的展览，可以让游客直观感受到当地的历史和文化底蕴。味觉体验是通过推广地方特色美食来实现的。开展美食旅游，让游客在品尝地方传统美食的同时了解其背后的文化故事。触觉体验则可以通过工艺品制作体验，比如陶艺、编织或其他手工艺活动，让游客亲手制作，深入体验非物质文化遗产的传统技艺。运动体验则涉及参与传统体育活动或民族竞技表演，如传统的民族舞蹈或体育竞技，不仅加深游客对非物质文化遗产的理解，还能增强体验的互动性和趣味性。

在旅游项目开发上，应整合各项非物质文化遗产资源，形成具有地方特色的旅游项目。此外，还可以跨地域进行资源整合，将非物质文化遗产体验与其他类型的旅游产品结合，形成复合旅游产品。这种综合体验不仅能吸引更多游客，还能让游客更全面而深入地体验目的地的文化和传统。

（三）打造非遗特色体验旅游产品，突出地域亮点

随着旅游业的快速发展，主题化、个性化、品牌化的旅游产品已成为市场主流。在此背景下，非物质文化遗产体验旅游需顺应潮流，利用各地独特的地理和文化优势，打造富有特色的旅游产品。同时，随着非物质文化遗产知识的广泛普及和政府的积极推动，国内各地的非物质文化遗产旅游项目都在不断地进行探索与创新。如何根据地区特色打造具有吸引力的非物质文化遗产旅游体验产品，成为每个地区旅游发展的重要课题。

1. 文化数字化植入的非物质文化遗产旅游产品开发

文化数字化植入模式（CDIM）是一种将文化内容与实时互动体验相结合的创新策略。这种模式通过融合创意、策划与数字技术，设计并创作出集娱乐性、教育性、知识性与交互性于一体的数字文化内容。这些内容不仅丰富多样，而且能够实时叠加于现实的非物质文化遗产载体之上，进行有效的诠释、展示与传播。在 CDIM 的实践操作中，一个关键的环节是确保体验者、植入主体（如技术提供者或内容创作者）与植入客体（即非物质文化遗产文化载体）之间的有效互动。这种互动促进了体验者在参与过程中对载体所承载的民族文化特色与内容的深入认知。通过这种深度互动，不仅增强了体验者的感性体验，也引导他们进行更深层次的理性思考，从而激发文化消费者的兴趣和文化价值的认同。此外，CDIM 还强化了实时互动体验的重要性，使得文化体验不再是单向的传递，而是变成了一个动态的、双向的交流过程。通过这种方式，非物质文化遗产旅游产品不仅能够有效地传达文化价值，还能促进文化的持续传承和发展。

2. 以美丽乡村，风情小镇带动非遗体验旅游

休闲度假作为旅游业的重要部分，为非物质文化遗产体验提供了独特的发展机遇。在多样化的乡村旅游产品中，将非物质文化遗产体验与乡村休闲结合，可有效促进当地文化的传承与推广。例如，利用传统村落和风情小镇的特色，发展以村寨建筑为核心的民宿、民食及文化体验活动，可以为游客提供丰富的文化体验。具体来说，游客可以住在传统的民居中，参与当地的文化活动，如观看地方戏剧表演、参观非物质文化遗产展示和品尝地方美食。这种旅游模式不仅让游客深入体验当地文化，还促进了当地经济和文化的可持续发展。此外，结合特色民族村寨的休闲游，如体验特定民族的建筑风格、文化习俗和非物质文化遗产健康疗养项目，再配合节庆活动，可以极大地增强游客的参与感和体验感。

（四）推出延续旅游体验的非遗类特色旅游纪念品

精心设计的旅游纪念品不仅作为旅行的记忆载体，还能延续和加深旅游体验。在非物质文化遗产旅游领域，开发具有地方特色和文化底蕴的纪念品显得尤为重要。这些纪念品应围绕当地的文化内涵和民族符号进行设计，将非物质文化遗产元素融入其中，使之成为旅游者能带回家的一部分文化。

为了保持非物质文化遗产纪念品的文化真实性和审美价值，应尽量采用传统工艺进行生产。这不仅能够保持产品的原始美感，还能为旅游者提供一种返璞归真的体验。同时，保证产品质量是至关重要的，只有工艺精美、质量上乘的纪念品，才具有较高的收藏价值和欣赏价值，能够真正延续旅游者的体验。例如，可

以将地方特色的手工艺品如织锦、木雕、石雕、陶艺等制成精美的工艺品销售，这些产品不仅展示了非物质文化遗产的独特魅力，还具有很高的实用价值和装饰价值。此外，还可以开发小巧精致的实用纪念品，如钥匙扣、冰箱贴、小饰品等，作为游客的随手礼。

二、案例运用：昭君和亲路的非遗文化旅游开发

王昭君是民族团结的象征，集大美品质于一身，因和亲形成的“和”“美”精神内核发端于湖北省兴山县，广布于内蒙古，并辐射至全国，甚至影响海外。王昭君传说作为湖北省宜昌市兴山县的地方民间传说之一，于 2008 年被列入第二批国家非物质文化遗产名录。在和平与发展的时代主题下，昭君及其和亲之举蕴涵着丰富的和亲、和美、和谐、和平、和合文化，对于促进国家和平发展、民族团结，实现中国梦、中华民族伟大复兴，具有深远意义。

昭君和亲路串联着灵山秀水、皇城古都、大漠草原三地风景，联结长江风情、黄河风情和草原风情，蕴含着深厚、广博的文化宝藏和独特、典型的自然风光。可以将这条路线打造成独具特色的国家级精品旅游线路，整合开发昭君传说的非物质文化遗产资源。2019 年 9 月，昭君文化旅游联盟在湖北兴山成立，沿线 5 省 9 市 39 家旅游市场主体联手打造国家级旅游线路。

（一）深挖非遗文化内涵

重走昭君和亲路是以“昭君传说”为源泉，追随昭君出塞之路，结合途经区域的资源特色和昭君文化载体，形成一条追忆昭君“和”“美”行迹的旅程。从表象上来看，昭君和亲路是一条充满美的路，包括美人之美、和亲之美、风景之美、故事之美和美食之美。从人生经历与和亲之路的角度出发，形成“一路三家多地”逐步升华的和亲人生之路。昭君出生于湖北宜昌，在兴山县的山水之间成长，这里是昭君的“娘家”；入宫后在西安接受宫廷礼乐浸润，西安是她的出嫁地；出塞和亲，作为和平使者到内蒙古推动民族和谐发展，呼和浩特是昭君的“婆家”。昭君人生经历的改变使得风景一路变化，视野和心境逐步开阔，人生也逐步升华。

（二）营造非物质文化遗产旅游体验环境

昭君一生中有六个最重要的场景，分别发生在三个阶段（少女昭君、宫廷昭君、出塞昭君）、两段行程（昭君入宫、昭君出塞）和一个归宿（昭君青冢）。在重走昭君和亲线路的策划中，从非物质文化遗产发生地着手，选取宜昌、西安和呼和浩特三地，将游客带入其中，结合当地的资源特色和昭君文化为载体，通过情景再现、

文学表达、艺术演出、祭拜仪式等形式展现这六个场景，让游客跟随昭君的视角感受美人境遇、风景变化，体味昭君一生之路、和亲之美，多层次、多方位地营造动态体验氛围。

（三）构建非物质文化遗产旅游产品体系

重走昭君和亲路是一条发现美、分享美和收获美的旅行。在线路策划中，围绕“衣、食、住、行、游、购、娱”等要素构建主题线路产品体系。在三地对应设计昭君别乡宴、大汉宫廷宴和蒙古风情宴，契合地方特色，彰显线路主题。旅游纪念品也是游客体验的重要内容和渠道，非物质文化遗产资源承载的历史文化和精神丰富了旅游纪念品的内涵。可以设计琵琶形U盘、昭君丝巾、明信片、帛画、屏风、琵琶和曲谱、汉朝服饰等文创商品，进一步延伸游客体验。

（四）塑造非物质文化遗产旅游体验品牌

以“借我一程，与美同行”为品牌理念，以旅游活动为载体，不断创新完善，塑造非物质文化遗产旅游体验品牌根基，结合营销宣传，打响品牌影响力。产品体验化是非物质文化遗产学习和传承的一种途径，使参与者深化对非物质文化遗产的理解和感受。在产品体验化开发时，注重非物质文化遗产本体文化的保护，避免过度市场化开发而破坏非物质文化遗产的本真性。

通过以上措施，重走昭君和亲路不仅能保护和传承昭君传说这一宝贵的非物质文化遗产资源，还能为游客提供丰富的文化体验，促进地方经济和旅游业的发展，实现非物质文化遗产与旅游的良性互动。

第五节　非物质文化遗产旅游融合的活动场景化

一、基本内涵

非物质文化遗产，作为某一区域或族群独特的民俗与价值观的体现，不仅是珍贵的文化资源，亦是吸引旅游的宝贵资产。在现代社会，围绕非物质文化遗产的保护、传承、展示及互动体验的非遗旅游得到了快速发展，标志着文化与旅游的深度融合，此外，也助推了以非物质文化遗产为核心的传统文化的创造性转化与创新性发展。然而，非物质文化遗产在转化为旅游产品的过程中面临一系列挑战。常见的展示方式如博物馆展览与舞台表演，往往限制了其展示的多样性，导致了一些问题，例如，文化的真实性受损、互动体验的不足，以及商业化程度过高。在文化与旅游的融合发展过程中，关键在于如何增强非物质文化遗产在旅游中的场景化体验，以保证其文化价值得以充分体现并传承下去。这不仅需要创新的展示方式，更需注重保持文化的原貌和深化游客的参与感。

场景理论源自芝加哥社会学派，是一种针对后工业社会中经济、社会、文化现象的分析框架，强调文化、消费与空间的整合。这一理论认为，场景不仅是物理空间，更是一种文化空间，由消费模式、体验方式、符号系统、价值观及生活方式等元素构成。具体来说，场景涵盖特定的社区范围、显著的实体建筑、特定人群，以及特色活动，这些元素共同塑造了场景的象征意义，并通过这种象征意义，场景不仅展现其功能性，同时也传递文化和价值观念，形成一种符号性的感知，并影响个体的消费心理和行为。

在非物质文化遗产与旅游的融合过程中，基于场景理论的视角可以视作创造一个独特的文化场景，这种场景通过物质与非物质文化的互动，构建了一种充满象征意义的空间表达。这样的空间不仅传递文化价值，还促进游客的深入体验和消费行为。因此，推动非物质文化遗产的场景化发展，即从单一的博物馆展示或舞台表演转变为更为丰富多元和互动性强的文化体验，是非遗与旅游融合的关键。

（一）强化非遗场景的合法性标志

根据场景理论的阐述，美国芝加哥大学的学者特里·克拉克将场景的构成解构为三个核心维度：合法性、真实性和戏剧性。合法性特指通过文化符号所传达的某种价值理念或行为方式的合理性与合规性。在文化与旅游的融合中，特别是非物质文化遗产场景的建设，首要任务是保护非遗所依赖的文化生态，将非遗转化为独特、原始且真实的文化符号和标志，从而强化其作为旅游吸引力的合法性。以景德镇陶瓷文化生态保护实验区的建设为例，该区域通过保护和利用瓷窑作坊等非物质文化遗产技艺，以及以御窑厂等国家保护单位为支撑，旨在保持景德镇陶瓷文化依赖的自然和人文环境的完整性。通过这样的努力，景德镇的“瓷都”文化标志得到了凝练和强化，确立了其作为旅游吸引点和文化旅游体验场所的合法性根基。因此，在非遗与旅游的融合发展中，维护非遗文化生态的原真性和完整性，以及对非遗文化符号的深化和提升，是构建合法且吸引游客的非遗文化旅游目的地的基础。

（二）建构非遗场景的真实性空间

在非物质文化遗产的旅游开发中，真实性建构是关键。非遗本身具有固有的本体真实性，而非遗旅游则追求再现的真实性。但近年来，在众多非遗旅游项目中频繁出现的虚假描述、文化扭曲、过度商业化等现象，反映出对非遗场景真实性建构的不足。例如，南锣鼓巷作为北京的一条著名历史文化街区，不仅因其传统胡同文化而闻名，而且也因融合了创新的艺术与手工艺活动而成为一个吸引人的文化体验地。这里不仅保留了传统的四合院建筑，还引入了现代的商业和艺术元素，成为展示和体验非物质文化遗产的重要场所。南锣鼓巷内设有多种店铺和艺术工作室，其中包括陶艺店、特色小吃店和创意工艺品店。游客可以在这里购买独特的手工艺品，品尝地道的北京小吃，甚至亲手体验陶艺制作。此外，南锣鼓巷经常举办各类文化活动，如小型音乐会和艺术展览，这些活动进一步丰富了游客的文化体验。由于其独特的文化和历史价值，南锣鼓巷成为了北京不可错过的旅游景点之一，吸引了众多国内外游客。这里的文化活动和商业氛围体现了一种活跃且具有创新精神的文化生态，为非物质文化遗产的展示和体验提供了一个现实而真实的空间。

（三）营造非遗场景的戏剧性体验

在非物质文化遗产的旅游开发中，营造戏剧性的场景体验是一种提升文化参与感和娱乐性的有效方式。基于场景理论，戏剧性体验着重于故事的演绎和冲突的表达，能够显著增强场景的吸引力和游客的互动参与度。以浙江嵊州的越剧小镇为例，该小镇以越剧这一非遗文化资源为核心，构建了包括剧场、大师工坊、影视基地等多种功能区域。通过这些设施，越剧小镇不仅提供了传统的越剧表演，还提供了与艺术家互动、亲自体验剧装打扮和化妆的机会，使游客能够深入体验到越剧文化的魅力和深度。又如陕西袁家村，通过戏剧化手段深化游客的文化体验。袁家村通过再现关中地区的非遗文化，如民俗文化、传统民间艺术和民居建筑等，营造了一个浓厚的乡村氛围。游客在参与这些文化活动时，不仅能观看到表演，还能听到地道的关中方言，感受到仿佛时空转换的历史体验，这种戏剧化的场景构建有效促进了文化和旅游的融合发展。

二、案例运用：古隆中智慧文化旅游开发

古隆中位于我国历史文化名城、三国文化发源地湖北省襄阳市，是青年诸葛亮隐居成才之地。诸葛亮在此躬耕陇亩长达十年，历史上著名的“三顾茅庐”和“古隆中对”都发生于此。古隆中沉淀了以躬耕田、六角井、草庐遗址、抱膝亭及武侯祠、石牌坊等历史遗迹作为后人纪念颂扬传承载体的物质与非物质文化资源，是襄阳市价值极高、特色鲜明的景观资源，也是隆中国家级风景名胜区的核心区。

尽管古隆中拥有丰富的文化资源，但这些资源或局限于口头传说，或流于书面形式，核心景区的发展主要依靠文物展示等观光旅游产品，文化的活态展示和游客

互动体验欠缺。2014 年，三国传说入选第四批国家级非物质文化遗产名录。近年来，借助创国家 5A 级旅游景区的契机，景区举办了一系列主题文化节事活动，非物质文化遗产传承和开发力度进一步加大，景区品牌和知名度不断提升。2020 年年初，古隆中成功晋升为国家 5A 级旅游景区，实现了襄阳 5A 级旅游景区零的突破。

（一）提炼智慧文化主题，构筑场景化基调

古隆中景区围绕草庐遗址、六角井、抱膝亭、石牌坊、武侯祠、三顾堂、卧龙岗等物质和非物质要素，结合诸葛亮在古隆中修身养性的人生经历，从人生智慧、思想智慧和学科智慧三个方面对古隆中智慧文化进行诠释，为主题节事活动策划提供了内涵丰富的文化源泉。

（二）策划主题场景活动，构建节事化体系

围绕智慧文化主题，策划主题鲜明、类型多样的情景化旅游节事活动，形成“一主多辅”的节事活动体系。

1.“一主”——实景演出《草庐·诸葛亮》

全国首台实景演出的影像话剧《草庐·诸葛亮》作为景区内常设活动，由中国实景演出创始人梅帅元的团队精心创作，通过多媒体影像和话剧融合的创作技巧，还原诸葛亮在生活中的景象。该剧分为《隆中对》《丑妻吟》《赤壁赋》三幕，逐步展开诸葛亮的传奇一生，为游客提供视听盛宴。

第一幕：隆中对

大雪飞扬，茅庐中上演隆中对，刘备三顾茅庐，拜请诸葛亮，成就三国鼎立的局面。

第二幕：丑妻吟

春日曙光，草庐中黄月英款款而来，才子佳人耕田种棉、纺线织锦，编织着伟大的一生。

第三幕：赤壁赋

江天一色，诸葛亮与书童谈笑风生，智激周瑜，点燃赤壁之战的熊熊大火，成就天下三分之势。

2.“多辅”——节假日主题活动和文艺演出

在法定节假日期间，围绕景区文化定位，顺势开展主题活动和文艺演出。例如，在教师节当天举办“千名萌娃诸葛启智礼”，身着汉服的萌娃在国学老师带领下进行正衣冠、拜先师、点朱砂、练描红等环节，契合教师启迪智慧的主题，与诸葛亮文化一脉相承。

（三）提升文化旅游品牌

围绕“以节庆促文化、以文化带旅游”的思路，通过强势宣传、品牌塑造、产品创新和企业协作，开展系列营销活动，提升古隆中旅游的知名度、美誉度、品牌价值和文化品位，同时也刺激文化消费带来经济收益。

通过策划系列主题节事活动，如智慧文化节、三国文化节、诸葛亮纪念活动等，可以进一步丰富景区的文化内涵和游客体验。

第六节　非物质文化遗产旅游的产业融合

一、基本内涵

非物质文化遗产与旅游业的融合发展是响应当代产业融合大趋势的一种实践方式，旅游业的发展不仅为非物质文化遗产的传承提供了新的空间和机遇，也促进了文化消费力的提升，实现了文化资源向文化资本的转换。这种产业融合遵循“旅游+”，以及“+旅游”的全域旅游发展理念，强调在游客旅游消费的全链条上进行深度开发。

非物质文化遗产旅游开发不仅包括传统的“食、住、行、游、购、娱”六要素，还扩展到了“商、养、学、闲、情、奇”这六个新的消费领域，实现了更全面的产业融合。通过这种方式，非物质文化遗产项目不仅作为文化展示的对象，而且转化为旅游体验的重要组成部分，从而增强了其市场的活跃度和经济的可持续性。

根据学术研究，非物质文化遗产与旅游业的融合主要可以通过以下四种路径实现：开发型、体验型、创新型和功能型，如图 4-1 所示。

（一）开发型融合

开发型融合是一种通过资源整合来增强非物质文化遗产在旅游领域的吸引力的策略。这种融合主要涉及建设非物质文化遗产公园、民俗博物馆等专门展示场所，这些场所不仅作为文化展览的平台，也成为吸引游客的重要目的地。通过这种方式，非物质文化遗产得以更系统、更集中地展示给公众，同时提升了旅游地的文化价值和吸引力。

以侗族非物质文化遗产为例，按照文化关联性、地域邻近性和特色互补性的原则，可以将侗族的非物质文化遗产元素与侗族村寨旅游紧密结合。例如，建设

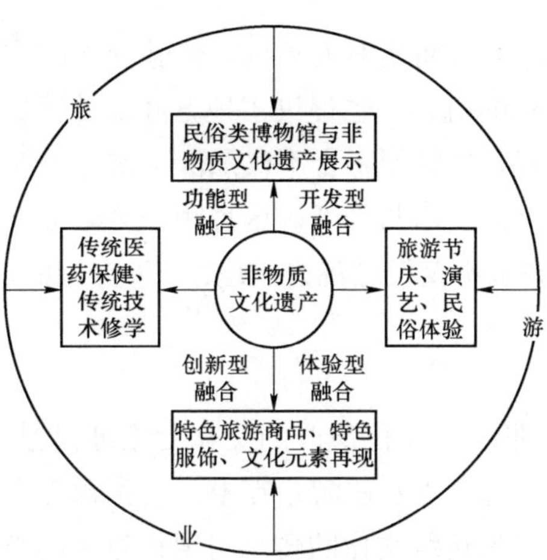

图 4-1　非物质文化遗产与旅游业融合发展的路径

一个集侗族文化展示、自然景观体验与民族文化互动体验为一体的综合旅游景区。这样的景区不仅能够展示侗族的唯美村落和传统非物质文化遗产，还可以包含漂流、民族文化体验等活动，从而大幅丰富游客的体验。整合后的景区通过提供多元化的活动和体验，可以吸引不同兴趣和需求的游客。此外，这种开发型融合还有助于保护和传承非物质文化遗产，因为它提供了一个既可教育又可娱乐的平台，使游客在享受自然美景和娱乐活动的同时，能够深入了解和体验当地丰富的文化遗产。

（二）体验型融合

体验型融合在非物质文化遗产与旅游业的结合中起到关键作用，通过实际的参与和体验，使游客能直接感受和认识非物质文化遗产文化。这种融合模式主要通过市场化运作，开发民族节庆、演艺和民俗体验类旅游活动，从而深化游客的文化体验。

体验型融合的主要路径如下。

（1）民族演艺与旅游体验的整合：许多非物质文化遗产项目非常适合通过艺术加工和现场表演的方式进行展示。例如，民族歌舞和传统戏剧可以在特定的民族村寨进行定期表演，如某地区的传统芦笙表演、地方戏剧和大型歌舞，可以在具有文化背景的村寨或景区进行展示。这不仅丰富了游客的旅游体验，也为非物质文化遗产艺术家提供了展示自己才能的平台。

（2）节庆活动与旅游体验的整合：结合地方的传统节庆活动与旅游体验也是一种有效的融合方式。例如，通过组织和庆祝地方的传统节日，如芦笙节、传统新年庆祝活动等，可以吸引游客在特定时间访问，体验地方的文化和传统。这样的节庆活动不仅提供了文化展示的机会，也促进了地方经济的发展。

通过这两种主要路径，体验型融合不仅加深了游客对非物质文化遗产文化的理解和欣赏，还促进了文化的传承与创新。这种融合策略强调了文化体验的深度与广度，使非物质文化遗产旅游不仅仅是观光，更是一种深刻的文化交流和学习的过程。

（三）创新型融合

创新型融合是指将非物质文化遗产的文化元素通过技术和创意手段融入特色旅游商品、餐饮、民族服饰，以及旅游景点中。这种融合方式不仅增强了非物质文化遗产的市场可见度，也为传统文化的传承与现代生活的结合提供了新的可能性。

（1）旅游纪念品的创新融合：通过开发具有地方特色的旅游纪念品，将非物质文化遗产文化具体物化。例如，传统民族服饰、手工艺品如雕花蜜饯、侗锦、侗帕等可以被设计成具有吸引力的纪念品，在民族村寨或文化特色商店销售。这不仅为游客提供了具有纪念价值的商品，也直接支持了当地的非物质文化遗产产业和手工艺人的生计。

（2）景观元素与景区的创新融合：将非物质文化遗产文化元素以创新的形式整合到旅游景区的设计中，如通过雕塑、诗词雕刻等形式展示。例如，某地区可以利用其与历史人物或文化的联系，通过建立雕塑、纪念馆或进行艺术装置设计，来增强景区的文化氛围和教育意义。这种融合不仅提升了景区的文化价值，也使游客能在自然欣赏的同时，深入了解地方的历史和文化。

通过这些创新型融合路径，非物质文化遗产元素被有效地保存和传播，同时也为旅游业带来新的增长点。这种策略强调了非物质文化遗产与现代旅游业务的结合，不仅保留了文化的核心价值，还增加了其现代市场的适应性和吸引力。

（四）功能型融合

功能型融合是指将非物质文化遗产的实用功能与旅游业的需求相结合，开发具有实际应用价值的旅游项目，如传统医药保健、手工艺学习等，使游客不仅体验文化，还能从中获得具体的功能性收益。例如，将传统食品的制作过程与现代旅游需求相融合，委托专业食品开发公司对传统食品进行深度开发和商业化。这样的合作可以在保持传统食品原有特色和营养价值的基础上，增加其市场吸引力。在商品的材质和特色上，可以强调产品的原生态和地方特色，确保食品在现代化处理过程中仍保持其传统元素。在设计和加工过程中，融入相关民族文化的主题元素是提升产品文化价值的关键。例如，包装设计可以采用传统的天然包装材料，如纸、竹、木、植物的茎叶，以及利用传统工艺如麻编、草编等。这不仅体现了环保理念，也加深了游客对产品文化背景的认知。此外，开发具有民族特色的旅游商品，如土猪腊肉、猪血丸子、土豆百合粉、葛根粉等，可以吸引对传统食品感兴趣的游客，同时提供一个实际体验传统技艺和享受传统美食的机会。

二、案例运用：二十四节气非遗文化与旅游融合开发——以远安县“双花廊”为例

（一）背景介绍

二十四节气是中国古代订立的用于指导农事的补充历法，是中国古代农业文明的具体表现。自 2006 年被列入第一批国家级非物质文化遗产代表性项目名录后，2016 年 11 月，又被正式列入联合国教科文组织人类非物质文化遗产代表作名录。然而，社会对二十四节气习俗的了解仍有限，对节气文化的宣传保护和重新理解有待进一步研究和加强。

（二）项目概述

“双花廊”是由远安县鸣凤镇南郊的双泉村和花园村组成的风景廊道，长约 10 公里，主干道路为硬化路面，两侧种植有红色紫薇花和白杨树。双泉村拥有约 230 亩的景观植物种植基地，包括红色紫薇、金色桂花、对节白蜡、玫瑰、月季和枇杷；花园村则是鸣凤镇率先实施农业综合开发的村之一，建有香菇种植大棚和百亩龙脑樟药材育苗基地。

（三）项目规划

结合双泉村和花园村的景观特色和产业基础，规划立足于我国传统乡村生产生活，通过飞地化开发，利用二十四节气文化对 10 千米主干道进行主题化景观改造和养生休闲特色化发展。项目旨在形成以节令养生为特色，大众乡村休闲、田园观光为主体，突出亲子户外休闲、农事体验、科普教育、游乐互动等专项旅游，打造集观光休闲、娱乐体验、教育科普于一体的多功能主题乡村风景廊道。

（四）创新融合路径

通过节令文化与景观元素的融合，对 10 千米主干道进行景观改造和优化，沿风景廊道打造 24 个休闲旅游及服务节点，每个节点体现与之对应的节令文化及习俗，突出节令民俗文化主题。以下以谷雨和小满为例，详细描述景观节点的打造。

谷雨节令

（1）稻田观景平台：命名为“雨生百谷”，将连片农业种植区进行创意景观打造，形成特色大地景观。

（2）民居改造：在民居聚集区内选取代表性农户作为改造样本，结合周边田园风光背景，凸显谷雨农事乡土民俗，进行外墙装饰和院落优化，形成诗画乡村。

小满节令

（1）乡村客栈：将原有老房子改造成客栈，命名为“叶半青黄”，保持老房子独特风格并完善内部功能，形成特色乡村客栈。

（2）家庭庭院布置：利用时令蔬果进行庭院布置，搭棚种植如石榴、葡萄、橘子等水果，让游客在果棚绿荫下就餐，直接摘取水果现场榨成果汁饮用。

1. 开发融合

依托农业生产与节令文化的密切关联性，以节令养生为特色，大众乡村休闲、田园观光为主体，突出“节令养生”特色，展示当地自然山水、田园风光和农耕节事的同时，深度挖掘富有乡土色彩和健康养生的休闲旅游。

2. 功能融合

以节令文化为主题，以市场定位为导向，以旅游消费为引擎，设计风景廊道、生态田园和花木基地的观光产品，包含民俗风情观赏、田园绘画摄影、农业生活体验和节令特色餐饮的休闲产品，乡间骑行、漫步垂钓、乡村节令趣味主题活动的娱乐产品及乡土生态教育、节令养生科普和农业科技观摩的科普产品等旅游产品体系。

3. 体验融合

通过各种节庆活动将非物质文化遗产与旅游体验加以整合，设计迎春会、钓龙虾比赛、秋田娱乐会和厨艺大赛等二十四个节令主题活动，满足游客全方位的体验消费需求。将节令文化景观化、产品化、功能化、活动化，使农村治理更具乡村特色，成为“看得见山、望得见水”的美丽乡愁体验地。

4. 研学旅游

开展二十四节令的主题研学旅游活动，让更多青年学子了解我国的二十四节令非物质文化遗产文化，包括节令民俗文化、节令民俗活动、节令农事谚语、节令天象景观等。不仅建设了特色鲜明的美丽乡村，还保护传承了二十四节令非物质文化遗产文化，丰富了居民和游客的休闲生活。

通过上述措施，双花廊项目不仅成功融合了二十四节气非物质文化遗产文化与旅游业，还在提升乡村旅游的文化内涵、增强游客体验、促进当地经济发展等方面取得了显著成果。

第五章　非物质文化遗产旅游融合发展的保障机制与发展建议

第一节　各级政府加强协作，保障资源有序开发

为了推动非物质文化遗产与旅游的深度融合，各级政府需协作紧密，确保资源的有序开发与合理利用。本节将详细探讨相关的保障机制和发展建议。

一、完善政策法规与制度建设

为确保非物质文化遗产与旅游的有效融合，各级政府必须先从政策法规和制度建设着手，形成一个全面、具体且操作性强的政策法规框架。这不仅涉及非物质文化遗产保护的基本政策，还包括旅游开发中的具体执行细则，旨在通过法规保护和推广非物质文化遗产，同时确保旅游开发的可持续性和文化的真实性。

（一）政策法规的明确化与专门化

政策的明确化是保障非物质文化遗产旅游开发成功的基石。各级政府需要针对非物质文化遗产与旅游融合的特点，制定专门的政策和法规。例如，可以设立非物质文化遗产旅游区的特定管理条例，确立非物质文化遗产元素在旅游产品中的使用标准和保护措施。此外，非物质文化遗产的商业利用，如文创产品的开发，亦需严格规定其文化内涵的保护和正确的文化传达方式，避免文化的误解和滥用。

（二）制度建设的系统性与科学性

推动政策执行需要建立一套科学有效的管理制度，涵盖非物质文化遗产保护、文化传承、旅游开发等多方面。这套制度不仅要规定各级政府的职责，还应包括非物质文化遗产保护组织、旅游企业及社区的职责和权利。例如，设立非物质文化遗产保护顾问团，提供专业的文化解读和政策建议；同时，地方政府可以设立专门机构负责非物质文化遗产旅游的规划和监督，确保旅游活动不损害文化遗产的真实性和完整性。

（三）绩效考核的严格与公正

加强政策和制度执行力的另一重要环节是绩效考核。各级政府和相关部门应定期进行政策执行情况的评估，这不仅包括非物质文化遗产保护的成效，也包括旅游开发的经济、社会及文化影响。通过设立明确的考核标准和公开的评价体系，可以提高政府和相关部门的透明度和责任感，从而提高工作效率和政策的实施效果。

（四）公众参与和反馈机制的建立

建立有效的公众参与和反馈机制也是制度建设中不可或缺的一部分。政府应鼓励公众，尤其是当地社区居民参与非物质文化遗产保护和旅游开发的决策过程，如通过社区会议、公众听证会等形式收集意见和建议。这不仅有助于提高政策的接受度和适应性，也能增强非物质文化遗产项目的社会支持和文化自信。

二、财政支持与资源配置

为了确保非物质文化遗产旅游项目的有效实施与可持续发展，政府在财政支持与资源配置方面扮演着关键角色。从财政支持的角度来看，必须由中央至地方各级政府设立专项资金，专门用于遗产保护和旅游推广项目。这些专项资金不仅为项目提供必要的启动资金，确保各项活动能够顺利开展，同时还需提供持续的运营资金，以保证遗产项目的长期维护和更新。在资源配置上，政府应采取积极措施，优化遗产旅游的整体布局。例如，通过科学规划遗产旅游线路，合理配置旅游服务设施，同时强化对遗产地的基础设施建设，如交通、信息服务，这些都是保障旅游体验和遗产保护双重目标达成的关键因素。此外，政府还应当探索多元化的资金支持渠道。公私合营模式是一种有效的策略，通过这种模式，政府可以与私营部门合作，共同投资遗产保护和旅游开发项目。这不仅可以减轻政府的财政负担，还可以利用私营部门的创新能力和运营效率，提升项目的整体质量和可持续性。例如，私营企业在旅游市场的运营、市场推广及客户服务方面具有独到的优势，可以有效地吸引更多的游客，增加遗产旅游的知名度和吸引力。同时，政府应当鼓励社会资本的投入，如通过发行文化遗产债券、设立文化遗产基金等方式，吸引社会投资者参与遗产保护。这种方式能够激发社会各界对非物质文化遗产保护的热情和责任感，同时也为遗产保护提供了更加多样化的资金来源。

在实施上述策略时，政府还需确保透明和高效的监管机制，以监督资金的使用效率和项目的执行进度，确保每一笔资金都能够被合理而有效地使用。同时，通过设立专门的评估和反馈机制，政府能够及时获得项目实施的反馈信息，进而调整和优化策略，确保项目目标的实现。

三、创新科技应用

在当代社会，科技的迅猛发展为非物质文化遗产的保护与推广提供了全新的视角和手段。政府应积极推动将现代科技应用于非物质文化遗产旅游领域，以提升其吸引力和传承效率。虚拟现实（VR）技术和增强现实（AR）技术的应用可以极大地丰富游客的体验。通过 VR 技术，游客即便身处遥远之地，也能仿佛置身于非物质文化遗产的原生环境中，亲眼见证传统技艺的展示和文化节庆的盛况。AR 技术能够通过手机或专用眼镜，将数字信息叠加到真实世界中，使游客在参观传统手工艺展示或历史场景重现时，能够获取更多的互动信息和深入解析，增强体验的教育意义和娱乐性。除了 VR 和 AR，智慧旅游的概念也应被更广泛地应用于遗产旅游中。政府可以利用大数据和云计算等先进技术，对游客的行为模式、偏好和反馈进行分析，从而优化旅游路线设计、提升服务质量，并制定更为精准的市场营销策略。例如，通过分析大数据，可以发现某一文化遗产活动吸引了哪些地区的游客，他们的停留时间，以及他们的消费模式等，进而调整活动内容和服务以更好地满足游客需求。同时，智能手机应用程序的开发也是提升游客体验的有效方式。这些应用程序可以提供语音导览、实时交通信息、即时翻译服务等功能，使游客的旅行更加便捷和舒适。这些应用还可以整合电子支付、社交媒体分享等功能，进一步提升游客的参与度和满意度。政府应当建立健全的技术支持系统，为非物质文化遗产的数字化和网络化提供持续的技术更新和维护。这不仅有助于保护和传承文化遗产，也能够激发更多创新的保护方法和传播手段。

四、增强区域合作与资源整合

在推动非物质文化遗产旅游的发展中，区域合作和资源整合显得尤为重要。

通过跨区域的协同合作，不仅可以实现资源的最优配置，还能显著提升旅游产品的多样性和吸引力。各级政府应积极参与或发起区域合作项目。这种合作可以是多个城市或地区间的，也可以是国际性的，目的是整合各自的文化遗产资源，创建一个共享的文化旅游网络。例如，相邻地区可以共同开发一条文化遗产旅游线路，将各自独特的文化元素如手工艺、民间音乐、传统节庆等融入其中。这不仅有助于增强旅游产品的整体吸引力，也能吸引更广泛的游客群体。通过建立区域性品牌来推广非物质文化遗产旅游是一个有效的策略。一个统一的区域品牌可以提高识别度，使游客更容易将该品牌与高质量的旅游体验联系起来。区域合作还可以实现营销资源的共享，例如，共同参加国际旅游展览会、发布联合旅游宣传资料等，这样的集体行动比单个地区独自行动更能引起国内外游客的注意。增强区域合作还可以帮助解决旅游发展不均衡的问题。发展程度较低的地区可以通过与发展程度较高的地区合作，借鉴先进的旅游管理经验和营销策略，提升自身的旅游服务质量和运营能力。同时，发达地区也能通过这种合作发掘新的旅游资源和市场，实现共赢。为了更好地实现区域合作与资源整合，政府还应制定相应的政策和措施，如提供财政补贴、税收优惠等，以激励地方政府和旅游企业积极参与区域合作。建立一个有效的信息共享平台也是必要的，这个平台可以用来交流各地的文化遗产信息、合作经验、市场数据等，以促进各方的互信与合作。

五、推动文化与旅游的深度融合

非物质文化遗产与旅游的深度融合是推动文化传承与经济发展的重要策略。政府的角色在于激发和促进这种融合，确保文化遗产不仅得到保护，还能以多种形式活跃在现代社会中。政府可以通过制定政策和提供资金支持，鼓励非物质文化遗产项目与旅游企业、文创企业之间的合作。这种合作模式能够开发出融合传统魅力与现代需求的旅游产品和服务，如将传统手工艺转化为旅游纪念品，或是将民俗活动包装为旅游体验项目，从而使这些文化遗产更加市场化，易于游客接触和理解。支持非物质文化遗产的现代表达同样至关重要。政府可以资助艺术家和文化工作者利用现代艺术形式对传统文化进行再创作，例如，将传统故事通过现代戏剧或电影进行重新诠释，或将传统音乐与现代音乐元素结合，创造出新的艺术作品。这不仅有助于非物质文化遗产的传承，也为其增添了新的生命力，使之更能被现代社会所接受和喜爱。政府还应积极组织和支持非物质文化遗产的展示活动，如文化节、展览会等，这些活动能够为旅游业带来新的增长点。通过这些平台，非物质文化遗产不仅能展现其独特的文化价值，还能直接与国内外游客进行互动，提升其国际知名度和影响力。在推广非物质文化遗产的同时，政府还应确保文化的原真性和完整性得到保护。这需要制定严格的标准和监督机制，以防止在商业化过程中对文化遗产的误解和曲解。

第二节　依据地域特色打造非物质文化遗产旅游区域

一、推进非物质文化遗产旅游特色区建设

推进非物质文化遗产旅游特色区的建设是一个充满潜力的发展策略，旨在优化游客的旅游体验同时保护和弘扬地方文化。这一策略的实施需基于对各地非物质文化遗产分布的详细研究，发现那些文化密集的核心区域，并据此进行集中开发。这些区域通常包括市中心的历史街区和一些具有独特文化特色的郊区。根据这些区域的地理和文化特征，可以规划几个具有代表性的非物质文化遗产旅游特色区。这些特色区将展示地区的传统艺术、手工艺、民俗活动等，各具特色，丰富多样。为了提升旅游体验的质量和效率，非物质文化遗产旅游特色区的开发应着重于游客体验的整体性和便捷性。例如，通过提供一日游或半日游的旅游产品，可以让游客在较短的时间内深入体验多个精心挑选的文化活动和表演，这样的安排既节约了游客的时间，也减少了旅行中的不便。此外，为了更好地展示每个区域的独特性，可以开发一系列以文化遗产为主题的旅游产品。这些产品不仅包括传统的观光游，还应包括互动式和体验式活动，如手工艺制作工作坊、传统表演艺术的现场展示，以及地方传统美食的品尝等。这样的深度融合不仅能增强游客的参与感，也有助于传统技艺和文化的传承。在推广这些特色区时，强化市场营销策略同样重要。利用现代营销工具如社交媒体、在线旅游平台和数字广告，可以有效地将这些特色区的独特魅力传达给全世界的潜在游客。通过精心设计的营销活动和吸引人的旅游套餐，可以提高这些地区的知名度和吸引力。

政府和旅游部门还应该考虑可持续旅游的重要性，确保旅游开发不会破坏原有的文化遗产。这需要制定严格的管理措施和保护政策，确保旅游活动与地区文化的可持续发展相协调。

二、推进历史文化遗产旅游区建设

推进历史文化遗产旅游区的建设旨在提升一个地区的旅游吸引力和文化价值。通过对一个地区内的历史物质文化遗产资源和非物质文化遗产资源进行整合

开发，可以创造独特的旅游体验，同时促进文化的传承和经济的发展。在进行历史文化遗产旅游区的建设时，应重点关注那些拥有丰富文化遗产资源的区域。这些区域可能包含具有重要历史意义的古镇、考古遗迹公园，或是其他具有文化标志性的地点。通过整合这些物质和非物质的遗产资源，可以开发出各具特色的历史文化遗产旅游专线，为游客提供丰富多元的文化探索路径。例如，可以选择一个以古镇为核心的区域，结合该地区广受好评的传统艺术表演、民间音乐或传统工艺，创建一个历史文化遗产旅游名镇。此外，考古遗迹公园也是展示地区文化深度的理想场所。政府可以依据这些地区的特定遗址建立专题博物馈，并通过展示相关的非物质文化遗产项目，如传统歌舞、民俗活动，增强游客的参与感和体验感。

在推广历史文化遗产旅游时，还应充分利用现代科技手段，如虚拟现实和增强现实，来重新诠释传统文化，使其更加生动和易于访问。这不仅能提高年轻一代的兴趣，也有助于保护脆弱的文化遗产。为了确保这些历史文化遗产旅游区的长远发展，还需要建立一套完善的管理和保护机制。这包括制定合理的访客容量限制、持续的文化遗产教育项目，以及与地方社区的密切合作，确保旅游活动的可持续性，并且使当地居民能从中受益。

通过整合和充分利用历史文化遗产资源，不仅可以增强一个地区的旅游品牌和市场竞争力，还能促进经济多样化，提升居民的生活质量。这种深度融合的旅游发展模式，不仅是对历史的尊重，也是对未来的投资。

第三节　通过文旅互动创新非物质文化遗产旅游模式

文化与旅游的融合，作为一种新兴发展模式，虽然在全国范围内推广的时间尚短，但已呈现出多样化的发展态势。

一、“非物质文化遗产+乡村旅游”模式

“非物质文化遗产+乡村旅游”模式涉及非物质文化遗产文化、农业文化、民俗文化、渔业文化、美食文化、自然风光及特产资源等多个方面，旨在深度挖掘并活用乡村地区的丰富文化资源。通过组织专家评估并整合这些资源，制定非物质文化遗产乡村旅游的系统规划方案，可以推动文化与旅游的深度融合。在具体实施上，这一模式着重于使各类非物质文化遗产资源，如民俗文化、民间文学和传统技艺等，在乡村旅游中发挥核心作用。通过这种方式，每个村落都能够

根据其独特的文化资源发展成为独具特色的旅游品牌，实现“一村一品牌”的目标。这种做法不仅促进了乡村旅游的品牌化，还增强了旅游体验的文化深度和吸引力。

例如，在大连市长海县的实践中，乡村旅游与非物质文化遗产的结合非常突出。在当地民宿中，游客可以直接接触到海上工作相关的工具，听到关于海神娘娘，以及其他长海县民间故事的讲述，这些都是将文化物化和活化的实际操作。此外，还开发了以非物质文化遗产为主题的文化演艺活动，将当地美食和技艺转化为文化创意产品。这些文创产品不仅丰富了乡村旅游的内容，还成为具有当地特色的伴手礼，提升了游客的整体体验质量和乡村旅游的吸引力。

二、“非物质文化遗产+研学旅游”模式

以国家旅游局推动的《研学旅行服务规范》为框架，多个城市和地区被鼓励开发整合当地非遗的研学产品。例如，著名的非遗项目，如京剧、苏绣、茶艺，不仅在其原生地被用作研学旅行的内容，也通过政府和社会的合作，形成了一套完整的非遗导师体系和课程体系。这些课程不仅着重于技能的传授，更强调非遗背后的文化意义和历史价值，使学生在实践中领会和感受到非遗的精神内核。

在实施“非物质文化遗产+研学旅游”模式的过程中，各地不断尝试创新方法来吸引和教育学生。例如，通过设置模拟的非遗工坊，让学生在老师和非遗传承人的指导下，亲手制作地方传统工艺品，如剪纸、陶瓷或是布艺等。此外，一些地区还结合当地的非遗项目开发了主题研学基地，如皮影戏剧团、民族乐器制作坊等，这些基地不仅提供了学习和体验的场所，也成为了非遗文化传播的新阵地。

三、“非物质文化遗产+运动休闲旅游”模式

在适宜气候和丰富自然资源的地区，融合非物质文化遗产与运动休闲旅游是一种创新的发展模式。这种模式不仅可以丰富运动休闲旅游的内涵，还能增强旅游体验的文化深度。地区可以利用当地体育场馆和运动设施，开发包括非物质文化遗产音乐舞蹈、杂技武术等在内的体育演艺产品。例如，可以在体育赛事和全民健身活动中融入非物质文化遗产元素，如水上太极、武术表演和水上骑射。这样的活动不仅提升了传统文化的可见度和参与度，也为运动休闲旅游添加了独特的文化特色，从而有助于打造具有区域特色的非物质文化遗产运动休闲旅游品牌。通过这种方式，地区可以更好地利用自身资源，创造出符合现代旅游市场需求的独特旅游产品，同时也促进了非物质文化遗产的传承和创新。

四、“非物质文化遗产+康养旅游”模式

如今人们对健康和养生的关注显著增强，这也促进了康养旅游的全面发展。对于拥有海洋、山体、温泉、地热等自然生态资源的地区，康养旅游尤其具有发展潜力。通过结合滨海疗养、温泉康养、郊野休闲，以及医疗保健等多样的旅游项目，不仅可以全面提升地区的旅游业发展，还能有效利用淡季期间的旅游资源，促进旅游业的季节平衡。

将传统的非物质文化遗产文化与现代康养文化相融合，是康养旅游发展的一个重要方向。例如，可以将中医、中药、针灸、骨诊等传统医药类非物质文化遗产，以及太极拳、武术等传统体育类非物质文化遗产融入康养旅游中。这些养生类非物质文化遗产不仅提供了丰富的康养体验，还为游客带来深度的文化参与和学习机会。此外，利用地区特产如海参、老黄酒等珍贵保健品，也可以丰富康养旅游的内容，提升旅游体验的品质。在天然温泉地区，可以结合当地的寺院、庙会、禅修等文化活动，开发高品质的温泉康养旅游项目。

第四节　优化非物质文化遗产旅游产品

非物质文化遗产保护性旅游开发涉及如何将文化资源转化为旅游产品，同时确保这些文化遗产的原生态和文化价值得到保护和尊重。这种开发需要精细的规划和策略，以平衡文化保护与旅游经济的需求。而关键问题在于如何实现非物质文化遗产的旅游产品化？

按照旅游产品的功能将其划分为基础型产品、提高型产品和发展型产品三种类型，下面分别介绍。

一、基础型产品

基础型产品通常采取静态展示的方式。这种产品设计允许游客通过传统的文化观光游来接触和理解非物质文化遗产，满足基本的休闲娱乐和文化认知需求。具体的实施方式可以包括以下两种。

（一）设立各类非物质文化遗产艺术博物馆，积极开展非物质文化遗产认知体验游

设立非物质文化遗产艺术博物馆并运用现代科技手段进行保护，是对那些难以

维系其自身传承的濒危文化遗产的一种必要保护方式。通过高清摄影、录像、录音等技术全面记录非物质文化遗产的表演和活动，能够以数字化的形式详尽地保存这些文化的每一个细节，保证其真实性。此外，收集与非物质文化遗产相关的所有物理证据，如工具、服装、文献等，并进行归档，使这些信息得以长期保存。

在非物质文化遗产所在地的主要博物馆内开辟专门展区，不仅可以作为该地区文化遗产的展示和教育中心，还能吸引更多公众的关注和参与。现代博物馆越来越注重利用互动性和参与性的展示方式来满足现代人对体验式学习的需求，例如，通过互动展览和现场演示增强体验的真实性和教育效果。博物馆还可以定期邀请传承人进行现场演示和讲解，或者设置 DIY 体验区，让参观者亲自体验和学习传统技艺。

（二）依托专业艺术团体设立非物质文化遗产传承体验中心，开展非物质文化遗产教育体验游

依托专业艺术团体和教育机构设立非物质文化遗产传承体验中心，进行教育体验游活动，是一种行之有效的非物质文化遗产传承方式。通过这些体验中心，非物质文化遗产能够得到更好的传习和普及，尤其是对于那些已经濒临灭绝的传统技艺和表演艺术。非物质文化遗产的传承体验中心主要分为两大类。第一类是侧重于传统手工技艺类的非物质文化遗产，如传统美术和手工技艺，它们往往通过“非物质文化遗产生产性保护示范基地”进行保护和传承。这种方式不仅帮助这些技艺融入现代生活，还促进了经济社会的发展。例如，湖北省的武汉木雕船模、黄梅挑花和孝感雕花剪纸等，都已经成为国家级非物质文化遗产生产性保护示范基地，展示了如何将非物质文化遗产转化为可持续的文化产品。第二类是以民间表演艺术和口头传统为主的非物质文化遗产，通常采用“非物质文化遗产传习所”的模式进行。这些传习所多依托相关机构成立，如西安市蓝田水会音乐传习所和重庆市川江号子传习所，通过官方批准和资金支持，为传统表演艺术提供了一个系统的学习和传承平台。

二、提高型产品

提高型产品在非物质文化遗产的旅游开发中，旨在通过动态表演和更具吸引力的展示方式，更加生动地呈现非物质文化遗产的独特魅力。这种产品的开发，不仅保持了非物质文化遗产的“活态”特性，还增强了其展示的动态性和观赏价值，使之更加符合现代旅游市场的需求。通过实时的表演和演示，提高型产品使旅游者能够直接观看到非物质文化遗产的表演艺术，如传统音乐、舞蹈、戏剧、手工艺演示等。这种方式不仅展示了技艺的精细过程，还能传达出文化背后的历史和故事，使

观众能够在视觉和听觉上获得更深层次的文化体验。尽管提高型产品已经通过动态表演方式增加了展示的互动性和教育性，旅游者的参与度依然相对有限，主要停留在观看和欣赏层面。因此，这种产品形式在满足旅游者对休闲娱乐、文化教育和审美体验的需求上具有明显优势，但在推动旅游者更深入地参与到文化传承和实践活动中仍有提升空间。为了进一步增强旅游者的参与感和体验深度，可以考虑在提高型产品的基础上融入更多的互动环节，如让观众参与到某些简单的文化制作过程中，或者在表演结束后安排与艺术家的互动问答，使旅游者不仅仅是被动接受，而是能够积极体验和深入了解非物质文化遗产的内涵。

（一）民族民间文化艺术之乡

自 20 世纪 80 年代起，中国开始借鉴国际经验，探索将非物质文化遗产所在的村落和城镇整体作为一个文化生态环境进行保护。这种探索从 1988 年开始，文化部便启动了“民族艺术之乡”和“特色艺术之乡”的命名活动，为民族文化生态保护区的建立开创了先例。这种保护模式不仅为非物质文化遗产提供了一个安全的保护屏障，而且能够保持民族文化遗产在其原生态环境中的原生活性，确保其作为“活文化”得以传承。2004 年，文化部和财政部联合发布了《关于实施中国民族民间文化保护工程的通知》，在其中正式提出了“民族民间文化艺术之乡”的概念，旨在对“原生态文化保存较为完整并具有特殊价值和浓郁特色的文化区域”进行动态的持续性保护。2007 年，随着《中国民间文化艺术之乡命名办法》的颁布实施，这一命名进一步规范化，专门针对县（区）以下单位内的一项或几项非物质文化遗产进行保护。例如，湖北省的多个地区，如来凤县的百福司镇以其摆手舞，黄梅县以黄梅戏和黄梅挑花，武汉市黄陂区的楚剧，潜江市的荆州花鼓戏，以及崇阳县的崇阳提琴戏等，均被命名为“中国民间文化艺术之乡”。这些地区通过保护和传承独特的非物质文化遗产项目，不仅保持了文化的活态传承，而且其原生态的自然环境、社会结构、经济状况和精神生活，构成了对文化游客极具吸引力的综合体验。

（二）国家级文化生态保护实验区

国家级文化生态保护实验区的设立是基于联合国教科文组织关于“文化空间”概念的框架。这个概念强调了文化活动不仅与具体的地点相关，也与特定时间周期或事件相关，重点是保护那些生动地展现民俗传统、宗教仪式和习惯的文化表现形式。“文化空间”不仅指明了非物质文化遗产的物理场所，如桥梁、民居、村落、庙宇、街道和广场，还包括了这些场所按传统方式活动的周期性时间框架。这些文化空间的存在和活动的持续，需要社区成员的参与和认同，这与海德格尔对空间的理解相呼应，即空间不仅是物理存在，更与人的活动和精神状态紧密相关。

文化生态保护实验区的设立目的在于整体性地保护那些历史文化积淀丰富、保存状态良好的文化形态，使之能够在原有的自然和人文环境中持续存在。这种保护不仅涉及非物质文化遗产本身，还包括其所依赖的自然生态环境和社区的文化生态环境。文化部对这些区域的评审标准包括传统文化的历史积淀、非物质文化遗产的丰富度与集中度、高历史和文化价值，以及当地社区的文化认同和参与度。

（三）原生地民俗旅游节庆专题旅游

原生地民俗旅游节庆专题旅游的开发不仅能够为文化遗产提供活态保护的机会，还可以增强区域的文化吸引力和旅游经济。通过这种方式，非物质文化遗产能够在其原生环境中得以展示和活用，同时为传承人提供展现才艺的平台，促进其技艺和传统的广泛传播。

原生地民俗旅游节庆活动如庙会和节日庆典通常涵盖了一地区的多项非物质文化遗产，例如，武当山庙会就包括了道教文化、当地的日常生活习俗，以及传统的游艺和商贸活动。这种综合性的展示不仅丰富了游客的文化体验，还增强了非物质文化遗产的影响力和认知度。节庆活动中的传统表演和工艺展示能够直观地向公众传达文化的价值和意义，同时提高当地文化的可见度和旅游吸引力。

将非物质文化遗产旅游与其他旅游形式融合，如结合宗教旅游、体育竞技，可以创造出更为丰富和多元的旅游产品。例如，归元庙会与归元寺的宗教旅游融合，以及武当武术和道教音乐与武当道教朝拜游的结合，这些都能产生“1+1＞2”的效果，增强整个地区的旅游文化内涵和市场吸引力。如湖北省的端午龙舟赛不仅弘扬了端午文化，也推动了当地的旅游发展。

三、发展型产品

发展型产品在非物质文化遗产的旅游开发中起到了极其重要的作用，这类产品主要通过促进游客的深度参与和互动体验，满足其对于文化深度参与的需求。这种参与式体验不仅仅局限于观看和学习，更重在让游客直接参与其中，体验文化的真实韵味，并在此过程中实现个人情感的升华和社交需求的满足。以下是三种主要的发展型产品形式。

（一）博物馆化的非物质文化遗产展示与交易中心

博物馆化的非物质文化遗产展示与交易中心，或称为非物质文化遗产博物馆，代表了非物质文化遗产保护和传承的一种现代商业模式。这种类型的设施不同于传统的由政府主导、以纯粹保存和展示为目的的博物馆。它们通常由多元投资主体运作，以企业为主，目的在于更有效地进行产品展示和市场推广，同时具有明显的商业利益追求。这类博物馆的核心优势在于能够实现自我经济循环，即通过市场机制将传统的“输血”模式转变为“造血”模式。这种转变使得非物质文化遗产不仅得到保护，还能在现代经济体系中找到自身的价值和位置，增强了非物质文化遗产的生命力和市场竞争力。通过集成非物质文化遗产资源，这些机构不仅提供展示和体验的空间，还推动相关产品的生产和销售，形成了一个文化和商业并重的综合体。例如，武汉非物质文化遗产艺术博物馆由武汉旅游发展投资集团及其下属的非物质文化遗产文化传播公司共同打造。这个博物馆不仅是一个文化展示平台，也是一个非物质文化遗产的销售和交流中心。它采用产业化运作模式，整合湖北地区的非物质文化遗产资源，通过项目策划、生产和营销，实现非物质文化遗产的商业化和市场化。

（二）非物质文化遗产主题公园

非物质文化遗产主题公园是一种现代化的主题景区，专门设计来展示和体验非物质文化遗产。这种公园通过文化创意的手法加工和展示非物质文化遗产，目的是为了提供一个既能满足游客休闲娱乐需求，又能提供文化观光体验的场所。非物质文化遗产主题公园的主要特点在于其高度的观赏性、参与性、知识性和体验性，使得游客不仅能观赏到各种文化表演，还能亲自参与其中，从而深刻理解和体验这些文化的内涵。

这类主题公园通常可以分为以下两种类型。

（1）原生地浓缩式非物质文化遗产主题公园的开发是一种将文化遗产在其原生环境中展示和体验的有效方式。这种方法强调保持非物质文化遗产与其原有文化背景和地理环境的紧密联系，通过在一个集中的地理位置展示多种文化表现，增强文化体验的深度和广度。以恩施土家族为例，这种方式非常适合展示和保护土家族的文化遗产。恩施地区以其丰富的自然景观和深厚的土家文化而闻名，拥有多样的非物质文化遗产，如土家族撒叶儿嗬、摆手舞。将这些文化项目集中在以传统吊脚楼等土家族建筑为中心的村寨中，不仅可以为游客提供一个身临其境的文化体验，还能有效地保护和传承这些珍贵的文化形式。在此模式下，可以利用村落的自然环境和传统建筑作为展示非物质文化遗产的“舞台”，在原有的社会结构和生活方式中进行展示。例如，伍家沟、下堡坪、都镇湾和吕家河这些自然村落都可以作为非物质文化遗产的展示空间，这些地方的民间故事和民歌不仅是文化传承的重要元素，也是连接过去与现在的桥梁。此外，原生地浓缩式的开发模式还可以包括将当地居民作为文化传承的主体，让他们参与到旅游服务和文化展示中，从而实现经济效益与文化传承的双重目的。

（2）异地精品荟萃式的非物质文化遗产主题公园通过集中展示来自不同地区的文化遗产，打破了地理界限，让游客在一个地方就能接触到丰富多彩的全国或全球文化。这种方式不仅提高了非物质文化遗产的可访问性和影响力，还极大地促进了文化的教育和传播功能。例如，深圳的中国民俗文化村和成都非物质文化遗产公园就是此类公园的典型代表，它们通过生动的展示和互动体验，教育公众欣赏和理解各种文化的独特价值。这些公园不仅是文化传承的平台，还通过与生态保护、产业化和市场化的结合，探索非物质文化遗产的商业潜力，形成了文化与经济发展的双赢模式。同时，优美的生态环境与丰富的文化内容的结合，为游客提供了一个既能享受自然美景又能深入了解文化的完美去处。

（三）实景舞台演艺

实景舞台演艺是一种结合了自然景观与表演艺术的创新展现形式。该类型的演出通常选取自然环境作为其直接的舞台背景，主题多聚焦于民族文化、历史纪事、神话故事及人物传记等。在这种艺术表现中，舞台设计、音乐、舞蹈和服装元素不仅是单独的表演组成部分，还是能与周围的自然景观深度融合，创造出视觉和情感上的强烈冲击。实景舞台演艺依靠其独特的表现方式，能够带给观众深刻且持久的感受。此类表演可以根据演出时间分为夜间和白天两种类型，而根据规模大小则分为大型和小型。大型演出往往依托于知名的风景区，围绕一个核心文化主题，通过大量投资和创新设计，成为旅游景区的一大亮点。小型演出则多利用具体的自然景观或人文背景，基于传统民族歌舞剧进行改编，投资相对较低，成为景区的特色旅游项目。由张艺谋所倡导的“印象”系列是实景舞台演艺的杰出代表，包括《印象・刘三姐》《印象・丽江》《印象・西湖》及《印象・海南岛》。此外，襄阳市也在实景舞台演艺方面表现出色，推出了《荆山楚源》《鼓盆歌》《苞茅酒》《草庐・诸葛亮》等一系列受到社会好评的演出。

第五节　构建非物质文化遗产“大数据”，开展线上虚拟游

阿尔文・托夫勒在其 1980 年的著作《第三次浪潮》中，提前预见了大数据的重要性，将其誉为现代社会发展的关键因素。大数据，特点可归纳为四个关键词

"4V"：即大量（Volume）、高速（Velocity）、多样（Variety）及价值（Value），这些特点描述了大数据处理的挑战与机遇。然而，尽管大数据在多个领域内已经得到了广泛的应用与推崇，对于非物质文化遗产的数据而言，现存的数据量却远不足以支撑深入的分析和应用，特别是在智慧城市和智慧旅游的背景下，非物质文化遗产的数据化显得尤为迫切。

智慧旅游的概念包括利用物联网、云计算、先进的通信网络和高性能信息处理技术，以提升旅游体验、推动产业发展和优化行政管理。它要求旅游相关的物理资源和信息资源进行高度的系统化整合和深度开发，实现数据的全面电子化、数字化和网络化，从而服务于公众、企业与政府。关键在于，智慧旅游的实现基础在于数据的广泛收集和有效管理。如果没有充分的数据化基础和数据库建设，智慧旅游的概念将难以落地实施。因此，对于非物质文化遗产而言，急需加强数据收集与管理，以确保这些珍贵的文化遗产能在智慧旅游的浪潮中得到有效保护和利用，同时也能更好地融入智慧城市的发展中。

根据《国务院办公厅关于加强我国非物质文化遗产保护工作的意见》的指导精神，非物质文化遗产的保护、传承和研究都离不开系统的数据支持。该文件提倡对非物质文化遗产进行全面和系统的普查工作，不仅要调查和记录各地、各民族的非物质文化遗产的种类、数量、分布状况、生存环境及保护现状，更需采用文字、录音、录像和数字化多媒体等多种方式进行记录，以建立详尽的档案和数据库。这种数据库的建设是多方面的价值所在。它为非物质文化遗产的保护提供了重要的基础信息，使得相关部门可以针对性地制定保护措施和政策。这样的数据库也是研究和教育活动的重要资源，学者和教育工作者可以利用这些详实的数据进行深入研究或者教学设计。一个全面的数据库也便于公众了解和接触非物质文化遗产，从而提高社会对这些遗产的认识和重视。在实际操作中，建立这样的数据库需要跨领域的合作，包括文化遗产专家、数据科学家、地方政府和社区组织的共同努力。采集的数据应该是多维度的，不仅涵盖非物质文化遗产的历史和文化背景，还应包括其在当代社会的应用和影响。此外，随着科技的进步，利用最新的信息技术，如人工智能和大数据分析，可以更高效地处理和分析大量数据，从而提升数据库的实用性和访问效率。

在当前信息技术飞速发展的背景下，我国在非物质文化遗产保护和传播上仍面临一些挑战，尤其是在公众对这些宝贵文化资产的全面了解和访问方面。根据法律规定，建立一个全面、系统的非物质文化遗产数据库是实现这一目标的关键。这需要政府主导构建一个覆盖中央至地方各级的数据库，这样的结构不仅有助于详尽收集和管理信息，还确保信息的及时更新和维护。此外，开放数据库让公众可以通过政府官网和文化旅游部门的专门链接模块方便地访问相关信息。结合现代技术如云计算和大数据分析，可以更高效地处理和分析数据，通过虚拟旅游和数字化体验，如 360 度视频、增强现实和虚拟现实，让公众不受地理限制地深入体验非物质文化遗产。这种方式不仅增强了公众对非物质文化遗产的兴趣和理解，也提高了其教育和市场推广的效率。

第六节　推动非物质文化遗产与旅游融合协同发展，完善旅游保障体系

《国务院关于促进旅游业改革发展的若干意见》（国发〔2014〕31 号）强调了体育旅游的整合发展与文化传承的创新。文件中明确提出了将乡村旅游与城镇化发展相结合，充分利用具有丰富历史和文化底蕴的民族村寨及古村古镇，发展特色鲜明的旅游小镇。此外，意见还指出了中医药在健康旅游服务中的潜力，提倡支持传统戏剧、手工艺，以及民俗活动的场所建设，通过会展和传统节庆活动加强地方和民族特色的展示。意见同样强调了依托自然和文化遗产资源开发研学旅行基地，以及推动旅游商品品牌和老字号品牌的发展。

为了实现非物质文化遗产的保护性旅游开发，确保非物质文化遗产的保护与旅游开发的互利共赢，并推动非物质文化遗产保护的可持续发展，需要制定一套综合性的支持体系。这套体系应包括政策法规的完善、财政金融的支持、教育与科研的加强，以及危机干预机制的建立。通过这些措施，可以为非物质文化遗产的保护与旅游开发提供坚实的基础，促进文化与经济的双向促进。

一、政策法规方面的支撑和保障

在非物质文化遗产的保护性旅游开发中，政策法规的支撑和保障是基础和前提。要有效实施这一发展策略，必须深入学习和充分利用《中华人民共和国非物质文化遗产法》（2011 年修订）和《中华人民共和国旅游法》（2013 年颁布），这两部法律直接涉及非物质文化遗产的保护与旅游业的可持续发展。根据这些法律，非物质文化遗产的任何保护性旅游开发活动都必须严格限制在国家法律允许的范围内，确保文化遗产的完整性和真实性不受损害。除了国内法规，国际协议和指导文件，如联合国教科文组织的《保护非物质文化遗产公约》（2003 年），也为非物质文化遗产的保护提供了国际法律框架和指南。这些国际文档强调了保护文化

多样性和促进文化遗产的教育意义的重要性，为非物质文化遗产的保护与传播提供了重要的国际视角。

国内层面上，国务院及相关部门发布的一系列纲领性文件，如《国务院关于加快发展旅游业的意见》（2009 年）、《国民旅游休闲纲要（2013—2020 年）》（2013 年），以及《国务院关于促进旅游业改革发展的若干意见》（2014 年），都明确指出了旅游业，尤其是文化旅游的发展方向和政策支持。这些文件强调了文化遗产与旅游业融合发展的重要性，为非物质文化遗产保护性旅游开发提供了政策支持和方向指导。文化和财政部门也有一系列关于民族民间文化保护的具体措施，如《关于实施中国民族民间文化保护工程的通知》（2004 年），提供了文化项目保护和资金支持的具体指导。省市级政府根据中央的精神和指导，在地方层面进一步细化和实施保护措施，形成了从中央到地方、多层级的政策执行和监管体系。

二、财政金融方面的支撑和保障

在非物质文化遗产保护性旅游开发的财政金融支持方面，策略需要涵盖多维度的资金渠道以确保项目的可行性与持续性。

（1）充分利用国家和地方政府为非物质文化遗产保护及其与旅游业融合发展设立的各类财政资金。这涉及直接的财政拨款和专项资助，旨在促进文化遗产的保护、修复及相关基础设施建设。

（2）考虑将中央与地方政府在支持服务业、中小企业、新农村建设、扶贫开发和环境保护等领域的专项资金部分转向支持非物质文化遗产的保护性旅游项目。这种资金的策略性重定向可以确保非物质文化遗产的保护与乡村振兴等国家发展战略的协同推进。

推动政府引导下的产业基金建设，特别是设立专注于非物质文化遗产保护与旅游开发的基金。通过吸引社会资本参与，这种基金模式扩大了非物质文化遗产项目的资金来源，增强了项目的实施力度和影响范围。

（3）支持符合条件的文化旅游企业通过公开市场进行融资，包括上市或使用企业债、公司债和其他债务融资工具。这种策略为企业提供资本市场的支持，提高企业透明度和管理水平，增强市场竞争力。

（4）实行灵活的文化产业信贷政策，增加对小型微型旅游企业，以及乡村和民俗旅游项目的信贷投放。这种政策激发了地方经济的活力，有助于文化旅游项目特别是在偏远地区的可持续发展。

通过这些综合性财政金融措施，可以有效推动非物质文化遗产的保护性旅游开发，实现文化遗产保护与经济利益的双重增值，进而促进文化与经济的和谐发展。

三、教育科研方面的支撑和保障

在教育科研领域内，支持与保障非物质文化遗产保护及其在旅游业的应用需采取以下策略。教育机构需扩展旅游学科的课程体系，融入更多关于民俗与遗产旅游、遗产保护政策及法律的内容。此举旨在提升学生在非物质文化遗产领域的文化和法律知识，强化其在此领域的保护意识和专业能力。应强化对非物质文化遗产保护性旅游开发与经营人员的专业培训，尤其是在遗产旅游的知识与法规方面，以提升其职业技能和法律意识。推动政府、企业、高等教育机构与文化旅游科研机构之间的合作，共同建设人才培养基地和文化旅游研究中心，促进政策、产业、教育和研究的一体化发展。鼓励专家、学者及大学生等参与非物质文化遗产旅游的志愿活动，通过这些活动普及相关知识，扩大非物质文化遗产旅游的社会认可度。制定并实施支持非物质文化遗产保护与旅游人才的政策，将合格的从业人员纳入就业扶持范围，确保相关政策得到有效执行。

四、危机干预方面的支撑和保障

在危机干预方面，支持与保障非物质文化遗产保护性旅游开发需要采取一系列综合措施。这些措施旨在确保遗产资源的保护与旅游发展的有机结合，同时防范各种可能出现的危机和隐患，从而实现可持续发展。

需要明确政府文化和旅游部门在文化保护和旅游经营中的监督管理职能，树立其作为“裁判”的角色。政府部门应严格依法办事，确保所有非物质文化遗产保护性旅游开发和经营活动符合相关法律法规，坚决杜绝任何违法、违规现象的发生。通过强化法律的执行力和管理的透明度，可以有效地预防和处理在遗产保护与旅游开发过程中可能出现的各种问题。

落实旅游安全常规工作是保障非物质文化遗产旅游开发顺利进行的重要环节。重点关注旅游交通、设施和餐饮的安全，制定严格的安全标准，完善安全设施，加强安全检查，并明确安全责任，及时消除各种安全隐患。建立健全的旅游安全保障机制，确保游客在享受遗产旅游的过程中获得全面的安全保障。这不仅有助于提升游客的旅游体验，也为遗产保护和旅游开发提供了坚实的基础。

民间社会力量的充分调动和发挥也是危机干预体系中的重要一环。依托专业的文化、旅游学会、非政府组织和民间志愿者组织，可以广泛动员社会各界力量参与到非物质文化遗产保护性旅游开发和经营的过程中。这些组织不仅可以提供专业的意见和建议，还能在监督和帮助方面发挥重要作用，使得非物质文化遗产保护性旅游开发更加全面和科学。此外，通过常态化的民间参与机制，可以增强社会公众对非物质文化遗产保护的意识和参与度，形成全社会共同保护和传承非物质文化遗产的良好氛围。

还应建立一套完善的政策支持体系，为从事非物质文化遗产保护和旅游开发的人员提供有力的政策保障。通过制定相关的扶持政策，可以将符合条件的从业人员纳入就业扶持范围，提供必要的政策和资金支持。这不仅有助于提高从业人员的职业素养和专业能力，也为非物质文化遗产保护性旅游开发提供了稳定的人才保障。

第七节　重视对非物质文化遗产传承人的保护，推动旅游发展

非物质文化遗产的保护与传承是全国性的重点工作，关键在于保护传承人和提升社会的文化认同。传承人通过口传心授的方式，将濒临消亡的技艺和习俗传递给下一代，确保非物质文化遗产的延续。同时，非物质文化遗产的受众，包括研究者、爱好者及文化消费者等，其接受度和认同感对非物质文化遗产的存续同样至关重要。

为更有效保护非物质文化遗产传承人，可以通过举办节日、庆典和文化活动将非物质文化遗产融入现代生活，创造有利的传承环境。此外，文化部门应引导成立非物质文化遗产研究和传习机构，组建保护队伍，制定地方性的保护机制。通过媒体宣传、教育机构的参与和资助教学研讨活动，可以进一步加强非物质文化遗产的社会认同感和传承效果。

一、生活化恢复民俗节庆活动类非物质文化遗产文化活动

在现代社会的快速发展中，许多传统民俗节庆活动类非物质文化遗产逐渐淡出人们的日常生活。然而，这些节庆活动如传统庙会、婚礼仪式和各种节日庆典，都是百姓日常生活的产物，具有丰富的文化内涵和历史传承。随着后工业化时代的到来，人们的价值观和生活方式出现了一种怀旧的思潮，这为非物质文化遗产的复兴提供了宝贵的机会。尤其是近年来，乡村旅游和“望得见山、看得见水、记得住乡愁”的美丽乡村建设理念的兴起，更是将这种怀旧情怀推向了顶点。

传统民俗节庆活动往往承载着深厚的文化内涵和社会价值。例如，传统庙会不仅是宗教信仰的表达，更是商业和娱乐的综合体，具有良好的群众基础和悠久

的历史传承。庙会期间，人们会自发聚集，参与各种活动，增进社区凝聚力和文化认同感。此外，传统婚礼中的铺床仪式等也充分体现了老百姓对美满幸福生活的渴望，这些仪式通过代代相传，成为家庭和社区文化的重要组成部分。

为更好地保护和传承这些非物质文化遗产，需要采取多种措施，使其在现代社会中焕发新的生命力。应积极推动这些活动的常态化和再生活化。通过举办传统节日和庆典活动，将这些非物质文化遗产融入现代生活，为其传承和传播创造有利的社会环境。这不仅能增强本地居民的文化自豪感和归属感，还能为年轻一代提供丰富的文化教育和传统熏陶。政府和各级文化部门应积极引导社会力量，成立专门的非物质文化遗产研究和传习机构。建立一支包括文化工作者、研究专家、传承人和志愿者在内的保护队伍，形成符合地方实际、行之有效的保护体系和机制。例如，利用媒体广泛宣传非物质文化遗产知识，使更多人了解和认同这些传统文化。鼓励和支持教育机构传播非物质文化遗产，通过课题项目和教学活动，培养新一代的文化传承人。

非物质文化遗产的保护不仅需要传承人的努力，还需要文化接受者的广泛参与。如果一项非物质文化遗产在社会上没有足够数量的人的了解、认同和接受，其传承也会变得困难。因此，需要营造一种有利于非物质文化遗产传承的社会氛围，提高群众的接受度和参与度。通过举办丰富多彩的群众文化活动，让更多人参与其中，体验和感受传统文化的魅力。

非物质文化遗产的复兴也具有重要的旅游开发价值。这些节庆活动和传统仪式不仅对本地居民有文化教育的功能，还能吸引大量游客，增加旅游收入，促进地方经济发展。文化旅游具有极强的体验性和参与性，通过发展文化旅游，可以将非物质文化遗产与旅游产业相结合，形成新的经济增长点。例如，开发特色旅游产品，举办传统节庆旅游活动，让游客在参与中了解和认同传统文化，提升旅游体验的同时，也为非物质文化遗产的保护和传承提供了新的动力。

二、舞台化再造民间表演艺术类非物质文化遗产文化旅游产品

舞台化再造民间表演艺术类非物质文化遗产文化旅游产品，虽然在某种程度上可能损害其原真性，但对于文化旅游发展而言，这是一项不可或缺的举措。表演艺术类非物质文化遗产作为一种生活方式，原本就具有一定的舞台化因素，只是传统上这些表演主要是为本地人展示。当代文化旅游通过扩大表演的舞台和观众，将这些表演艺术推广给更广泛的受众。在景区或剧院中，以现代观众能够接受的方式再现历史悠久的非物质文化遗产，不仅不会破坏其原生地的文化生态，还会吸引看过舞台表演的观众前往其原生地，进一步体验原生态的文化。这种舞

台化再造，实际上是文化传播的一种有效手段，有助于提高公众对非物质文化遗产的认识和兴趣。

许多地方已经在这方面取得了显著的成绩。例如，襄阳推出了一系列以展示当地特色文化为主题的大型歌舞剧，《荆山楚源》《草庐・诸葛亮》等通过将地方特有的非物质文化遗产元素融入舞台表演，成功地吸引了大量观众。具体而言，这些表演融入了当地的传统音乐、舞蹈和仪式，既保留了其原生态的特色，又通过现代化的表现手法增强了其艺术感染力和观赏性，例如，《荆山楚源》中的《鼓盆歌》和《苞茅酒》的原型就是国家级非物质文化遗产曲艺项目“鼓盆歌”和湖北省级非物质文化遗产民间歌舞项目“端公舞”。通过这种方式，原本可能面临消亡风险的非物质文化遗产得到了有效的保护和传承。

实景舞台演出也是一种有效的文化旅游产品开发方式。这种表演形式将传统表演艺术与自然景观相结合，通过实景还原历史事件或传说故事，给观众带来身临其境的体验。例如，在一些风景区，精心打造的实景演出，以真实的历史背景和自然景观为舞台，通过现代多媒体技术和传统表演艺术的融合，从细节入手，让观众从不同角度领略历史人物的传奇故事。这些实景舞台演出通常由当地的演员担纲表演，充分利用本地的文化资源，既推动了地方文化的传承和发展，又促进了旅游业的发展。例如，一些剧目通过分章节的演出形式，将观众带入不同的历史场景，使其在观赏表演的同时，更深入地了解和感受当地的文化和历史。

通过舞台化再造，非物质文化遗产不仅得到了有效保护和传承，还为地方经济和文化旅游发展注入了新的活力。这些表演艺术类非物质文化遗产项目，通过现代化的舞台演出形式，不仅提高了其艺术价值和社会影响力，还为广大观众提供了丰富的文化体验和娱乐享受。

三、商品化传统手工技艺类非物质文化遗产文化旅游商品

非物质文化遗产的商品化，特别是传统手工技艺，不仅为保护和传承这些珍贵文化提供了新的机会，也为文化旅游业带来了创新的发展路径。以传统木版年画、木雕、面塑等技艺为例，这些具有高度观赏性和实用价值的手工艺品，在现代旅游市场中展现出独特的吸引力。这些手工艺品不仅被视为艺术收藏品，其丰富的文化内涵和精美的工艺也使其成为环境装饰和日常使用的佳品。在文化旅游的背景下，这些技艺的展示和销售活动往往与传统节日、庆典或是特定的文化体验活动相结合，如在传统节日市集中设置手工艺摊位，或在文化遗址附近的旅游商店出售这些工艺品，游客不仅能购买到这些物品，更能现场体验制作过程，深

入了解非遗的文化背景。

传统食品作为非物质文化遗产的一部分，也在文化旅游中展示出独特的商品化优势。例如，襄阳的传统美食如石花奎面、大头菜等，不仅是当地居民的日常美食，也成为了展示襄阳地方文化的窗口。通过在旅游景点开设特色美食店，或在文化节庆中设立美食展示和品尝区，使这些传统美食转化为旅游商品，既满足了游客的味蕾，也让他们在品尝的过程中感受到地方的历史和文化氛围。

为了进一步推广非物质文化遗产与文化旅游的融合，各地还开发了以非物质文化遗产为主题的研学旅游产品。这些产品通常包括访问非物质文化遗产传承人的工作室、参与非物质文化遗产制作体验，以及参加专题讲座等活动，这不仅使非物质文化遗产的传承更具体验性和教育意义，也让文化旅游的内容更加丰富多彩。例如，参观木雕工作室，学习木雕技术的基础，体验从雕刻到上色的整个制作流程，这种深度的文化体验使得文化旅游不再局限于表面的观光，而是成为了一种深入了解和体验文化的方式。

四、情境化口头传统表现类非物质文化遗产文化的旅游氛围

对于当地居民而言，所谓的旅游目的地就是他们的日常生活和工作环境。然而，令人好奇的是，为什么人们愿意离开自己的日常环境，到他人的日常环境去旅游？除了旅游广告宣传和有意识的社会建构外，关键在于旅游者一旦踏出家门，就进入了一种自我建构的旅游氛围情境中，这种情境使得他们所处的环境变成了“非日常环境”。当人们置身于旅游氛围情境和非日常环境中时，大脑的想象力得以释放，对一些平时不以为意的、虚无缥缈的事物会格外敏感。在这样的情境中，一个关于旅游地的神话传说、民间故事往往会显著提升旅游者的审美体验。通过口头传统表现类非物质文化遗产，旅游地的文化魅力得以彰显，为游客创造独特的旅游体验。

许多地方的口头传统表现类非物质文化遗产，如神话传说和民间故事，往往与旅游景区紧密结合。例如，一些地方的传说故事，如卞和与和氏璧、彭祖传说、刘秀传说、诸葛亮传说，已经与当地开发的旅游景区融为一体。这些传说在旅游宣传和讲解中，能为地方旅游增添色彩，使游客在参观景区时，不仅能看到自然景观和人文景观，还能听到动人的传说故事，感受到浓厚的文化氛围。口头传统表现类非物质文化遗产项目，作为一种典型的民间文化叙事方式，体现了地域独特的生活情趣和文化价值导向，具有极强的文化体验性和吸引力。例如，在旅游景区中，通过讲述当地流传的神话故事和民间传说，可以让游客感受到历史的厚重感和文化的魅力。这些故事不仅丰富了旅游内容，也增加了游客对当地文化的

认同感和兴趣。

当游客置身于被神话故事和民间传说包围的旅游情境中，其旅游观感和体验都会得到极大提升。口头传说能够将抽象的文化内涵具体化，使游客在聆听故事的过程中，与当地的历史文化产生共鸣，增强其旅游体验的深度和广度。例如，游客在参观某个历史遗址时，导游讲述该遗址背后的传说故事，不仅能让游客更好地理解和欣赏景点，还能使其在心灵上产生共鸣，增加旅游的趣味性和参与感。

在旅游发展的过程中，通过挖掘和推广口头传统表现类非物质文化遗产，可以为地方旅游注入新的活力和吸引力。这些传说和故事作为文化旅游的重要组成部分，不仅能提升旅游地的文化内涵和独特性，还能促进文化传承和保护。因此，在旅游开发和推广中，应充分利用这些口头传统表现类非物质文化遗产，通过多种形式的展示和传播，吸引更多的游客前来体验和感受地方文化的独特魅力。

第八节　发挥主体作用，增强社会认知度和参与度

一、发挥主体作用

在乡村旅游的框架内，虽然游客的逗留时间较短，村民作为长期的居住者在这一领域的重要性不容忽视。因此，宏观经济政策制定时应充分考虑村民的核心地位，发挥他们的主动性、积极性和创造性以推动乡村旅游的发展。由于乡村旅游的兴起促进了村民的广泛参与，他们的热情虽高，但普遍缺乏对非物质文化遗产的保护意识、旅游专业知识，以及必要的客户服务与管理技能。这种缺乏导致盲目的投资行为频发，结果是旅游产品供给结构失衡，基本旅游产品供过于求，而具有特色的产品却显著不足。

将非物质文化遗产与乡村旅游紧密结合，不仅可以提升乡村旅游的独特性，还能带来更多的经济收益，从而为非物质文化遗产的保护提供更充分的资金支持。这样的发展模式同样有助于培养和提升传承人的数量和质量，增强非物质文化遗产的社会影响力。鉴于非物质文化遗产的根基在于乡村，且其发展依托于当地人世代相传的生产和生活方式，村民对于非物质文化遗产的重视及其传承意愿和能力对遗产的持续传承至关重要。因此，非物质文化遗产保护的主体应是村民自身。地方政府应积极整合文化教育资源，宣传非物质文化遗产保护的重要性，增强村民对本土文化的认知和自豪感。通过组织短期的专业培训、技术学习和诚信教育，不仅可以提

升村民的专业技能，还可以扩展他们的视野和创新能力。这些措施将有助于培养一支既精通技术、善于管理又敢于创新的乡村旅游人才队伍，从而推动乡村旅游业的持续发展。

在乡村旅游的发展过程中，赋予村民主体性地位至关重要。作为乡村的原住民和主人，村民对自己的家园拥有深厚的依赖和归属感。优质的生态环境不仅是乡村旅游的核心吸引力，也是构建美丽乡村的基本要素。因此，推动绿色旅游和低碳旅游，提升乡村旅游的生态质量，成为发展战略的核心。乡村旅游应侧重于保护和提升自然生态，同时挖掘和复兴那些能体现地方特色的文化和社会元素。这包括当地的传统节庆、习俗、风俗，以及社会结构，这些都是增强乡村旅游吸引力的独特资源。通过这种方式，乡村旅游不仅能保持其文化的真实性和生态的完整性，还能提高其经济、文化和生态价值。将这些元素有效地融入乡村旅游的发展，可以创建出具有独特乡村生态和文化意境的旅游目的地，真正实现美丽乡村的愿景。

二、增强社会参与度

联合国教科文组织的《保护非物质文化遗产公约》（以下简称《公约》）在界定“非物质文化遗产”时强调了“再创造”和“可持续发展”两个关键概念。《公约》指出非物质文化遗产在社区和群体的传承中不断适应环境和历史，实现创造性的再生，这不仅为社区提供了持续的认同感，也促进了对文化多样性和创造力的尊重。同时，《公约》强调非物质文化遗产的保护应符合人权标准，支持社区间的互相尊重，并且须符合可持续发展的原则。这两个概念的深入解析揭示了两个重要启示。一是非物质文化遗产的保护不仅仅是对传统形态的静态保存，而是应注重其在不断变化的社会和自然环境中的创新和适应性发展。二是非物质文化遗产的保护是一个持续的过程，旨在确保这些文化能够持久地传承下去。这需要非物质文化遗产的传承方式具备可持续性。根据《公约》，保护非物质文化遗产的措施应确保其生命力，其中包括了“宣传、弘扬、传承（特别是通过正规和非正规教育）和振兴”。这些措施旨在提升公众对非物质文化遗产的认知与重视，进而实现其传承和活化。所谓“振兴”就是通过教育和公众参与实现非物质文化遗产的可持续保护。在具体实施方面，我国的政策明确提出了“保护为主、抢救第一、合理利用、传承发展”的方针。实际操作中，非物质文化遗产的“教育”和“宣传”是实现其保护的关键，可以通过“三进”（即进学校、进社区、进农村）和“三结合”（结合教育、结合旅游、结合媒体）的活动来扩大其社会影响力。此外，通过保护性旅游的开发，可以促进非物质文化遗产的创新性传承和可持续发展，这种方式不仅保留了文化遗产的原有价值，还为其注入了新的活力和经济潜力。

非物质文化遗产在中国教育体系中的整合，特别是其在各级学校中的推广，已得到国家政策的显著支持。国家通过一系列政策文件明确了非物质文化遗产在青少年思想道德教育中的重要作用，以及其在地方课程开发中的价值。《中共中央国务院关于进一步加强和改进未成年人思想道德建设的若干意见》强调非物质文化遗产中蕴含的教育资源，特别是其在培养学生的爱国情感和社会责任感方面的潜力。该政策提倡利用传统节日和历史人物纪念日等非物质文化元素，作为思想道德教育的重要内容。进一步地，《中共中央国务院关于深化教育改革全面推进素质教育的决定》与《国务院关于基础教育改革与发展的决定》都提倡学校利用地方文化资源，开发适应本地区特色的地方课程，以实现教育内容的多元化和本土化。这些政策的实施不仅促进了非物质文化遗产的传承，也强化了学生对本土文化的认同和尊重。例如，湖北省具有丰富的非物质文化遗产资源，端午节的屈原故乡习俗、随州炎帝祭典、郧西七夕等民俗节庆活动，以及董永、木兰、屈原等传说。这些文化元素不仅丰富了学校的教育资源，还提供了强有力的本土化教育材料，有助于学生从小培养对本土文化的了解和自豪感。将非物质文化遗产纳入教育体系，可以从中小学到大学乃至老年大学不同层次广泛推广。在中小学阶段，非物质文化遗产可以作为认知体验教育的一部分，帮助学生理解和欣赏本地文化；在大学阶段，可以通过更深入的体验和实践活动，促进学生对非物质文化遗产的传承和创新；而在老年大学，非物质文化遗产则可以作为一种娱乐和自我提升的方式。

非物质文化遗产在社区中的融入和活化，不仅是其传承的一种重要形式，也是国家提供公共服务的关键部分。《中共中央办公厅、国务院办公厅关于加强公共文化服务体系建设的若干意见》中提出，通过依托传统节目、重大节庆和民族间的文化资源，组织各类群众性文化活动，如歌咏、读书、朗诵、文艺演出，不断创新群众文化内容，从而丰富和活化非物质文化遗产。同时，这些活动旨在发展专业性强、特色鲜明的中小文化企业，鼓励和引导农民及社区居民自主开展文化活动，开发独特的文化资源，增强面向基层和群众的文化产品的种类和数量，从而提升公共文化服务的供给能力。这种做法不仅强化了社区居民对本土文化的认知和参与，还助力于非物质文化遗产的保护和传承。《国务院关于加强文化遗产保护的通知》进一步明确了非物质文化遗产的保护应坚持“保护为主、抢救第一、合理利用、传承发展”的原则，强调了传承发展的重要性。在实际操作中，非物质文化遗产面临的困境如资金匮乏、传承人缺乏，以及生存空间和基础的消失，要求不仅依靠传统的博物馆式保护，而应恢复和维护其在社会文化环境中的活跃状态，利用其在社区中的实际功能和经济潜力。例如，湖北省的兴山民歌、宜昌丝竹、啰啰咚等传统音乐，以及土家族的撒叶儿嗬、摆手舞等传统舞蹈，都可以成为丰富社区文化生活的重要内容。通过将这些非物质文化遗产元素引入到社区活动中，不仅能提升社区居民的文化生活质量，还能有效促进非物质文化遗产的自然传承和发展。此外，将非物质文化遗产元素引入景区，使之成为景区内的重要观赏和体验内容，也是活化和保护非物质文化遗产的有效方式。这种结合旅游开发的策略既能实现经济效益，又能加强文化的传播和保护，确保非物质文化遗产在现代社会中继续发挥其独特价值。

非物质文化遗产的“三结合”活动指的是将非物质文化遗产与旅游节庆、影视，以及文学作品进行有效的融合和推广。这种结合方式旨在通过多种平台和媒介，扩大非物质文化遗产的影响力，同时促进其创新性传承和可持续发展。

（1）非物质文化遗产与旅游节庆结合。这一策略涉及将非物质文化遗产活动融入到旅游节庆中，使其成为节庆活动的核心组成部分。例如，“世界华人炎帝故里寻根节”和“武当国际武术节”不仅成功地展示了炎帝祭典和武当武术等非物质文化遗产，也将这些文化活动转化为旅游吸引力点。此外，通过庙会等传统节庆活动，非物质文化遗产得以有效展示和传承。宜昌三峡国际旅游节、湖北襄阳诸葛亮文化旅游节等也都将非物质文化遗产作为重要展示内容，进一步加强了文化与旅游的互动。

（2）非物质文化遗产与影视结合。将非物质文化遗产的元素，如人物传说、神话故事、民族史诗等转化为影视作品，是另一种有效的传承和推广方式。通过动漫、电影、电视剧等形式，非物质文化遗产可以触达更广泛的观众群体，增强文化的可视性和感染力。例如，襄阳唐城影视基地等地的影视作品中已开始尝试将地方特色的非物质文化遗产融入其中，这不仅丰富了影视内容，也为非物质文化遗产提供了一个新的生命舞台。

（3）非物质文化遗产与文学作品结合。是将传统文化元素与现代文学创作相融合的一种重要方式。这种融合不仅能够为文学作品增添深厚的文化底蕴和独特的地方色彩，同时也有助于非物质文化遗产的传承和普及。例如王雄的“汉水文化三部曲”——《阴阳碑》《传世古》和《金匮银楼》，这三部小说不仅选择了襄阳这一地区作为叙事背景，而且深入挖掘了该地区的非物质文化遗产和汉水流域的历史文化。通过对襄阳古城、马背巷古巷、襄阳渡口等地的文化细节的描述，成功地将地区的历史文化与人物命运紧密结合，展示了一幅幅关于汉水流域人民的心态史和生存史的画卷。这样的文学创作不仅让读者能够感受到汉水文化的浓郁氛围和楚地的风土人情，还有效地传递了非物质文化遗产的精神价值和历史意义。通过文学的形式，非物质文化遗产得以在更广泛的文化和社会语境中被重新诠释和赋予新的生命，增强了公众对这些传统文化的认识和兴趣。

第六章 “旅游+”视野下非物质文化遗产的活化、创新与传播

第一节 基于游客体验的非物质文化遗产活化

一、旅游的本质是体验

旅游的核心是提供独特而富有内涵的体验。旅游管理北美体验派学者，如Driver和Brown，较早地强调了这一点，认为旅游的本质不是简单的产品，而是一种深刻的体验。戴维逊也曾提出，旅游应被视为一种过程，其本质是追求愉悦的体验，这构成了旅游的共同核心。旅游体验不仅包括精神上的享受，也涵盖物质上的满足；它既包括对事物表象的观察，也包括对深层次理性世界的思考。

旅游体验的复杂性体现了旅游者对旅游对象多层次意义的把握。这种体验的获取和其满意度，是评价旅游质量的关键。对于旅游行业来说，理解和研究旅游体验的内容、时空特征和结构，是旅游规划和管理的基石。如谢彦君所述，旅游体验研究是旅游学科的核心领域，它为旅游业的发展提供了理论和实践上的指导。这种理解强调了体验在旅游中的中心地位，并指导了旅游业的战略制定与实际操作。

龙江智将旅游视为一种场景化的短暂休闲体验，这一体验始于个人的心理需求或失衡，并由旅游动机与旅游场所共同驱动。旅程的展开从出发到返回，形成了一个以体验为核心的连续过程，这个过程可以细分为三个阶段：体验的产生与期望形成阶段、体验的进行阶段，以及体验质量的评价和影响阶段。这三个阶段虽相互交错，却各具特点，共同构成了旅游体验的完整轨迹。在这一框架下，旅

游的实质被揭示为一种心理满足的追求。正如谢彦君所分析，旅游行为的触发是旅游者心态与现实之间的差异，这种心态大多基于知识和对体验的渴望。因此，不同的旅游形式不仅应对应于旅游者的不同心理欲望和失衡，也应该能够有效地调整和满足这些心理状态，从而提供深刻且满意的旅游体验。如图 6-1 所示。

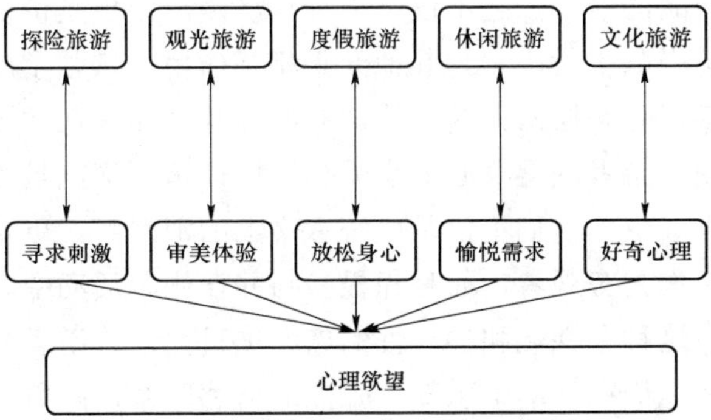

图 6-1 主要旅游体验形式与心理欲望的对应关系

黄鹂对中国旅游体验的分类提供了深入的洞察，将其分为表层体验、中度体验和深度体验三种类型。早期的中国景区开发主要侧重传统观光旅游，通常仅提供表层体验，游客作为被动接受者，难以深入了解当地文化。相比之下，中度体验通过让游客参与目的地的活动，提供视觉、触觉和味觉等多方面的深入体验，促进了与当地社群的实质性交流。至于深度体验，它代表了与旅游吸引物和当地居民零距离接触的最高层次。例如，在丽江纳西古城，游客可以亲身体验纳西族文化和古城的历史氛围，实现与自然、与他人，以及与自身内心的和谐相处。这种深度体验不仅满足了游客对文化深度探索的需求，也促进了更为深刻的个人成长和理解。

从综合分析旅游相关文献来看，旅游本质上是一种异地体验过程，这一过程涉及旅游者与旅游目的地的吸引物、设施、服务及周围环境之间的互动和相互作用。这种体验的形成，不仅受到旅游者自身主观心理因素的影响，也与目的地的客观特征环境相互作用，显示了一种双向的动态关系。旅游体验的质量依赖于旅游者如何融入目的地环境并产生认同感，以及目的地环境如何影响和塑造旅游者的心理和体验。这种融入程度和环境的影响力，是衡量旅游体验深度的关键。如果旅游者能够真正地融入并感受到来自内心的愉悦，那么这种体验通常是深刻和高质的。因此，在考察旅游者的体验时，不仅要分析旅游者与目的地之间的交互动态，还应特别关注旅游者对整体旅游环境的融入程度。这种融入程度直接关联到旅游体验的整体质量，对于旅游规划和服务提供有重要的指导意义。这样的视角强调了旅游体验研究中人与环境关系的重要性，对于优化旅游产品和提升游客满意度具有实际应用价值。

二、基于游客体验的文化遗产活化

体验是旅游产品的核心，它不仅是一种经济产出，也是价值创造的源泉。当体验被整合进旅游产品中时，它与其他元素相互作用，增强了旅游产品的整体价值，使其展现出多样化和层次性的价值。旅游体验产品旨在通过提供差异化的体验和活动参与，使旅游者获得身心的享受和愉悦，留下深刻且难忘的记忆。现代旅游者已变得更为成熟，他们不仅是传统意义上的消费者，更是价值的共创者。他们不满足于仅仅作为旁观者，而是积极参与并在旅游活动中表现自我，实现个人的表达和成就。这种个性化和参与性的旅游项目允许旅游者与旅游对象进行深度的心灵交流，使他们在互动中感受到强烈的情感联系，随着时间的推移，这种体验会成为难以忘怀的记忆。此外，参与性的旅游体验还呼应了人们内心深处的“木工情结”，这是一种渴望亲手制作和创造的心理现象。在一些国外旅游景点，提供半成品让游客根据自己的兴趣进行创作，这种做法有效地满足了游客的创造欲望和参与感，加深了旅游体验的个人意义和价值。这种模式不仅增加了旅游产品的吸引力，也让游客在旅行中实现了自我表达和心理满足，从而提升了整个旅游体验的质量和深度。

体验经济时代强调的是一种开放式、互动性的经济模式，其中体验设计的核心目标之一是强调人的自主性和个性化需求。德国思想家席勒在其著作《审美教育书简》中提出，“只有当人完全成为人时，他才能游戏；只有在游戏中，人才能显示出其完整的人性。”这一观点强调了娱乐性和游戏化的重要性，反映了人们向往自由和愉悦的本能。在 21 世纪，娱乐已成为人们生活中不可或缺的一部分，它不仅是一种古老的体验形式，还是当前最普遍的需求。人们渴望通过娱乐来实现自我表达和精神上的满足，这种需求必须通过参与和互动来实现。然而，当传统文化遗产以一种过于严肃和僵化的方式呈现时，大多数旅游者往往难以深入理解，只能从外部欣赏而难以深入体验。因此，文化遗产旅游的创新和活化是必要的。它需要从传统的观光式参与，即景静人动的模式，过渡到更为动态的节目表演型和大型节庆的互动参与型娱乐活动。通过提供明显的娱乐性、强烈的参与性和适宜的互动性，文化遗产旅游可以更有效地吸引游客，提供满意的娱乐体验，从而使传统文化以一种更生动、更吸引人的形式被现代旅游者接受和欣赏。这种转变不仅能够满足现代旅游者的需求，也有助于传统文化的传承和发展。

三、增强体验式旅游的策略

（一）故事化的场景创造

在体验经济的理论框架下，派因和吉尔摩在合著的《哈佛商业评论》中强调了创造“记忆价值”对于提升消费者体验的重要性。他们提出，通过故事化的手法可以有效地将普通的服务或产品转变为能够触动人心的体验。这种方法不仅增强了游客与旅游目的地之间的情感联系，还将简单的观光行为提升为一场心灵上的探险，让游客的旅程充满意义和回忆。

云南丽江古城的旅游体验设计正是基于这一理论精心策划的。丽江古城，这座保存完好的古城，以其独特的地理位置和丰富的民族文化历史著称，是了解纳西族文化的理想之地。纳西族，作为一个历史悠久的民族，拥有独特的东巴文化，这种文化中包含了丰富的神话故事、传统音乐和独特的文字系统。当游客踏入丽江古城，他们首先被引入一种浓厚的历史氛围中。通过精心设计的旅游路线和解说内容，游客们不仅能游览古城的美丽景点，更能深入了解纳西族的生活方式和文化传统。导游们会讲述关于纳西族的创世神话，如何从天上的星辰变成大地上的部落，这些故事不仅令人着迷，也让游客感受到时间和空间的交错。更进一步的体验则包括参与东巴文的书写课程和制作纳西族传统乐器。东巴文是一种独特的象形文字，历史悠久，曾是纳西族的宗教和文化记录工具。在专业人士的指导下，游客不仅学习到书写东巴文的技巧，还能亲手制作如三弦这样的传统乐器，体验从制作到演奏的全过程。这种故事化的旅游体验策略让游客在参与和体验中获得了超出传统观光的深刻感受。他们不仅仅是在观看和听听介绍，还通过实际参与，感受纳西族文化的魅力，从而达到了身心的充实和情感的共鸣。这样的体验使得每一个到访的游客都能够带走属于自己独特的记忆，这些记忆在未来长时间内继续影响和启发他们，体现了体验经济中“记忆价值”的核心理念。

（二）本地化体验的深化

在当今的旅游市场中，游客们日益追求独特且根植于当地文化的深度体验。这种趋势得到了文化体验需求层次理论的支持，该理论认为，旅游者的需求不再仅仅停留在表层的观光，而是向着参与和体验本地文化的深层次需求转变。本地化体验因此成为提供真实、难忘旅游体验的关键策略。

广东开平碉楼和村落是这一理论的生动实践。开平碉楼是中国近代乡村建筑的独特表现，融合了中国传统建筑艺术与西方建筑风格，每一座碉楼都是华侨文化与本土文化碰撞融合的历史见证。在这样的背景下，为了提供更深入的本地化体验，旅游策划者设计了一系列让游客深度参与的活动。游客在参观这些历史悠久的建筑时，不仅由专业导游介绍碉楼的建筑特色和历史背景，更有机会通过增强现实技术，看到碉楼在不同历史时期的生活场景，仿佛穿梭于过去与现在之间。这种技术的应用使得历史信息的传递更加生动和直观，增加了游客的沉浸感。游客在体验开平碉楼的同时，还被邀请参与制作当地传统食品，开平碗仔翅。这种食品以其独特的味道和制作工艺闻名，是开平饮食文化的重要组成部分。在当地居民的指导下，游客不仅学习如何制作碗仔翅，还能了解到这背后的文化意义和历史故事，使得这一饮食体验充满教育意义和文化价值。旅游者还有机会参与当地的传统节日活动，如开平的春节龙舟竞赛或中秋节的灯笼节。这些活动不仅仅是观看和拍照，更是一种文化的参与和体验。通过与当地居民一起庆祝这些传统节日，游客能够更真切地感受到当地社区的氛围和情感，从而获得一种从内心深处发出的满足感。

（三）参与式活动的增加

在当代旅游业中，提升游客的参与度已成为增强体验质量的关键策略。根据参与度理论，游客的情感投入和满意度与其参与活动的深度直接相关。高度的参与不仅可以让游客在心理上与体验对象建立更紧密的联系，还能显著提升整体的体验感和满意度。

北京的故宫博物院，作为中国历史文化的重要标志，近年来在传统参观路线之外，加入了多种互动式体验项目，极大地丰富了游客的参与方式和体验深度。这些新型体验项目，如穿戴清朝服饰的拍照体验和运用虚拟现实技术重现历史场景，不仅增加了教育的趣味性，也使得历史教育更加生动和直观。穿戴清朝服饰的拍照体验，让游客有机会身穿皇帝、皇后或宫女的服装，在故宫的古朴环境中拍照留念。这种体验通过直接的角色扮演，让游客在视觉和触觉上更深入地感受到清朝的文化氛围，仿佛时光倒流，亲身步入那个辉煌的朝代。这不仅让游客的参观之旅增添了许多乐趣，也增强了其对中国传统文化的认知和感情。此外，故宫的虚拟现实体验则是一种高科技的参与方式。通过 VR 头盔，游客可以看到宫殿的原貌、历史上的重要事件或日常生活场景的再现。这种技术的应用不仅仅是复原历史，更是一种全新的教育手段，让游客在虚拟的历史环境中“活动”，体验历史人物的生活，从而获得更加深刻的历史理解。这些互动式体验项目在故宫的实施，有效地解决了传统博物馆参观模式中的被动性和单一性问题，使得游客能够更主动、更深入地参与到博物馆的文化体验中来。

（四）利用科技提升体验

在当前的体验经济中，科技的应用已成为提升旅游体验的关键工具。根据技术接受模型（TAM），科技的引入被认为可以显著增强体验的便捷性和趣味性，尤其是如虚拟现实和增强现实这样的现代科技，它们为旅游体验添加了全新的维度，使得体验更加生动和互动。

以上海迪士尼乐园的运用 AR 技术为例，这种创新的技术被融合到游乐园的多个方面，提供了与众不同的互动体验。游客通过智能手机应用或特制眼镜，可以在现实的乐园背景中看到虚拟动画人物，如同这些动画人物真实存在于他们周围一样。这种虚拟与现实的结合不仅增加了乐园的魅力，还极大地提升了游客的参与感和满意度。举例来说，游客在游览某个主题区时，可能通过 AR 眼镜看到迪士尼电影中的场景突然“活”了起来，或是动画中的角色在他们身旁出现，甚至互动。这种体验让游客感觉自己被完全地吸引进了一个故事中，他们不再是外部观察者，而是成为故事的一部分。例如，在探险活动中，游客可以通过 AR 技术寻找隐藏的宝藏，与虚拟角色一起解谜，这种参与方式显著提升了整个游玩的趣味性和教育价值。此外，AR 技术的应用还帮助上海迪士尼乐园在提供娱乐的同时，强化了教育功能。通过 AR 技术，教育内容被以互动和引人入胜的方式传达给游客，例如，关于生物多样性的教育路径可能通过与虚拟动物的互动来进行，让游客在玩乐中学习到关于生态保护的知识。

科技的这种应用不仅改变了游客的体验方式，也为游乐园提供了新的发展方向和创新机会。它证明了通过科技提升体验，旅游景点可以更有效地吸引现代游客，满足他们对于高互动性和高参与感的需求，同时在全球旅游业中保持竞争力。

第二节 “旅游+”视野下提升非物质文化遗产的信息化与智慧化水平

一、以游客需求为导向，依托“大数据+”推进文化遗产智慧旅游

在当今信息化时代，大数据技术已成为推动旅游业发展的关键力量，尤其在

文化遗产旅游领域，它的应用不仅提升了游客体验的质量和效率，还增强了文化旅游的个性化和差异化服务。文化遗产旅游核心在于满足游客对审美、知识、怀旧及文化体验的需求。通过精准分析大数据背后的用户需求和市场潜力，可以有效地提升服务质量，并优化游客与文化遗产之间的互动，从而提高文化遗产旅游的智能化和舒适度。

科技的进步与旅游业的融合已成不可逆转的趋势。改善科技信息交流对提升文化遗产旅游的管理和服务效率至关重要。建立和完善支撑文化遗产旅游发展的科技数据平台，将使遗产管理者、经营者，以及社区居民能够便捷地获取所需的技术信息和服务。此外，通过借鉴科技支撑下的文化遗产旅游成功案例，可以不断提升管理和服务的水平。

作为信息密集型产业的旅游业，高效地搜集、存储、传递和分析数据是保持行业竞争力的核心。若信息传递不畅，即便旅游资源再优质，其市场效益也难以最大化。因此，推动大数据与旅游产业的深度融合，关注于旅游营销、旅游宣传平台建设及市场定位至关重要。同时，运用智慧旅游和云平台等技术手段，可以更准确地分析和把握游客的需求偏好和体验感受，进一步推动便民服务体系的建设和文化遗产旅游目的地的品牌提升，实现文化遗产的保护与传承，同时满足现代游客的高标准需求。

可以这样说，文化遗产旅游正在通过高科技的集成应用，如全息投影、虚拟现实和多维互动展示，革新传统旅游模式。这些技术不仅赋予了旅游业以新的生命，也极大地满足了现代游客对新奇和特别体验的追求。例如，科学研究机构、艺术馆和博物馆等地，通过引入科技主题展览和微缩景观，为游客提供了深入了解文化和历史的新途径。特别是在文化遗产地，通过开发虚拟旅游产品，可以不受时间和空间限制地展示那些重要的人文景观和文物。这种方式不仅可以形象地再现历史文化的辉煌景象，还能在不对原有遗址造成负担的情况下，使更多的人得以接触和理解这些宝贵的文化财富。虚拟技术的应用使得文化遗产的展示更加生动和教育意义深远，提升了观众的参与感和学习效果。此外，整合文化资源，推进文化遗产旅游的智慧建设也变得尤为重要。通过强化大数据的运用，可以更有效地管理和推广文化遗产，实现对旅游流量的精准预测和资源的合理分配。这不仅提高了文化遗产地的管理智能化水平，还优化了游客的访问体验，确保文化遗产的持续保护和合理利用。

二、推进“旅游+信息”产业间融合，实现智慧旅游全覆盖

文化遗产的保护与合理化旅游发展需紧密结合现代科技，尤其在智慧旅游的全

面实施方面。智慧旅游不仅关注提升游客体验，也强化了电子商务在旅游信息查询、酒店预定、餐饮选择、纪念品购买等环节中的作用。科技的广泛应用在推动文化遗产旅游品牌知名度、提高服务质量和管理效率方面扮演了不可或缺的角色。

通过科技的扩散，可以有效提升文化遗产旅游的品牌影响力，同时利用大数据和互联网精准定位文化遗产的真实性和完整性。这种策略帮助旅游目的地完善智慧城市的功能，促进全产业链的融合。现代科技的进步使得文化遗产旅游指挥中心得以建立，这不仅创新了发展模式，还提升了全域旅游的管理和服务水平。通过智慧服务、管理和营销的集成应用，旅游资源和产品得以更有效的开发与整合，从而全面实现智慧旅游的全覆盖。

在电子商务方面，构建完善的文化遗产旅游目的地系统至关重要。这包括信息查询、在线预订、客户端应用及中介服务等功能，使旅游者能在网络上轻松访问到文化遗产的相关信息，并完成酒店预订、旅游线路规划、导游预约等操作。此外，文化遗产旅游景区通过电子门禁系统、售票系统、监管信息系统、文物数字化管理系统、环境监测系统及卫星遥感技术等，有效地实现了景区的数字化管理。例如，GPS 车辆调度系统和森林防火监控网络系统能显著提高应急响应的速度和效率，而 LED 信息发布系统和背景音乐智能广播系统则增强了游客的参与感和体验感。

科技创新在推动文化遗产旅游发展中的作用不容忽视。智慧旅游的全覆盖策略不仅提高了文化遗产的保护效率，也为游客提供了更为便捷和丰富的旅游体验。这种综合应用的科技支撑系统，使得文化遗产旅游不仅能够保持其传统和历史的独特性，同时也能与现代旅游业的发展趋势保持同步。

随着科技的不断进步和游客需求的多样化，智慧旅游已成为连接历史文化与现代体验的桥梁。这不仅使得文化遗产旅游目的地能够有效地管理和保护文化资源，还能通过创新的服务和管理手段吸引更多的游客，从而实现文化遗产的可持续发展。总体而言，智慧旅游的全面实施将继续推动旅游业向更高效、更智能、更人性化的方向发展，确保文化遗产在全球化和信息化时代中的传承与光辉。

三、进一步提升文化遗产保护与利用的数字化水平

数字化已成为文化遗产保护和利用的重要手段，它通过先进的测绘遥感技术、计算机虚拟现实技术，将文化遗产的动产和不动产以数字方式真实、完整地存储在计算机网络中。这种三维数字化存档的实施，为文化遗产的保护、修复、复原及考古研究提供了强大的技术支持，同时也极大地促进了文化的展示、传播、交流和互鉴。

（一）数字化存档

数字化存档作为文化遗产保护与传承的一种现代技术方法，不仅保护了文化遗产免受物理损害，还确保了其历史信息的完整性和可访问性。在传统的文化遗产保护方法中，物理恢复和环境保护是主要手段，但这些方法往往无法阻止由于自然灾害、环境变化或人为因素导致的文化遗产损害。数字化存档技术的运用，提供了一种更为安全、有效且长久的保护方式。

通过高精度的测绘、遥感技术和高清摄影等手段，文化遗产项目的每一细节都可以被捕捉并转化为数字数据。这些数据随后通过精密的计算机算法进行处理，以建立高质量的三维模型或详尽的数字档案。这些档案不仅再现了文化遗产的视觉和结构特征，还能记录下其材料特性等微观信息，这对于考古学家和研究人员理解和研究这些遗产具有重要价值。此外，数字化存档使得文化遗产的信息可以被永久保存在云端或其他数字存储媒介中，这种存储方式具有极高的安全性和稳定性。与传统的物理存储相比，数字存档不易受到物理环境的影响，如火灾、洪水或其他自然灾害。即使原始遗址受到损害，这些宝贵的数据依然可以完好无损地保留下来。

数字化技术还允许文化遗产以虚拟的方式进行展示，这为全球观众提供了前所未有的访问方式。人们无需前往现场，就能通过互联网在虚拟环境中观看和学习这些文化遗产，极大地扩展了其影响力和教育价值。例如，可以通过虚拟现实技术，用户不仅能够“走进”古埃及的金字塔，还能通过时间轴功能观察其数千年的变迁过程。数字化存档还支持了复杂的数据分析和机器学习技术的应用，研究人员可以利用这些技术来发掘文化遗产数据中的模式和趋势，从而提供新的历史洞见。例如，通过分析不同时期的文化遗产数据，研究者可以了解某一文明的发展轨迹、社会结构变化和技术进步等。

（二）数字化修复与保护技术

数字化修复与保护技术在文化遗产保护领域正逐渐展现其革命性的影响力。长久以来，文化遗产的修复工作主要依靠复杂而精细的手工技术进行，这些技术虽然精确，却往往耗时长、成本高，且在某些情况下难以达到理想的修复效果。现代数字化修复技术，特别是计算机图形学技术的应用，为这一传统领域带来了创新的方法和手段。

利用数字化技术对破损文物进行修复，涉及高精度的三维扫描技术。这项技术可以精确地捕捉到破损文物的每一个细节，无论损伤程度如何。扫描得到的数据被转化为三维数字模型，这些模型在计算机系统中可以被无限制地观察和分析，不受物理条件的限制。专家可以使用这些模型进行虚拟修复，通过计算机图形软件模拟各种修复方案，预测修复后的效果，这在物理修复前提供了宝贵的参考信息。

数字化技术还使得“虚拟修补”成为可能。对于那些因年代久远或人为因素导致严重损毁，难以通过传统方法完全修复的文物，计算机技术可以根据现有的碎片信息，推断并重建出原始形态。这种方法不仅为失落的文化遗产“复活”提供了可能，也极大地丰富了我们对古代文化的理解和欣赏。

展示方面，计算机复原模型可以通过虚拟现实、增强现实等现代展示技术，为公众呈现出修复前后的对比，或是展示无法通过传统方法修复的原始状态。这种展示方式不仅增加了展览的互动性和教育性，也使得广大观众能够更直观地了解到文物修复的复杂程度和科技在其中的应用。此外，数字化技术在监控和维护文化遗产方面也展现出巨大潜力。

（三）数字化辅助考古发掘

在考古学领域，数字化技术的引入正在彻底改变传统的工作方式，为发掘、研究、保护和展示文化遗产带来了革命性的进步。通过综合应用高精度的三维扫描技术、地面渗透雷达，以及计算机图形学等工具，考古专家可以无需接触实体，即可对遗址和遗物进行精确测绘和快速建模。这样不仅保护了脆弱的遗址不受物理干扰，也极大提升了数据收集的效率和准确性。这些高精度的数字模型使得考古工作者能够在虚拟环境中重新构建和模拟古代场景，从而支持对历史推理的验证、预测未知信息和深入挖掘文化背景。例如，专家可以在计算机中重建一个古罗马市场的日常活动或模拟古埃及金字塔的建造过程，这种方式不仅增加了研究的维度，也为公众提供了沉浸式的学习体验。此外，数字化工具的应用也极大地改善了考古资料的管理和应用。通过自动化软件，研究人员可以轻松生成和更新遗址的线划图、剖面图以及带有详尽尺寸标注的图纸。这些工具不仅简化了考古报告的编制过程，还提高了图纸的标准化和传播效率，使得遗址的详细信息能够被全球研究者轻松访问和共享。

数字化技术还为文物和遗址的长期保护提供了坚实基础。即使在遗址受到不可预见的自然灾害或人为破坏后，通过存储在云端的数字档案，这些珍贵的文化信息仍得以完整保存。同时，这种技术的普及还提高了公众对考古工作和文化遗产价值的认识，促进了文化保护意识的提升。

（四）数字化展示与传播

数字博物馆的建立和发展标志着文化遗产展示与传播方式的一次重大变革。利用多媒体集成、数字摄影和虚拟现实技术，这种新型博物馆模式能够将文化遗产信息以多种媒介形式进行集成和呈现，不依赖于传统博物馆的物理条件，如建筑空间、陈列布局和参观时间等限制。这使得宝贵的文化资源可以通过网络平台得到更广泛的展示、利用和共享，极大地提高了文化资产的可访问性和教育价值。

数字化展示技术特别适合于大遗址和珍贵文物的虚拟展示，这些技术通过创建逼真的虚拟场景和提供交互式的漫游体验，让用户能够沉浸在富有教育意义的文化探索中。例如，通过虚拟现实技术，观众可以不受时间和地理限制地“走进”古埃及金字塔内部，或是穿越回古罗马时期，体验历史的丰富多彩。

2020 年开始，虚拟博物馆展示成为连接公众和文化遗产的重要桥梁。许多知名博物馆如北京的故宫博物院、南京博物院和陕西历史博物馆等，通过在线展览让民众足不出户就能欣赏到无数的文化与艺术瑰宝。这些线上展览不仅呈现了 360°的全方位实景展示，还结合了生动的文字解说、丰富的背景信息，以及优美的背景音乐，极大地丰富了观众的体验。此外，数字博物馆的普及也有力地支持了文化遗产的教育和传播功能，让高雅的艺术作品不再是少数人的专属，而是真正飞入寻常百姓家。这种方式不仅为国内观众加深了对传统文化的理解和自豪感，也为国际观众提供了一种有效的途径来了解和欣赏中国的文化精髓。

四、科技支撑遗产创新化与社会化发展，推动传统文化复兴

在推动传统文化复兴和实现文化强国的背景下，科技的角色日益显得至关重要。《关于促进文物合理利用的若干意见》明确提出利用现代科学技术手段，特别是信息技术，来促进文化遗产的创新化与社会化发展。这不仅有助于增强文化遗产的公共服务功能，还能提升其在国内外的影响力，为文化遗产保护和利用开辟新途径。通过推动展陈策划的专业化和社会化，能够打造更多高质量的精品陈列。利用数字化技术和多媒体工具，文博单位可以提供更加丰富、互动的展览体验，使观众能够更深入地了解和欣赏文化遗产。例如，虚拟现实和增强现实技术的应用，能够让观众“亲历”历史场景，增强展览的吸引力和教育价值。

实施“互联网+中华文明行动计划”和建设“一带一路”文化遗产长廊，是利用科技推广文化遗产的重要举措。通过这些平台，可以整合和数字化大量的文化资源，将中国丰富的文化遗产通过网络展现给全球观众。这不仅有助于提升中国

文化的国际形象，也促进了全球文化的交流和理解。此外，鼓励文博单位利用自身的人才和专业优势，通过互联网和信息技术向社会提供更多文化服务，如文物鉴定、文化咨询等，这些服务不仅能增加文博单位的社会功能，还能为公众提供更加便捷的文化体验和学习机会。这种方式也有助于打开技术含量高、创新性强的“前门”，推动文化遗产的创新利用和社会化发展。

尽管现代科技为文化遗产的利用和保护提供了广阔的可能性，但也必须警惕科技应用可能带来的过度商业化风险。合理控制文化遗产的商业化程度，确保文化遗产的利用活动既能满足公众文化需求，又能保护和尊重文化遗产的本质和尊严，是实现可持续发展的关键。

第三节 传统文化价值传承与遗产活化利用的思维创新

创意旅游起源于2000年新西兰学者格雷·理查德和克里斯宾·雷蒙德的理念，强调通过深入学习和体验目的地文化或技艺来激发旅游者的创造力，增强其与当地社区的联系。这种旅游模式在“创意旅游新西兰”组织的实践下得到发展，后由联合国教科文组织在2004年进一步界定，强调其为旅游者提供与原生态文化直接接触的机会，主要包括学习当地艺术、传统及与居民互动。创意旅游在国际上越发流行，诸如新加坡、加拿大和南非等国纷纷探索实践，突破了传统观光旅游的被动式模式，转而强调主动参与和体验。这不仅为个人提供自我发展机会，也推动了地方经济发展。创意旅游的形式多样，包括创意空间、创意景观及工作坊等，通过这些平台，游客能深入体验和参与地方的独特文化和技艺，如伦敦的苏豪区、北京的798艺术区，以及利用文化遗产的文化主题公园，均为创意旅游的典型代表。

节庆活动也成为创意旅游的重要组成部分，如都江堰的清明放水节和洛阳的牡丹文化节，不仅传承了传统节庆，还融入了现代元素，创新地推广了地方文化。此外，非物质文化遗产也成为创意旅游的重要资源。

创意旅游作为一种动态且富有创造性的旅游模式，通过三种主要形式，创意空间、创意景观及创意之旅来激发和满足游客对文化深度体验的需求。这种旅游形式不仅提供传统的观光活动，还深入地让游客参与并体验目的地的文化精粹。创意空间是创意产业的核心，聚集了创意的生产和消费活动。这些区域，如北京的798艺术区。这些地区通过其独特的艺术画廊、工作室和文化活动，吸引着国内外游客前来探索。这些空间的视觉和感官吸引力在于它们提供了一种与日常环境截然不同的文化体验，使人们能够直接接触到活跃的艺术创作过程。创意景观则通过文化主题公园、旅游节庆和演艺活动等形式，依托并再创造历史文化遗产。例如，通过重现历史事件或文化传统的旅游演出，不仅增强了游客的参与感，还加深了对当地文化的理解和欣赏。这些活动通常在吸引游客的同时，也努力保持文化的原真性和教育价值，确保文化传承的同时进行适当的创新。创意之旅更加注重个人参与和体验，通常通过工作坊的形式，使游客能够亲手学习和实践当地的艺术和工艺，如绘画、雕塑、舞蹈或传统手工艺。这种形式的旅游不仅仅是关于观看和欣赏，还能让游客深入地体验文化，通过创作个人作品的过程实现自我表达和成长。例如，游客可能在一个陶艺工作坊中学习制作陶瓷，或在舞蹈工作坊中学习当地的传统舞蹈。

创意旅游通过创新地整合和展示文化资源，提供了丰富多样的文化体验。这种旅游形式不仅帮助保护和传承文化遗产，还促进了当地经济和社会发展，增强了文化遗产的社会价值和市场潜力。以常州淹城春秋乐园和杭州宋城为例，这两个地方都利用其丰富的历史文化资源，通过创意空间的建设，吸引了大量游客。常州淹城春秋乐园毗邻春秋淹城遗址，通过再现春秋时期的政治、军事、经济、文化场景，为游客提供了多种互动体验，如静态观赏项目、互动演艺和游乐设施。杭州宋城则通过借鉴《清明上河图》的画意设计，再现了两宋时期的皇城景观，设置了多种民俗表演和大型歌舞《宋城千古情》，这些活动不仅展示了本地的文化特色，也创造了新的文化价值。在国际上，澳大利亚的谢菲尔德小镇采取了创意景观的另类模式，利用壁画艺术来活化这个小镇。自 20 世纪 80 年代开始，通过在镇内的历史建筑外墙上绘制描述小镇历史和生活的壁画，谢菲尔德小镇成功地转变成了一个文化旅游目的地，每年吸引了大量国内外游客。

从以上的分析中可以看出，非物质文化遗产与人们的日常生活密切相关，它不仅是历史的见证，也是现代社会文化认同的重要部分。鉴于此，应该根据现代社会的文化需求，不断地创新非物质文化遗产的传播方式，使之更加符合现代人的审美和生活方式。非物质文化遗产的创新传播可以通过多种途径实现。可以通过教育系统将非物质文化遗产的知识和技能纳入课程，让年轻一代从小就有机会接触并理解这些文化遗产的价值。此外，借助现代科技，可以为公众提供更加生动和互动的学习体验。此外，将非物质文化遗产元素融入现代设计中也是一种有效的传播方式。如前所述，将传统服饰、手工艺品等元素融入现代时尚设计中，不仅可以保持传统技艺的生命力，还能让更多的人以新颖的形式欣赏和使用这些文化产品。同时，举办以非物质文化遗产为主题的各类展览、节庆活动等也是增强公众参与感和文化认同感的重要手段。通过这些活动，人们不仅能够近距离观察和体验非物质文化遗产，还能通过互动学习更多关于其背后的历史和文化。

第四节 非物质文化遗产的数字化传播与保护

一、非物质文化遗产的数字化传播路径

（一）加快非物质文化遗产数字化平台的开发

加快非物质文化遗产数字化平台的开发是确保这些宝贵文化财产得到有效保护与广泛传播的关键。在当代社会，借助先进的数字技术来记录、保存和传播非物质文化遗产已成为一个重要的发展趋势。数字化不仅能够提高文化遗产的可访问性和互动性，还能够有效地将这些传统艺术与全球观众连接起来。

非物质文化遗产数据库的完善是这一过程的基础。数据库应包含全面的信息，如传统艺术的历史背景、制作技艺、传承人信息、地理标识和文化意义等。为了增强数据库的功能性和用户体验，引入多元化的内容形式极为必要。视频、音频、3D 模拟和虚拟互动展示等多媒体元素可以使传统艺术更生动，也更易于被全球观众理解和欣赏。数据库的时效性同样重要。信息的及时更新能确保用户获取到最新的资料和活动信息，也对非物质文化遗产实时互动提供支持。例如，传统节日或工艺展示活动的即时报道和更新，可以使得文化遗产保持活力，增强公众的参与感和归属感。

开发专门的非物质文化遗产数字化平台也是推动这一进程的重要措施。通过官方网站、社交媒体平台、移动应用程序等多个渠道，可以将非物质文化遗产的内容广泛传播，使之触及更广泛的受众。此外，利用新媒体技术，如直播工艺制作过程或传统表演艺术，不仅能增加观众的沉浸感，还能实时解答观众的疑问，增强交互性。

直播平台尤其适合展示非物质文化遗产的动态和复杂性。在直播中邀请传承人参与，让他们在现场展示技艺并与观众交流，可以极大地提升文化的传播效果和观众的参与度。观众不仅能看到传统技艺的表演，还能直接向工匠学习、提问，这种方式能有效地缩短文化的传播距离，增强文化的吸引力。

利用新媒体技术对非物质文化遗产进行数字化传播，是对传统保护方式的有力补充。传统的保护方式如文字记录、摄影等依然重要，但结合现代技术如虚拟

现实和增强现实，可以使非物质文化遗产在全球范围内以更具吸引力的方式呈现。

（二）创新非物质文化遗产数字化传播渠道

创新非物质文化遗产数字化传播渠道是提高这些文化财富在当代社会影响力的关键。随着数字技术的迅速发展，新的传播方式为非物质文化遗产的保护、传承和普及提供了前所未有的机会。这些新渠道不仅可以增强公众对非物质文化遗产的认识和兴趣，还可以促进文化的全球交流和理解。

自媒体传播是提升非物质文化遗产影响力的有效手段。通过平台如博客、社交媒体和在线视频网站，非物质文化遗产传承人和爱好者可以直接与全球观众交流。这种方式使传统文化的展示更具个性化和真实感，增强了文化内容的传播力和感染力。为了提高传播效果，非物质文化遗产的传承人需要提升自身的媒体意识和数字化能力，学习如何结合社会热点，以更加生动的方式向公众传达文化内涵。

第三方机构在传播非物质文化遗产中也扮演着重要角色。这些机构通常具有更强的市场推广能力和更广泛的观众基础。他们可以帮助文化传承人制作专业的宣传材料和活动，吸引更多的关注和支持。这种合作模式不仅有助于提升非物质文化遗产的市场影响力，还可以帮助传统文化适应现代社会的需求，从而获得更持久的生命力。

短视频平台的兴起为非物质文化遗产的传播开辟了新的途径。短视频以其生动有趣的形式和便捷的观看体验迅速获得了广泛的受众。通过这些平台，文化传承人可以展示文化制作过程、庆典活动甚至日常表演，将传统文化的魅力以轻松易懂的方式传递给公众。同时，这也为非物质文化遗产的创新展示提供了平台，使得文化能够以更富创意和互动性的形式呈现。

融媒体的应用是扩大非物质文化遗产传播范围的又一重要策略。通过结合多种媒体形式，如直播、电商和影视制作，非物质文化遗产可以以多元化的方式呈现，满足不同观众的需求。例如，通过直播平台，观众可以实时参与到文化活动中，与传承人进行互动，深入了解文化的细节和背景。此外，将非物质文化遗产与电子商务结合，可以促进相关产品的销售，为传统手工艺人提供经济支持，同时让全球消费者方便地获取这些文化产品。

（三）充分利用数字化技术

通过运用现代的数字技术，可以显著增强非物质文化遗产的沉浸式体验，更有效地与全球受众进行交流。数字化技术工具如动态图形、三维模型和短视频，为非物质文化遗产的展示提供了新的视角。这些技术不仅增加了展示的吸引力，而且通过视觉影像使文化遗产的每个细节都生动起来。例如，三维重建技术可以用来复原历史场景或工艺流程，让观众仿佛置身其中，增强教育和学习的效果。此外，非物质文化遗产的传播策略应结合受众群体的变化进行灵活调整。通过对受众的调查研究，可以更准确地把握他们的兴趣点和关注点，据此调整传播内容和形式。利用数字平台如网站、社交媒体公众号及短视频平台，可以实现快速和广泛的信息传播。这些平台使得非物质文化遗产以受众喜闻乐见的形式被展示和讨论，从而提高其公众影响力和参与度。

为了更深入地推广非物质文化遗产，可以开发专门的应用程序和数字生态社区。这些工具不仅提供信息和资源的共享，还可以通过游戏化和互动性强的功能，让用户在享受娱乐的同时学习文化知识。例如，可以创建虚拟展览或在线工作坊，允许用户直接与传承人互动，学习特定的手艺或艺术形式。数字智能技术如虚拟现实、增强现实、人机交互和人工智能（AI）等，也在非物质文化遗产的传播和体验中扮演着日益重要的角色。这些技术可以使用户获得多维感官体验，不仅是视觉和听觉，甚至是触觉体验，使得文化遗产活化，更有吸引力。借助于AI技术，非物质文化遗产的数字资源可以进行深度分析和处理，从而生成个性化的内容和推荐，满足不同用户的需求。AI也可以帮助快速响应新的创新要求，通过数据分析预测文化趋势，为文化遗产的跨界融合提供科学依据。这种全方位、多层次的数字化策略不仅加强了非物质文化遗产的内在魅力，也促进了其全球传播。

二、非物质文化遗产的数字化保护建议

（一）提高群众的保护意识

提高公众对非物质文化遗产保护的认识是实现文化自信和维护文化多样性的关键。随着数字技术在非物质文化遗产保护中的日益应用，普及这些技术的重要性与日俱增。政府部门在提升公众对非物质文化遗产数字化保护意识上扮演着重要角色。政府机构应加强对非物质文化遗产数字化保护优势的宣传。在数字化介入前，非物质文化遗产通常因地域限制而局限于特定区域。数字化的应用扩大了非物质文化遗产的知晓度和接触范围，通过生动的文字和图片详细介绍这些成果的优势，并通过多种渠道进行广泛传播。在当今互联网时代，利用网络媒体进行非物质文化遗产数字化的宣传，可以实现更快的信息更新和更广的传播效果。举办非物质文化遗产数字化成果的免费展览也是提高公众参与度的有效途径。通过将非物质文化遗产数字化的成果以展览形式呈现，使之成为人们日常生活的一部分，让公众能直观地看到和感受到非物质文化遗产数字化带来的变化。例如，福

州在 2018 年举办的数字中国建设峰会中，展出的非物质文化遗产数字化成果展示了如何利用电子互动屏、VR/AR 技术和裸眼 3D 大屏等现代技术，为参观者提供了一种全新的互动体验，这种结合了教育与娱乐的方式极大地增强了公众对非物质文化遗产保护的兴趣和参与感。

政府可以借鉴成功的案例，结合本地实际情况，推广非物质文化遗产数字化展览。通过这些展览，不仅可以增强公众对非物质文化遗产保护重要性的理解，还能激发更多人支持甚至直接参与到非物质文化遗产的数字化保护工作中来。这种方法不仅有助于保护和传承珍贵的文化遗产，还能促进文化自信的建立和文化多样性的维护。

（二）加快法律制度建构

加速法律体系的构建对于非物质文化遗产的数字化保护至关重要。由于非物质文化遗产数字化是一种新兴手段，目前尚未在现有法律体系中获得充分的支持和保护，这导致非物质文化遗产数字化的推进面临着诸多挑战，尤其是在知识产权方面。

加强立法是解决非物质文化遗产数字化中遇到问题的首要步骤。当前，我国的法律体系尚未建立专门针对非物质文化遗产的保护法规，通常依赖于知识产权法，但这一途径并不足以覆盖所有非物质文化遗产元素，同时关于适用哪种知识产权模式也存在较大争议。为了确保非物质文化遗产数字化成果的法律保护，有必要迅速制定和完善非物质文化遗产及其数字化成果的知识产权保护相关法规。完善司法机制也是确保非物质文化遗产及其数字化保护的关键。目前，我国在知识产权保护方面实施行政和司法双轨制，这一体系对知识产权保护起到了积极作用，但同时也暴露出一些问题。例如，行政保护的弊端包括行政管理和执法的合一，以及行政权力的潜在滥用。这些问题凸显了司法保护的重要性，特别是其在公正裁决和透明执法方面的优势。因此，需要强化司法在非物质文化遗产保护中的作用，以法院的独立性和公正性为非物质文化遗产及其数字化保护提供坚实的法律支撑。

最高法院在 2011 年发布的《关于充分发挥知识产权审判职能作用推动社会主义文化大发展大繁荣和促进经济自主协调发展若干问题的意见》中提出了关于非物质文化遗产司法保护的政策，标志着司法保护的起步。为了使非物质文化遗产及其数字化得到更好的发展，应当依托这些政策进一步强化和完善司法机制，确保非物质文化遗产保护政策得以有效执行，并促进非物质文化遗产的持续传承和发展。

（三）规范行政机关行为

规范行政机构的行为对于非物质文化遗产的保护模式，尤其是在其行政保护方面，具有重要意义。在我国，非物质文化遗产的保护主要采用公权保护模式，即通过行政途径进行。行政机构在这一过程中不仅负责非物质文化遗产的认定和登记，还涉及对侵权行为的制裁。鉴于非物质文化遗产及其数字化具有一定的公共属性，适当的行政介入是必要的，它可以有效补充非物质文化遗产保护的私法机制。

为了提高行政保护的效率和公正性，需要制定明确的行政执法原则。考虑非物质文化遗产保护涉及复杂的利益关系，特别是在与数字化技术结合时，行政机关的介入应该是及时且有效的，以防止和制止侵权行为及其可能造成的严重后果。同时，这种行政干预应当遵循合理性和适度性的原则，确保不超越其法定职权范围。建立一个信息共享平台是提高行政效率的一个有效策略。通过该平台，文化主管部门能够共享和更新关于非物质文化遗产保护的信息，增强各部门间的协调与合作，使得各级政府能够及时掌握和应对各地发生的相关事件。

完善内部规章和监督机制对于规范行政执法行为同样至关重要。明确行政执法的职责范围和依据，实施严格的责任和考核制度，是确保执法效果的基础。同时，加强行政机关的内部监督，并引入社会监督元素，如公众意见的广泛征集，将有助于提高行政执法的透明度和公众信任，确保行政行为的正当性和效率。这种综合性的策略有助于行政机构在非物质文化遗产及其数字化保护中发挥最大的正面作用，同时避免权力滥用的可能性。

（四）注重人才队伍建设

在我国非物质文化遗产资源丰富的背景下，构建一支专业高效的人才队伍已成为非遗保护与传承的关键任务。以昆曲、古琴艺术、中国雕版印刷技艺等为代表的非遗项目，不仅是中华文化的瑰宝，也是世界文化的共同财富。然而，这些文化遗产正面临传承人才断层、技能传递弱化等严峻挑战，特别是在现代化和数字化加速发展的背景下，这一问题更加凸显。

近年来，非遗保护工作因数字技术的发展而产生新业态，但同时也带来了复杂的新问题。数字化保护需要从业人员既熟悉非遗的传统技艺和文化背景，又能掌握先进的数字化工具，如 3D 建模、虚拟现实、区块链。缺乏能够跨学科工作的复合型人才，往往导致保护过程中技术与文化之间出现脱节，数字化产品无法完整还原非遗的核心价值，甚至可能导致文化意象的误读或简化。面对这些挑战，培养复合型人才成为关键。教育和培训机构需结合非遗保护的新需求，设计系统化的培训课程。例如，将文化遗产学与数字技术结合，培养学生同时具备文化分析能力和技术操作能力的跨界思维。在培训过程中，不仅要强调传统技艺和文化内涵的传承，还需引入大数据处理、人工智能辅助设计等内容，以满足现代社会对非遗保护和传播的要求。

近几年非遗保护中出现的商业化问题也值得关注。一些非遗传承人为迎合市场需求，在技艺的传承中忽略了其原真性和精神内核。为此，需要通过政策和制度设计，引导非遗保护人才在商业化与文化真实性之间找到平衡，避免过度商业化导致非遗价值的流失。与此同时，高等教育机构需加大对非遗保护学科的资源投入，增设跨学科课程，如“文化遗产保护与信息技术”“数字人文与非遗传承”，培养能够适应现代社会需求的前瞻性人才。此外，通过校企合作，搭建非遗保护与应用的平台，结合市场实际需求，为非遗的创新性传承提供更多实践机会。

第一，为了有效推进非物质文化遗产的数字化保护，建立一个多学科专业团队至关重要。这样的团队应该由不同领域的专家组成，涵盖非物质文化遗产知识、数字技术、管理学、历史学、文学等相关领域。以陕西省非物质文化遗产研究会为例，这个由西安美术学院发起的社会团体已经在非物质文化遗产保护和传承方面进行了积极的探索和实践。政府部门可以借鉴这种模式，成立专门的非物质文化遗产数字化保护机构。这种机构不仅能促进非物质文化遗产的系统性保护，还能通过各类人才的集结与协作，实现更为有效的保护成果。非物质文化遗产数字化保护工作不仅仅是技术操作的简单叠加，它需要对非物质文化遗产本身进行深入的理解和研究，确保数据采集和资料整理工作的准确性与深度。同时，后期的管理和应用也需要相关人员对数据进行持续的监控和更新，确保数字化资料的活跃性和有效性。因此，政府部门在组建这样的团队时，需要从多个领域吸纳专业人才，并根据项目的实际需要进行合理分工。例如，文化学者和非物质文化遗产传承人可以负责内容的真实性和专业性验证，IT 专家和数据分析师可以负责技术实施和数据处理，管理专家则可以优化整个项目的运作流程。

第二，国家应设立专门的培训机构，系统地提供非物质文化遗产数字化保护的专业教育，并加强教师队伍的建设。非物质文化遗产教育目前尚处于初步阶段，专业人才培养的不足在很大程度上制约了非物质文化遗产的有效保护和合理利用。非物质文化遗产的内容涵盖了音乐、社会学、历史、工学、管理等众多学科，而随着数字技术的快速发展，如图像处理、网络技术、虚拟现实等新兴技术已经成为非物质文化遗产保护的重要工具。因此，建立一个专门的非物质文化遗产数字化保护培训学校，是提升非物质文化遗产保护能力的关键步骤。这样的培训学校应该将非物质文化遗产的传统知识、现代数字技术与管理学科融为一体，形成一套完整的教育课程。此外，教师团队的构建也至关重要，应包括懂得非物质文化遗产传统的传承人、精通数字化技术的专家，以及熟悉管理的学者。配备先进的教学设施和资源，以支持这种跨学科的教学活动。此外，对于已经在文化机构工作的从业人员，也应该提供持续的专业培训和进修机会。通过设立短期课程或继续教育项目，可以帮助现有人员更新知识、提升技能，以适应非物质文化遗产保护工作中的新挑战和新技术应用。只有通过这种系统的教育和培训体系，才能为非物质文化遗产的数字化保护工作培养出足够数量和高质量的复合型人才，从而更有效地推动非物质文化遗产的保护和传承进入一个新的阶段。

第三，政府应积极支持专业人才向发达国家学习先进的数字化技术。鉴于数字技术的快速发展，发达国家在这一领域的技术水平远超我国，故我国有必要推动人才海外学习，以期引进和应用这些前沿技术于非物质文化遗产的保护。为此，相关政府部门需建立一套专门机制，以配合此类人才培养和技术引进，主要包括设置专项资金和制定人才选拔条件。在资金安排方面，可考虑设立非物质文化遗产数字化保护的专项基金，专门用于资助人才前往国外学习先进技术；在人才选拔方面，建议采用笔试与面试相结合的方式，选拔过程中不仅要考量应试者的非物质文化遗产知识、数字化技能和管理能力，还应对其语言能力提出具体要求。

第四，建议国家制定专门的非物质文化遗产数字化人才评价与激励机制。高效的评价与激励机制能显著提升专业人才的参与度和积极性。该评价机制应综合考虑个人的工作能力、业绩表现及思想品德等因素，确保全面而公正的评估。对于符合评估标准的个人及团队，应实施适当的奖励措施以提供激励，奖励方式可以包括精神鼓励和物质奖赏。这种双重奖励机制不仅有助于留住有才能的人才，促使其持续贡献，同时也能吸引更多优秀人才投身于非物质文化遗产的数字化保护工作中。

（五）鼓励相关组织加入数字化保护队伍

非物质文化遗产数字化保护是一个复杂的系统工程，单靠政府力量难以全面推进。因此，建立多方协作的机制，吸引更多组织、机构和社会力量参与成为关键。为了实现这一目标，可以从以下几个方面构建具体机制。

1. 政府主导的政策引导与激励机制

政府应制定明确的政策框架，为企业、高校、社会团体等组织参与非遗数字化保护提供制度保障和激励支持。例如，出台专项补贴政策，对参与非遗数字化工作的企业或机构给予税收优惠、项目资金资助等。同时，将非遗数字化保护纳入地方文化发展规划，通过政策倾斜吸引企业投资，推动跨部门、跨领域协作。

2. 建立公共—私营合作模式

引入公共—私营合作模式，通过政府与企业签订合作协议，共同开展非遗数字化保护项目。例如，政府可以提供非遗资源和技术需求，企业提供资金和技术支持，高校则负责研究与教育培训。这种模式能够有效整合各方优势，实现资源的高效利用。

3. 设立非遗数字化保护基金

鼓励企业通过设立专项基金参与非遗数字化保护工作，基金的来源可以是企业的公益捐赠、商业合作收入或政府的引导资金。这种基金可用于资助数字化技术研发、人才培养，以及重点非遗项目的数字化实施，为中小企业或非营利组织参与非遗保护提供经济支持。

4. 搭建技术创新平台

建立非遗数字化保护的技术创新平台，整合高校、科研机构和企业的技术资源，共同攻克数字化保护的难点。例如，可以成立联合实验室，聚焦于非遗资源的 3D 扫描、虚拟现实、增强现实等前沿技术应用。通过平台开放机制，吸引更多技术型企业和科研团队参与，推动技术创新与非遗保护的深度结合。

5. 推动社会参与与传播

加大非遗数字化保护的公众宣传力度，通过举办数字化成果展示会、博览会等活动，提升社会对非遗保护的认知和关注。同时，鼓励企业以非遗数字化为主题开展公益项目，如与学校合作开展非遗数字化课程，吸引更多年轻人关注和参与，为非遗保护注入新的活力。

6. 制定合作评价与激励体系

建立参与机构的绩效评价体系，对在非遗数字化保护中作出突出贡献的企业、高校、个人颁发奖励或荣誉称号。通过表彰先进典型，形成良好的社会示范效应，进一步激发社会力量参与非遗保护的积极性。

佳能（中国）有限公司（以下简称“佳能”）是非物质文化遗产保护领域中较早利用数字化技术的企业之一。自 2009 年起，佳能启动了名为“影像公益”的文化保护项目，该项目由专业团队执行，配备先进的摄影摄像设备和技术，专注于记录和保护少数民族的文化遗产。通过三年的努力，该项目成功记录了羌族、苗族、白族、傣族和彝族等五个民族的 15 项国家级非物质文化遗产项目。此举不仅为未来的研究和教育提供了珍贵的数据资源，也通过影像和图片让公众更深入地认识和理解非物质文化遗产文化，增强了民众对非物质文化遗产保护的关注和参与意识。为了进一步扩展其文化保护的影响力，佳能于 2014 年响应“一带一路”

倡议，发起了“佳能影像发现丝路之美”文化保护项目。此项目致力于通过影像艺术形式记录和创作“一带一路”沿线省市的文化遗产，旨在为国家的文化研究和国际交流贡献力量，同时通过这些作品提高公众的文化保护意识。佳能的这些努力在2018年得到了极大的认可，当年它被中国社会科学院企业社会责任研究中心授予“2017年度中国十大公益企业”荣誉称号，这是对佳能在非物质文化遗产数字化保护工作中贡献和社会责任履行的公认。

不是每家企业都具备佳能那样的实力来支持非物质文化遗产的数字化保护工作。考虑非物质文化遗产项目的多样性和对不同数字化技术的需求，政府和社会应采取多元化的策略来动员更广泛的资源参与非物质文化遗产保护。政府部门可以通过制定激励政策，如提供税收优惠或政府补贴，降低企业参与非物质文化遗产数字化保护的成本，增加企业的积极性。通过媒体和公共平台，帮助这些企业提升社会形象和市场影响力，进而吸引更多客户和合作伙伴。同时，引导企业认识到非物质文化遗产的商业潜力，鼓励其开发相关的数字化产品和服务以实现商业回报，同时保护和传承非物质文化遗产文化。在此过程中，确保知识产权得到妥善保护，并在项目初期明确归属和利益分配，以避免未来的纠纷。鼓励专门从事数字化技术研发的企业加入非物质文化遗产保护工作，降低技术成本，并通过建立合作平台促进技术提供者和非物质文化遗产项目之间的对接。这样不仅确保了技术资源的有效利用，也为非物质文化遗产保护拓宽了资金和技术来源。

高等教育机构作为人才培养的重要基地，其参与非物质文化遗产的数字化保护具有不可替代的作用。例如，2017年浙江海洋大学的人文学院和教师教育学院组成的海洋非物质文化遗产数字化建设调研团队，在孙靓老师的领导下，对打莲湘这一技艺进行了深入研究。团队成员不仅学习了打莲湘的十四种招式，还全程记录了整个学习过程，并通过互联网使这门技艺得到了更广泛的传播。此举不仅扩大了打莲湘的知名度，同时也保护和传承了这一濒危技艺。此外，该团队还提出构建海洋非物质文化遗产App的设想，获得了社会各界的广泛支持。这种创新的思路和实际行动，无疑为其他高等教育机构在非物质文化遗产保护工作中树立了典范。为了推动更多高校的参与，建议各大高等教育机构鼓励和支持教师及学生申请与非物质文化遗产数字化相关的研究项目。同时，对于参与这些项目的个人和团队，应当提供必要的经济补助和研究资源，以激发他们的研究热情和创新潜力。

政府部门可以通过与企业和高等教育机构的合作，联合社会各方力量，有效地利用社会资金来推动非物质文化遗产的数字化保护工作。例如，湖北省非遗保护中心成功地与九通音像出版社和华中师范大学合作，共同开展了对该省60多个非物质文化遗产项目的采集与记录工作。该合作项目资金主要由九通音像出版社提供，最终成果为一部包含 12 集的纪录片《荆楚国家级非物质文化遗产》。这部纪录片不仅系统地记录了湖北省的非物质文化遗产项目，也为公众提供了一窗口深入了解这些文化遗产的机会。

（六）支持数字化资源转化为产业资源

中国拥有丰富的非物质文化遗产资源，仅依赖政府财政预算或社会资金进行保护显然是不足够的。数字化技术为非物质文化遗产资源的保护和转化提供了新的文化表达形式和途径。通过数字技术编码和存储非物质文化遗产资源，建立数字化资源库，并以此为基础，根据市场需求，对非物质文化遗产知识进行再生产和创新，实现从文化价值到产业价值的转化。例如，陕西丝路非遗文化公司建立了非遗文化传承与创新的综合服务平台，有效推动了非遗资源与产业的融合。该公司通过拍摄纪录片《匠爱进行到底》，开设《非遗人生》系列访谈栏目，并研发生产了“长安频道”的非遗文化产品等多种方式，有效地将非物质文化遗产资源转化为产业资源。在应用前沿数字化技术方面，陕西丝路非遗文化公司的子公司开发的古法造纸 VR 交互式体验项目，成功地将数字化技术与非遗结合，进行了产业化开发的成功实践。

在文化创意产业的视角下，非物质文化遗产资源为该行业提供了丰富的创意素材。这些独特的文化资产可以被用于创意设计、开发和制造拥有自主知识产权的文化产品。通过有效的推广和营销策略，这些产品能够实现产业化运作。借助文化创意产业的创新能力和多样化的展示方式，非物质文化遗产资源不仅得到了有效的保护和传承，还获得了更大的发展空间和更强的生命力。

在文化旅游产业中，文化与旅游的融合已经成为行业发展的重要趋势，尤其是网络文化旅游的兴起，为旅游业带来了极大的便利。非物质文化遗产与旅游产业的结合，通过推动非物质文化遗产遗产地的旅游数字化，简化了旅行过程中的预订和管理，使得获取和分享旅游信息更加高效，从而提升了旅行体验的便捷性和舒适度。同时，利用数字化技术整合非物质文化遗产资源进入虚拟旅游世界，不仅为游客提供了无需远行即可探索文化遗产的平台，也为传统旅游业注入了新的活力，彻底改变了旅游模式。这种创新的融合方式增强了旅游体验的多样性和可访问性，同时为非物质文化遗产的保护和传承开辟了新途径，使非物质文化遗产文化的独特性和吸引力得以在全球范围内传播，激发了更广泛的公众兴趣和参与。

非物质文化遗产的数字化不仅可以与文化创意产业、文化旅游产业、数字游戏产业等产业有效结合，还可以将独特的非物质文化遗产资源转化为宝贵的产业资源。这种转化不仅加速了非物质文化遗产的数字化保护进程，还能创造更多的经济和社会效益。因此，政府部门应当积极支持非物质文化遗产数字资源的产业化转化，通过政策和资金等方式，促进非物质文化遗产资源的持续活用和价值最大化。这样的政策支持能够确保非物质文化遗产文化在现代社会中得到有效的保存、传承和创新。

（七）建立传承人和拥有者参与制度

非物质文化遗产是中华优秀传统文化中的珍贵组成部分，它不仅丰富了国民的文化生活，也是增强文化自信的重要载体。非物质文化遗产传承人和拥有者在这一代代传递的过程中，无怨无悔地奉献了大量的劳动与智慧，他们不仅是非物质文化遗产文化的守护者，也是创新者，其在非物质文化遗产保护与发展中的作用是无可替代的。这些传承人在非物质文化遗产文化的传递过程中起到了承上启下的关键作用，他们不仅掌握着相关的文化传统和技艺，还负责将这些知识和技能传播给下一代。此外，他们通过不断的创新保证了非物质文化遗产的活态性，同时也保持了其原真性，使非物质文化遗产文化能够适应时代的变迁而持续生存。

随着技术的进步，尤其是数字化技术的发展，非物质文化遗产保护的方式也需要进行相应的更新。在这个过程中，文化与技术的融合尤为关键，非物质文化遗产传承人和拥有者的参与变得更加重要。他们不仅需要保持对传统的忠诚和尊重，同时也要接纳和利用新技术来更好地保存和推广非物质文化遗产文化，确保这些宝贵的文化遗产能够被更广泛地理解和欣赏。

南通科技学院在2012年将国家级非物质文化遗产——蓝印花布传承馆纳入校园，这一举措极大地便利了蓝印花布的数字化保护和传承工作。此类数字化工作可在馆内进行，涉及艺术和软件技术等领域的专业教育均集中在信息工程学院。该院建立了由教师、传承人和学生组成的团队，专门负责与非物质文化遗产传承基地的对接和合作，确保传承人能够深度参与其中。然而，当前非物质文化遗产数字化保护项目普遍存在的问题是传承人和拥有者在数字化创作过程中缺乏足够的话语权。这种局面往往导致数字化技术人员对非物质文化遗产理解不足，使得一些非物质文化遗产元素在数字化转化过程中失去了其文化内涵，从而“变味”。此外，非物质文化遗产数字化对于传承人而言，不应仅是一种孤立于社区日常生活之外的技术活动，而应与他们的生活密切相关，与地方文化紧密结合。为此，中国需要建立一种让非物质文化遗产传承人和拥有者能够参与到非物质文化遗产数字化过程中的有效制度。可以借鉴人类学中的“参与式发展理论”，推动“参与式数字化保护”模式的实施，确保传承人和拥有者在非物质文化遗产数字化产品的设计与开发过程中能够充分表达并维护自己对非物质文化遗产文化的理解和见解。

第七章　非物质文化遗产与旅游融合发展个案研究

第一节　山东枣庄："非遗+"促进文旅融合高质量发展

一、山东枣庄非物质文化遗产概况

枣庄市凭借其悠久的历史和深厚的文化底蕴，孕育了繁多的非物质文化遗产（以下简称非遗），这些遗产不仅展现了当地人民独特的审美观和精神追求，也成为其辉煌文化的重要象征和延续。在国家及省级层面上，枣庄的非物质文化遗产得到了显著认可，例如，柳琴戏与"鲁班传说"被列为国家级非物质文化遗产，而伏里土陶、"奚仲造车传说"、徐佩小鼓及洛房泥塑等 19 项则被纳入省级保护项目。为了深入了解和保护这些文化珍宝，枣庄市不仅在现有研究成果的基础上制订了详尽的普查方案，而且通过文字记录、录音、录像及数字化多媒体等手段，全面系统地记录了这些非物质文化遗产的现状，涵盖了种类、数量、分布、环境及保护状况等方面。此外，市政府还建立了非物质文化遗产档案管理库，收集了大量的实物和文献，并出版了相关作品，以此加强对非物质文化遗产的系统管理和保护。在传承机制方面，枣庄市依据国家的相关指导文件，建立了市级非物质文化遗产代表作名录体系，确保了市级、省级及国家级名录的有效衔接。自 2007 年以来，已公布了六批市级非物质文化遗产名录，有效地保护和传承了一批珍贵的文化遗产。此外，通过命名、授予称号、表彰奖励及资助扶持等措施，枣庄市积极鼓励非物质文化遗产的传承者及团体开展相关活动，确保文化传承的活力与持续性。

枣庄市在非物质文化遗产的研究、保护和传播方面采取了积极措施，通过整合文化单位、科研机构、高等院校及专家学者的资源和智慧，系统研究和解决非物质文化遗产保护的理论与实践问题。这包括对非物质文化遗产进行科学的认定、鉴别和分类，以及制订并实施具体的保护策略。以“鲁班传说”为例，这一传说在国内外具有广泛的影响，尤其在滕州市传播最为广泛。滕州市政府对鲁班文化的挖掘和传承给予了高度重视，不仅成立了鲁班研究领导小组和鲁班研究会，还建立了相关的文化遗址和纪念设施，如鲁班功德堂和鲁班纪念馆等。此外，通过开展大型历史剧《墨子与鲁班》的排演和《鲁班的传说》一书的出版，进一步弘扬了鲁班的创新精神和工匠文化。

枣庄市的非物质文化遗产数量庞大且覆盖范围广泛，这不仅展示了其深厚的历史文化底蕴，同时也对非物质文化遗产的保护工作提出了挑战。通过长期的探索和实践，枣庄市发展出了独具特色的“枣庄模式”，有效地促进了非物质文化遗产的保护和传承。在政府的推动、媒体的宣传，以及学者与公众的参与下，枣庄的非物质文化遗产将继续展现其独特的魅力和生命力。这种多方合作的模式，确保了文化遗产的活态传承，使之不仅保存于档案与展览，更生动地融入现代生活，持续影响着一代又一代人。

二、枣庄：“非遗+”旅游模式

（一）非遗+节庆

节庆活动作为旅游行业的一大亮点，不仅丰富了旅游的内涵，也为游客提供了一种深入体验地方文化的机会。将非物质文化遗产融入节日庆典，能够有效提升文化旅游的吸引力，同时促进非物质文化遗产的传播和保护。枣庄市在这方面的尝试尤为成功，枣庄市通过组织春节、元宵、端午、非物质文化遗产日、中秋等节庆日期间的“非遗+旅游”融合活动，借助“好客山东贺年会、古城大庙会”等文化特色品牌，打造了“中国第一大年”节庆品牌，使“到最有年味的台儿庄古城过大年”成为文化旅游的新名片。特别是 2019 年在台儿庄举办的山东省非物质文化遗产月活动。该活动在台儿庄古城成功举办，活动内容多样，包括春节大庙会、非遗保护成果展、传统手工技艺展示，以及非遗项目的展览和演出等。通过这些丰富多彩的活动，游客不仅能够观赏到柳琴戏、运河大鼓、鲁南琴书等传统艺术形式，还能亲自参与并体验非遗文化的魅力。此外，台儿庄古城还成功举办了第二届大运河文化带非物质文化遗产优秀项目展演，以及枣庄市第四届群众文化艺术节的非遗展示活动，进一步推动了非遗的传承和普及。这些活动不仅展示了枣庄市在非遗保护和传承方面的成就，也极大地促进了当地文化旅游的发展。例如，2019年元旦小长假期间，枣庄市接待了约16.7万名游客，显示出将非遗元素融入节庆活动对旅游吸引力的显著提升。此外，枣庄市还积极参与了第八届山东文博会和文化产业博览交易会，通过“非遗传承、你我同行”板块的展出展演，进一步扩大了非遗文化的影响力。

（二）非遗+演艺

枣庄市作为中国大运河项目成功入选“世界文化遗产名录”后的关键城市之一，积极承担起非物质文化遗产的传承与创新任务，致力于将非遗深度融入演艺领域，从而推动文化遗产的活态传承和文化品牌的构建。通过联合大运河沿岸的其他城市，枣庄不仅加强了区域间的文化合作，而且通过举办大运河非遗优秀项目展演，有效地集中展示了来自北京、天津、江苏、山东等地的多项非遗项目。这种跨区域的文化展示不仅丰富了当地文化生活，也为广大游客提供了深入了解中国传统文化的窗口。特别值得一提的是，枣庄市对于国家级及省级的非遗项目如柳琴戏、运河大鼓、洛房泥塑、皮影戏等进行了系统的挖掘和还原。非遗传承人被邀请入住古城景区，通过日常的文化展演和主题活动，这些传统艺术得以在现代社会中重新焕发生命力。这种做法不仅保护和传承了传统技艺，也为游客提供了直接与非遗传承人互动的机会，增强了文化体验的互动性和教育意义。通过“非遗+演艺”的模式，枣庄市成功地将传统文化与现代旅游、娱乐产业相结合，不仅提升了地方文化的吸引力和竞争力，也推动了经济的多元发展。这种模式的成功实施，为其他城市在非遗保护和文化旅游发展方面提供了宝贵的经验和启示。

（三）非遗+营销

枣庄市通过创新的“非遗+营销”策略，显著提升了非物质文化遗产的影响力和吸引力。在传统的大庙会活动期间，枣庄市利用社交媒体平台如新浪微博发起“台儿庄里过大年”话题，采用系列海报、H5 短视频和网红直播等多样的数字营销手段，迅速吸引了大量网民的关注，并成功占领了热门话题榜。这种互动形式的营销策略不仅增强了活动的可见度，而且通过引人入胜的内容制作，如“年味台儿庄”视频及“带着父母离家出走”的情怀视频，成功地触到了更广泛的观众。

枣庄市还积极探索与培育新的夜经济业态，如在古城推出的火龙钢花、爬杆龙等夜间演艺项目，以及开通的古运河新体验线路。这些活动不仅丰富了夜间旅游内容，还增强了游客的互动体验和参与感。通过推出亲水景观、广场舞、地方非遗展演等丰富多样的活动，枣庄市成功打造了一种全新的夜游模式，包括“赏夜景、看非遗、品美食、逛酒吧、宿古城”等元素，这不仅提升了当地文化旅游的吸引力，也促进了民俗演艺、餐饮美食和特色客栈等相关业态的发展。

（四）非遗+研学

研学游作为一种结合教育与旅行的模式，近年来越来越受到青少年及其家长的欢迎。枣庄市在这方面展示了前瞻性的思考与行动，尤其是通过将非遗元素融入研学旅游，有效地实现了文化的活态传承与普及。台儿庄古城作为“全国中小学生研学实践教育基地”之一，通过创建多条非物质文化遗产旅游主题线路和丰富的非物质文化遗产旅游资源，提供了丰富的学习与体验机会。这不仅让青少年亲身体验和学习传统技艺，如鲁南皮影制作、柳编工艺，还能亲手操作和解开鲁班锁等传统智力玩具，从而深入了解和感受中国传统文化的魅力。此外，枣庄市还积极推进产学研基地的建设，促进文化与旅游的新融合。例如，阴平毛笔的传统制作技艺在山东鲁笔博物馆得到了展示与传承，博物馆不仅免费对外开放，还定期组织书画展览和学术交流活动，提供毛笔制作体验，从而吸引更多游客并增强文化体验的互动性。通过这些举措，枣庄市不仅提升了旅游的质量和品质，还使得非遗与旅游能够更深入地融合，实现互利共赢。这种将非遗文化融入研学游的模式，有效地促进了文化的传承与创新，同时也为当地旅游业的发展注入了新的活力，带动了更广泛的经济和社会效益。这种做法不仅增加了文化的可见度和参与度，还为年轻一代提供了直接从源头学习和体验非物质文化遗产的机会，是非常值得推广和学习的成功模式。

台儿庄古城景区凭借其独特的“非遗+”模式，在文化旅游领域取得了显著成就。通过将非物质文化遗产与节庆、演艺、营销、研学等结合，台儿庄古城不仅成功吸引了大量游客，还创造了一种文化与旅游协同发展的新路径。这种模式的成功实施，使台儿庄古城成为国内外文旅融合的典范，并且多次获得各种荣誉称号，如“旅游市场秩序最佳景区”“全国旅游系统先进集体”等。台儿庄古城的经验表明，非物质文化遗产可以成为推动旅游发展的强大动力。通过精心设计的主题活动，如中国非物质文化遗产博览会、大运河文化带优秀非遗项目展演，极大地丰富了游客的文化体验，提高了景区的吸引力和竞争力。这些活动不仅展示了丰富多彩的非遗文化，还激发了公众对传统艺术的兴趣和尊重。展望未来，台儿庄古城景区有望继续在“非遗+”模式的基础上，进行创新与发展。景区管理者可以进一步开发和推广与非遗相关的新产品和服务，如结合最新技术的非遗体验、增强现实或虚拟现实中的非遗展示等。此外，通过提供更加个性化和多样化的文化旅游产品，如深度游、定制游，台儿庄古城能更好地满足游客对于高质量文化旅游体验的需求。

第二节 江苏姜堰：借势溱潼会船 彰显非遗魅力

溱潼会船是中国非物质文化遗产的重要组成部分。这一活动源于当地人民的长期生活习俗，主要以祭奠英烈和祈求未来福祉为核心，涵盖了历史、宗教、民俗、艺术和商贸等多种人文元素。其规模宏大、内容丰富，使其被誉为“民俗文化之大观”和“水乡风情之博览”，并被国际认可为“世界上最大的水上庙会”。溱潼会船的影响力及其文化价值在 1998 年得到国家旅游局的高度评价，被列为“中国十大传统民俗风情旅游节”。2008 年，这一活动被国务院和文化部认定为国家级非物质文化遗产，2009 年被上海大世界吉尼斯总部评为“规模最大的船会活动”。

溱潼会船节逐步演化成泰州乃至江苏省的文化和旅游品牌。在省文旅厅的指导和支持下，溱潼地区通过整合与优化各类文化和旅游资源，使得会船节不单是一个单一的活动，还能成了一个多元化的文旅盛事。这种整合策略不仅强化了溱潼会船节的核心地位，还拓展了节庆的影响范围，包括民俗体验、人文研学、游园赏花、寻味美食、静谧乡村及康养休闲等多个方面。

一、溱潼会船节的由来

溱潼位于江苏省泰州市姜堰区西北部，其地理位置在苏中地区极为重要，毗邻上海、南京、苏州、无锡等大中城市。这一地理优势，加之交通便捷，为发展旅游业提供了独特的条件。其中，“会船”作为一种独具特色的地方民俗，主要在里下河水乡地带广泛传播，覆盖数百平方公里的广阔区域。历史上，溱潼会船节最初称作清明会或清明盛会，起源可追溯至南宋时期。这一节日的起源与宋金战争密切相关，传说在一场激烈的战役中，许多将士在溱湖血战身亡，当地百姓含泪为这些阵亡的士兵收尸安葬。自此，每年清明节的次日，溱潼及周边的百姓便会自发驾船至溱湖，祭奠那些为国捐躯的英雄，久而久之，形成了一种深刻的水乡传统。

除此之外，关于溱潼会船节的起源还有其他几种说法：一种是本地百姓为了祭拜真武大帝而竞相赶船；第二种说法是关于明朝初年，朱元璋为寻找祖坟而乘船来此，从而催生了会船的传统；第三种则与明朝将领侯必大相关，据说他在神潼关击退倭寇时，百姓们自发出船支援，胜利后将快船改为会船。无论哪一种说法，溱潼会船节均承载着当地人民对先烈的记忆、对安定祥和生活的祈愿。溱潼会船节在清明节后一天举行，此节日不仅是一场纪念，也是一次盛大的民俗展示，数百条船只，包括篙船、划船、花船、贡船及拐妇船等，从四乡八镇集结至此。锣鼓震天，竹篙林立，千舟竞发，不仅展示了水乡的独特魅力，更是一场视觉和情感的盛宴，赢得了国内外专家的高度评价，誉为“天下会船数溱潼，溱潼会船甲天下”。

二、溱潼发展非遗旅游的优势

（一）旅游资源丰富，坐拥5A级景区

溱潼镇以其丰富的旅游资源和深厚的历史文化底蕴著称。镇内不仅拥有国内外闻名的溱潼古镇和溱湖国家湿地公园，还有溱湖风景区和三面药师佛塔等景点，吸引着众多游客前来。溱潼镇的历史悠久，其本身就是一个4A级景区，而溱湖风景区则在2011年被批准为国家首批湿地公园，成为泰州地区唯一的5A级湿地景区。这里不仅风景秀丽，还生活着丹顶鹤、麋鹿、白天鹅等国家珍稀保护动物，为游客提供了观赏野生动物的独特机会。溱潼镇的水网发达，泰东河、姜兴河和喜鹊湖环绕周边，镇内众多小河流交错，形成了独具特色的密集水网。溱湖自身连接九条河流，使得水域交通四通八达，水产品资源丰富，其中包括多种珍贵鱼类，为当地的饮食文化增添了独特风味。溱湖风景区内不仅自然景观丰富，人文景观也颇具特色，包括古圣寺庙和特色温泉等。此外，为了让游客更好地欣赏湿地美景，景区内还提供了各种特色船只，如独木舟、画舫，使游客能够在轻松的水上活动中体验溱湖的自然与文化魅力。

（二）旅游文化内涵丰富

溱潼镇以其丰富的水域资源和缓慢的生活节奏著称。镇内河流密布，为当地居民提供了丰富的水产品资源，形成了独特的饮食文化。“溱湖八鲜”是溱潼镇的一大美食代表，这一美食系列直接源自溱湖的丰富水产，包括鱼、虾、蟹等各类水生美味。这些食材因地理优势，捕捞后能够即刻加工，保证了食物的新鲜和高质的口感，营养价值极高，成为游客必尝的佳肴。除了“溱湖八鲜”，当地的鱼汤面和卤菜也深受欢迎。鱼汤面以其鲜美的汤底和滑嫩的面条著称，而卤菜则有独特的香料和烹饪技巧，将肉类和蔬菜的风味融合得恰到好处。溱潼镇的生活节奏缓慢，这种悠闲也体现在当地人的日常习惯上。早上，居民们常常会在开始一天的工作之前，先到早茶店享受一顿丰盛的早茶。当地的早茶种类繁多，尤以煮干

丝和蟹黄汤包最为出名，这些美食不仅满足了味蕾，也成了居民社交和悠闲生活的一部分。在溱潼镇，与友人或家人一同享受一顿精致的早茶，边品味地道美食，边轻松闲聊，是当地人日常生活中的一大乐事。这种独特的生活方式不仅展示了溱潼的文化特色，也体现了水乡人民对生活的热爱和享受。

溱潼古镇不仅因其深厚的历史文化和丰富的水乡风光而闻名，还因为拥有一株具有重大历史和文化价值的古山茶花树而独树一帜。这株茶花树，已有 800 多年的历史，可以追溯到宋代，被誉为“神州第一山茶花王”，同时也是世界山茶文化的重要遗产，甚至还是吉尼斯世界纪录的保持者。这株古茶花树见证了溱潼古镇的历史变迁，从宋代至今，它不仅是生物学上的奇迹，也是地方文化和居民情感的象征。其盛开的花朵每年吸引着无数游客和植物学爱好者前来欣赏，成为溱潼古镇的一大景观。为了保护这株珍贵的茶花树并使其继续繁衍，当地政府采取了一系列保护措施。在原有的古茶花周围，政府又种植了 302 株不同品种的茶花及其他植物，这不仅为古茶花创造了一个有利的生长环境，而且无意中形成了一个颇具规模的茶花观赏圣地。这个地方不仅展示了茶花的多样性和美丽，也成为人们了解茶花文化和享受自然美景的绝佳场所。

（三）溱潼镇交通环境优越

溱潼镇不仅是姜堰、东台、兴化三地的交汇点，更因其水陆交通的便捷而闻名。道路交通发达，周边有盐靖高速公路、宁盐一级公路与 328 国道环绕，铁路方面，宁启铁路横贯其间，提供了直达南京、苏州、无锡、常州及上海等重要城市的便捷路径。水路交通也极为发达，泰东河与姜兴河的交汇处形成了主要水道，南连长江，北依淮河，西临京杭大运河，东望黄海，四面通达，八方联结。此外，溱潼镇的公交系统亦可直达扬泰机场，进一步强化了其作为交通枢纽的地位。

三、溱潼会船非遗旅游的发展对策

（一）开发多层次的体育旅游活动

开发多层次的体育旅游活动，是溱潼地区提升旅游吸引力和竞争力的重要策略。这一战略应聚焦于创造符合各年龄层、性别、社会阶层等不同人群需求的体育旅游产品，以实现全面而细致的市场覆盖。为老年游客量身定做的体育活动如太极拳表演、老年友好的登山路线和长跑活动，不仅可以提供健康促进的选择，还能为他们的旅游体验增添文化深度。这些活动应注重安全性和可访问性，确保老年人能够舒适且安全地参与。针对年轻游客，尤其是追求刺激和冒险的青年，开发如水上运动、山地自行车、滑板、攀岩等极限体育项目，可以有效地吸引这一群体。这些活动不仅满足了他们对刺激的追求，还有助于推广溱潼的自然风光和户外体验。还可以考虑开发团体体育活动，如龙舟赛、迷你马拉松等，这些活动能够增强参与感和观赏性，吸引家庭和团队参与。通过举办定期赛事或节日活动，不仅丰富当地居民的生活，也提升旅游目的地的品牌影响力。在开发这些体育旅游产品时，重要的是要进行市场研究，了解不同目标群体的具体需求和偏好，以及评估各项活动的可行性和安全性。同时，积极推广和营销这些活动，通过网络平台、旅游推广活动，以及与旅行社的合作，让更多潜在游客了解并被吸引。

（二）培育高素质体育旅游人才和会船传承人

培养具备体育旅游专业知识及会船节民俗技能的高素质人才，对于提升溱潼会船节的品质和吸引力至关重要。政府的角色在这一过程中显得尤为关键，需要制定明确的支持政策和提供必要的资源。政府可以通过资金支持鼓励传承人开展民间传习活动，这不仅有助于长期保存和弘扬会船文化，还能激发社区的参与和兴趣。同时，吸引和培养具有高学历背景的体育旅游专业人才也是提升整个活动专业化水平的关键。特别是那些本地出身、外出深造后归来的专业人才，他们对本地文化的深刻理解加上所学的现代体育旅游知识，能够极大地促进会船节的创新和发展。这样的策略不仅能够确保传统与现代有效融合，也能够增强活动的国内外吸引力。通过这样的双轨并行的培养策略，不仅能够确保会船节的文化传承，还能提高活动的专业性和观赏性，使其成为体现溱潼地区独特魅力的重要窗口。

（三）文化遗产的开发与营销

在开发和营销文化遗产，尤其是非遗时，溱潼会船作为一个典型的案例，有必要借鉴已经证实有效的策略，如《印象·刘三姐》的成功模式。这一模式不仅在经济效益上取得了显著成就，更在文化传播和品牌建设上展现了强大的影响力。首要任务是建立一个科学的非遗资源价值评估体系，这不仅涉及文化内涵的深入挖掘，还包括如何将这些文化元素与现代消费者的审美和需求相结合。通过精确的市场研究，了解目标群体的偏好、审美趋势和社会文化背景，可以有效地设计符合现代审美的非遗产品。接下来，重点在于遵循原生态原则，保持非遗活动的真实性和原始魅力。同时，创造性地结合现代元素，如通过科技手段增强体验感，或是将现代艺术形式融入传统表演，可以更好地吸引年轻观众和国际游客。此外，系统地开发具有主题鲜明、独具特色的文化旅游产品至关重要。这包括但不限于节庆活动、文化艺术节，甚至是周边商品。例如，《印象·刘三姐》不仅是一个演出，它的成功也在于如何将演出融入当地文化、旅游和经济活动中，形成一个文化产业链。

（四）区域旅游资源的整合

旅游业作为一种充满活力的“朝阳产业”，不仅能够推动文化的产业化，还在促进城市建设、提升地方知名度、拉动经济发展、提供就业机会、扩大国际交流及提高投资水平等方面发挥着重要作用。溱潼小镇拥有丰富的文化和自然资源，这为旅游业的发展提供了坚实的基础。溱潼的历史遗迹如老井当院、麻石铺街，以及众多古树名木，包括名为“神州茶花王”的茶花，都是吸引游客的独特资源。通过恢复和重建一些历史上较为知名的建筑，不仅能够保护这些文化遗产，还能增强游客的体验。同时，挖掘与溱潼相关的历史传说和知名人物故事，可以更好地利用当地的历史文化资源，为游客提供深入的文化体验。通过这种方式，溱潼不仅能够作为历史文化名镇树立起独特的文化旅游形象，还能增强其教育价值和吸引力。此外，整合临近地区的旅游资源也极为关键。例如，将溱潼与“全球生态五百佳”的河横村的生态农业观光旅游资源，以及兴泰镇的高二适故居等优势资源结合起来，可以形成一个综合的旅游目的地。这种整合不仅有助于提供更丰富多样的旅游产品，也能吸引更广泛的游客群体，从而带动整个区域的旅游经济发展。

（五）加强参与度，提升游客体验

溱潼镇的河湖资源为发展体验式旅游项目提供了独特的优势。为了吸引更多的游客并增强游客体验，可以通过创新和提升参与性的方式，开发一系列具有地方特色的旅游活动。一种可行的方案是对传统会船进行创新改良，将其简化成适合游客参与的赛船项目。这种娱乐竞技活动不仅让游客能够体验到刺激的水上竞赛，还能深入了解和体验当地的水上文化。通过这种方式，会船节能够更加生动和有趣，提高游客的参与度和满意度。此外，开发水乡生活体验项目，如捕鱼、捞蟹、钓虾活动，能够让游客亲身体验到溱潼地区传统的水上生活方式。这不仅丰富了游客的活动选择，还增加了他们对本地文化的理解和兴趣。在溱湖湿地公园内，可以开辟一系列亲子体验项目，如戏水禽、戏鱼、垂钓。这些活动旨在为家庭游客提供亲近自然的机会，同时增加亲子互动，创造美好的旅游回忆。餐饮方面，开发“溱湖船菜”将是一个创新的尝试。通过让游客参与水产的捕捞，并现场烹饪，不仅能提供新鲜的美食体验，也使游客能更亲近当地的食文化。这种从捕捞到烹饪的全过程参与，能极大地提升游客的体验感和满意度。

第三节　浙江绍兴：书圣故里历史街区复兴传统文化

一、书圣故里历史文化街区概况

（一）自然地理环境

绍兴市位于浙江省中北部，具有独特的地理位置和丰富的自然资源。这座城市北接嘉兴市，南临台州地区，西靠杭州市，东毗宁波市和金华市。绍兴地区的气候属于亚热带季风气候，四季分明，气候宜人，具有较高的湿度和丰富的雨量。

地形上，绍兴被形象地描述为“七山一平原”，这里的“七山”主要包括会稽山、龙门山、天台山、四明山等，以及诸暨盆地、新嵊盆地和三界一章盆地这三个主要盆地。此外，浦阳江和曹娥江这两条主要河流穿城而过，与其他南北向河流一同形成了密集的河网系统，这些河流和运河是绍兴的重要水系组成部分，历史上使绍兴被誉为“水乡泽国”。

绍兴的自然景观中，湖泊如鉴湖和东湖等也是重要组成部分，与周边的山水景观共同构成了绍兴美丽而复杂的自然环境。这些自然资源不仅是绍兴的自然宝贵财富，也为旅游业的发展提供了丰富的基础。

（二）历史文化环境

在文化层面，绍兴亦富有深厚的历史文化底蕴。例如，书圣故里历史街区位于绍兴古城北侧，这一区域不仅占地约 35.5 公顷，还包含了蕺山、萧山街河、蕺山河等自然景观，是绍兴市的文化与自然景观的完美融合之地，环境优美，极具历史价值。这些历史与自然资源的结合，使绍兴成为独特的旅游目的地，吸引着众多游客前来探索其自然美景与丰富的文化传统。

书圣故里历史街区内部保留了多项非物质文化遗产，包括 3 项国家级和 3 项省级非物质文化遗产。此外，街区还包括各级别的文物保护单位共 15 处，其中包括 2 处全国重点文物保护单位和 2 处省级文物保护单位，以及 3 处市级和县级文物保护单位。此外，还有 8 处尚未正式核定公布为文物保护单位的不可移动文物。街区中的一些显著建筑和地点，如蔡元培故居、王羲之故居、探花台门、解元台门、施家台门，都是文化和历史的重要见证，吸引了大量学者和游客前来研究和参观。这些建筑不仅承载着绍兴乃至中国的文化记忆，也是古代学术与文化成就的象征。2015 年，书圣故里历史街区因其独特的历史价值和文化深度被列入首批“中国历史文化街区”。这一认证不仅彰显了该地区在中国历史文化中的重要地位，也对保护和传承这些珍贵文化遗产起到了积极作用。

绍兴自古以来就是文化名人的汇聚之地。特别是书圣故里历史街区，这里不仅是书圣王羲之的居所，也是名儒蔡元培等历代学者的故宅，更是刘宗周、黄宗羲等历代名士求学和讲学的地方。王羲之，晋代的书法大家，在 307 年随家族南迁至会稽山阴，即今天的浙江省绍兴市。他的旧宅后来被改为佛寺，现在的戒珠讲寺就是其故居所在。寺中的山门和大殿在民国十三年（1924 年）重建，而寺前的墨池则在 1983 年重建，这些地点都成为绍兴不可或缺的文化遗迹。此外，街区内还散布着与王羲之生活密切相关的题扇桥、笔架桥、笔飞弄和躲婆弄等地，它们的命名和存在都与王羲之的生活和事迹密切相关。蕺山书院，位于该街区内，是明代著名儒学大师刘宗周讲学的场所，也是蕺山学派的发源地。蔡元培故居位于笔飞弄 13 号，这里不仅是蔡元培的故居，也是蔡氏家族几代人的聚居地。书圣故里历史街区的这些文化遗迹和历史建筑不仅是绍兴的文化象征，更是中华文化宝贵的遗产。

书圣故里历史街区是一个由环城北路、中兴中路、萧山街和局弄围成的历史文化区。这一地区包含了“四街六弄”的独特结构，其中“四街”指的是蕺山街、西街、萧山街和题扇桥直街，“六弄”包括斜桥弄、槐花弄、白华庵弄、笔飞弄、大园弄和躲婆弄。各街各弄都承载着丰富的历史故事和文化传说，使得整个区域不仅是绍兴的文化象征，还是中国传统文化的重要窗口。

（1）蕺山街、西街、萧山街：这些街道构成了历史街区的“工”字型建筑风貌，是古绍兴的经济和文化中心。

（2）斜桥弄：此弄的建设与明弘治十八年（1506 年）的榜眼董有关，展示了明代的建筑风格。

（3）大园弄：原为明成化十一年（1475 年）状元谢迁的宅第中的后花园，是明代文化的体现。

（4）躲婆弄：因南宋诗人陆游曾在此居住，并筑园植梅，此地因而得名“梅园弄”。

（5）笔飞弄：与王羲之的孙子王菱之相关，传说中此处是他挪笔而笔飞起之地，此外还与“江郎才尽”的故事有关。

（6）笔架桥：因此处是人们停下来落笔之地而得名，即使经过多次城市改造，地名仍被保留。

（7）局弄：明代时此地为绍兴府织染局的所在地，体现了当地的工业和商业发展。

（8）萧山街：曾是连接大江桥闹市区和昌安门的重要交通要道和商业街道，集中了多种商铺，如酒坊、陶瓷、丝绸。

（三）社会人文环境

书圣故里历史街区的肌理和结构，是在漫长的历史岁月中逐步积淀和形成的，展现了千百年来绍兴城市地脉和居住生活的痕迹。这里的建筑布局和生活方式仍旧保留着古城的传统特色，使其成为研究古代城市规划和建筑特征的重要实例。

绍兴的城市布局深受水系的影响，这一点可以追溯至东汉时期，当时为了积蓄水源围筑了鉴湖，从而使城市南北以水为界，形成了独特的城市格局。到了宋代，城市内部的规划模式进一步明确，形成了沿河设街、沿街建屋的格局，密布的河湖和纵横交错的街巷，构成了绍兴特有的“河街水巷”的水网格局。这种布局不仅是对自然地理条件的适应，也体现了古人对居住环境和城市空间的精心规划。

在书圣故里历史街区这一大背景下，保留了沿河而建的街道和临街而居的房屋，其空间布局中的天井、巷弄相互联系和通透，形成了既有私密性又不失开放性的居住环境。这种独特的空间印象不仅提供了丰富的日常生活场景，也反映了传统中国南方水乡的居住特色。

台门建筑作为书圣故里的一个代表性建筑风格，其独特的设计和功能布局，如天井的使用，使得室内外空间得到有效的利用和自然光照的最大化，同时也保持了良好的通风条件。这些建筑不仅是居住的场所，更是传统生活方式和社会关系的物质承载体。

二、书圣故里历史街区复兴传统文化策略

（一）构建主题游览路径

针对书圣故里历史文化街区特定的叙事主题制定了三条叙事路径，分别是为了复兴书圣故里而制定的书法研学路线、为再现水乡越城而制定的水上主题游线、为重构台门风情而制定的休闲康养路线。

1. 书法研学路线

书圣故里历史街区的书法研学游线展示了绍兴丰富的文化遗产和现代创意产业的完美结合。在研学过程中，学生能够了解“戏鹅悟道”“竹扇题字”“戒珠捐寺”等故事，在平凡的故事中了解王羲之不平凡的一生。不仅能欣赏王羲之翩若惊鸿，矫若游龙的书法之美，还能学习他虚心师承、潜心钻研的高尚品格。

（1）书圣景观广场（东入口）：作为旅游线路的起点，这里象征着“文章”的引言，为游客提供一个欣赏和期待接下来游览的心理准备。广场的设计和布局预示着整个区域的文化氛围和艺术价值。

（2）王羲之纪念馆：作为旅程的正式开始，纪念馆展示了王羲之的生平和书法艺术，奠定了整个游线的文化基调。通过对这位书法大师的深入了解，游客可以更加欣赏其对中国书法艺术的影响。

（3）戒珠讲寺（王羲之故居）：访问王羲之的故居，使游客能够亲身体验到这位历史人物的生活环境。故居的保护和展示让人们对王羲之的日常生活有更直观的认识。

（4）从墨池到书法集市：从深沉的纪念氛围转向购买文创产品的商业氛围。这一变化不仅拉近了历史与现代的距离，也让游客有机会带走属于绍兴的独特纪念品。

（5）蕺山文创街：此处通过文创产品的购买，游客可以直接参与到当地文化的传承与创新中来。此外，文创街的设计充分展示了地方创意产业的活力，促进了文化和商业的有机结合。

（6）题扇桥至六中茶馆：提供了一个休息和放松的好地方。在这里，游客可以享受一杯传统的中国茶，体验绍兴的茶文化。

（7）萧山街：历史上著名的商业街，提供了丰富的就餐选择。这里不仅有地道的绍兴美食，还能感受到绍兴作为商业中心的历史氛围。

（8）蔡元培纪念馆：作为行程的重要一站，纪念馆向游客展示了蔡元培的生平和其对中国文化及教育的贡献。参观后在蔡元培纪念广场合影留念，为旅程画上完美的句点。

2. 水上主题游线

这条水上主题游线充分利用了绍兴独特的水网和传统的乌篷船，提供了一种独特的游览体验，让游客从不同的视角探索书圣故里及其周边的景点。

（1）街区西入口的游船码头作为起点，游客在这里登船，开始他们的水上之旅。这个码头不仅作为旅程的起点，也象征着进入一个浸润在水文化中的世界。

（2）萧邵运河段的游船体验：游船沿着萧邵运河缓缓行驶，让游客体验到绍兴水乡的宁静与美丽。运河两岸的自然风光和人文景观相得益彰，为游客提供了丰富的视觉享受。

（3）蕺山河游览：长达 1.1 千米的蕺山河几乎串联起整个书圣故里景区，游船将带领游客一路欣赏沿岸的主要景点，如题扇桥、水墨剧场、书法集市和墨池。这些点都精心布置在蕺山河沿线，体现了绍兴古城的文化与自然美景。

（4）乌篷船体验：在环城河上乘坐传统的乌篷船是这条游线的一大亮点。乌篷船作为绍兴的文化象征，提供了一种回归自然和传统的旅行方式，使游客能够更加亲近绍兴的水文化。

（5）水墨剧场：游船的高潮部分是在改造后的六中精品民宿中的水墨剧场。这里不仅提供水上表演，也是体验绍兴水墨文化的绝佳场所，结合传统与现代的表演艺术，增添旅程的艺术气息。

（6）游客乘船回到住处，让游客在宁静的水声和夜色中回味整个行程的美好，结束一天的旅程。

通过这样的水上游线，游客不仅能够深入体验绍兴的水乡文化和历史遗迹，还能享受到从水面观察这座古城的独特视角和宁静时刻。这种结合了观光与体验的旅游方式，无疑会吸引那些寻求深度文化体验和不同旅行方式的游客。

3. 休闲康养路线

休闲康养游线旨在提供一种轻松自在的游览方式，允许游客以自己的节奏深入体验绍兴的文化和日常生活。这条游线巧妙地结合了休闲与文化探索，让游客能在不受紧张行程束缚的情况下，深刻感受到绍兴的独特韵味。

（1）游客可以从绍兴的文化街区开始他们的旅程，这里不仅有丰富的商铺和传统的小吃，还能让游客即时感受到绍兴独特的文化氛围。街区内的各种商铺和手工艺品店提供了充分的选择，游客可以随意浏览，享受购物的乐趣。

（2）台门体验区：游线中段安排了台门体验区，这里有多座保存完好的传统建筑，游客可以在这些历史悠久的台门建筑中穿行，体会绍兴古城的历史和建筑美学。台门区的安排旨在让游客以最接地气的方式感受绍兴的日常生活和慢节奏文化。

（3）王羲之和蔡元培纪念馆：作为旅途的高光时刻，王羲之和蔡元培的纪念馆不仅讲述了这两位伟人的生平事迹，还展示了他们在中国文化史上的重要地位。这一部分的参观可以让游客在享受休闲的同时，也能获得深厚的文化滋养。

（4）悠闲步行与观察：整个游线鼓励游客悠闲地步行，观察和体验绍兴的日常生活。在这样的步行中，游客可以停下来品尝当地的茶馆，或者在小桥流水旁坐下来读书，完全沉浸在这个城市的静谧之中。

（5）与其他游线有所不同，休闲康养游线没有固定的结束点。游客可以根据个人的兴趣和体力选择在任何一个地点结束旅程，无论是在某个喜欢的台门前，还是在某个美丽的河畔。

通过这种非常灵活的游览方式，休闲康养游线让每一位游客都能以自己的方式深入了解绍兴，体验这座城市独有的文化和生活节奏，找到属于自己的那份宁静和喜悦。

（二）整合多种功能业态

在绍兴的书圣故里历史街区，规划者们面临的挑战是如何将这一具有深厚文化积淀的地方转化为一个充满活力的文化旅游目的地。这需要一个综合性的策略，既保留其历史韵味，又引入现代元素，以满足广泛的游客需求和提升当地居民的生活质量。为了实现这一目标，书圣故里的发展计划聚焦于提升和创新传统的空间利用，通过融合文化遗产保护与现代休闲活动。项目着手将王羲之、蔡元培等历史名人的故居转化为动态的博物馆和展览空间，这些空间不仅讲述他们的故事，也成为了解中国文化的窗口。同时，新建的文创市集和工作室在提供购物和互动体验的同时，也成了当地艺术家和手工艺人展示和销售作品的平台。进一步地，书圣故里通过增设茶馆和雅居式民宿，提供了一个可以深度体验绍兴传统生活方式的环境。夜间经济的引入，如游船夜游和定期的文化表演，不仅丰富了游客的夜生活选择，也帮助激活了整个街区的夜间氛围。特别是水墨剧场的设立，提供了一个展示当地文化艺术的舞台，同时增强了游客的参与感和体验感。此外，书圣故里鼓励社区居民参与到街区的日常管理和活动策划中来，通过教育项目和文化工作坊，增强了社区的文化自豪感和凝聚力。街区内的公共空间被策略性地用于安装艺术装置和进行环境美化，不仅提升了视觉美感，也营造了亲民的公共场所，促进了居民和游客的交流互动。通过这些综合性的规划和实施，书圣故里历史街区成功地将传统和现代、文化和商业、休闲和教育融合在一起，形成了一个多功能、高活力的文化旅游区域，不仅为游客提供了丰富多彩的文化体验，也促进了当地经济的发展和文化的传承。

（三）融合多重感知体验

在书圣故里，为了突破传统的纪念馆式展陈模式，提升游客的沉浸式体验，规划者采用了一系列创新手段结合技术应用，将文化故事的呈现转化为一个多维体验空间，旨在通过场景的真实再现和情境的深度参与，为游客营造出更加丰富和动态的场所感。

王羲之纪念馆的转型就是一个典型的例子。纪念馆不再仅仅依靠传统的展板和实物展示来讲述王羲之的生平和艺术成就，而是通过复原墨池等具有历史意义的场景，使游客能够在原真的环境中感受历史的气息。这种场景的再现，不仅恢复了文化遗迹的历史面貌，也为游客提供了与历史对话的空间。纪念馆内设立的书法研讨雅集和书法商业集市，则是通过活动的形式让游客亲身参与到书法艺术的实践中来。在这里，游客不只是被动的接受信息，而是通过实际操作、与书法家的互动交流，体验书法的魅力，这种参与性活动大大增强了游客的体验感和场所感。利用 VR 技术支持的纪念亭和冥想厅，则运用现代科技手段，为游客提供了一个全新的沉浸式体验。通过虚拟现实技术，游客可以跨越时间和空间的限制，深入到王羲之的历史环境中去，从而获得更为直观和生动的文化体验。这种技术的应用不仅让历史文化的传播更加生动有趣，也使得文化的传承更加深入人心。综合这些多重空间形式和多重文化感知的叠加融合，王羲之纪念馆及整个书圣故里的文化展示模式被重新定义。游客在这里得到的不仅是知识的增加，更是一种深度的文化沉浸体验，这种全方位的感官参与和情感共鸣，有效地增强了游客对书圣故里这一特定场所的感知和记忆，使其成为绍兴乃至中国文化的重要传播点。

（四）复兴传统民俗文化

复兴传统民俗文化不仅是文化传承的重要途径，也是城市历史文化身份的重要标识。历史街区作为城市历史与文化的缩影，蕴含着丰富的物质与非物质文化遗产。这些遗产不仅体现在街区的建筑风格和空间布局上，更体现在居民的生活方式、社会结构、艺术表达与传统工艺中。以“六中”综合利用和保护片区的规划为例，该策略致力于通过文化活动的多样化配置，促进传统文化的复兴。项目计划不仅包括将传统市场、书画工作室、茶馆和特色住宿融入日常生活，还通过恢复和重利用六中旧校址，使之成为一个文化交流的核心地带。这里的首层空间灵活设计，能够适应各类文化活动的需求，庭院广场则作为东西街市的连接纽带，不定期向公众开放，成为展示传统民俗和非遗文化的活动场所。这种空间的重新规划和文化活动的设立，不仅为地方文化提供了展示与交流的平台，也加强了社区成员对传统文化的认同和参与。通过这样的文化复兴活动，不仅增强了城市的文化吸引力，也加深了民众对本土历史和文化的理解与尊重，从而有效地构建了书圣故里的场所感，弘扬了地区的文化特色和历史价值。

第四节　上海“豫园灯会”：用非遗灯彩讲述中国故事

豫园灯会的历史渊源和文化传承深厚，与上海地区的元宵节庆活动紧密相连，形成了一种独特的地域文化现象。据史料记载，元宵节灯会的传统最早由汉高祖刘邦的侄子刘濞引入上海，他在松江叶榭地区勘查时，将扬州的元宵灯俗带到了上海，并模仿宫廷的形式举行，从而开启了上海地区元宵灯会的传统。自明清时期以来，每逢元宵节，在豫园举行的灯会已成为一种固定习俗。2011 年，豫园新春民俗艺术灯会正式列入国家级非物质文化遗产名录，这标志着其文化价值得到了官方和社会的广泛认可。

2023年的豫园灯会以《山海经》为主题，将这部古老神话典籍中的宇宙观和神话生物通过灯光艺术形式呈现出来，把传统文化与现代审美完美结合，展现了非常独特的视觉效果。该年的灯会还恢复了老上海上元灯会中的“天官鳌山灯”赐福巡游的传统，这种形式不仅重现了传统民俗，也寓意着祈福和欢庆，体现了人们对幸福生活的向往和祝福。

2024年的豫园民俗艺术灯会以“海经篇”为主题，继续其“山海奇豫记”的壮观系列，将中国古代神话与现代艺术创造性地融合。这次豫园灯会的设计围绕深海与河图的概念展开，通过四大门头和五大场景的布局，展现了生肖龙与海洋生物的神秘交融。其中，凝晖路的“一夜鱼龙舞”场景被誉为“中式浪漫天花板”，象征着浓厚的东方审美和文化底蕴。在中心广场，一条巨型黄龙在“飞龙跃海”的姿态中冲天而起，环绕一颗蔚蓝色的球体，象征守护和促进万物生长。九曲桥头的鱼龙公主场景则引领游客进入一个“海错翩然、星汉灿烂”的深海世界，展示了海洋的深邃与神秘。除了视觉艺术的展示，豫园灯会还举办各种文化演绎活动，如《舞春灯》展现了江南女子的婉约舞姿，《龙云赋》融合了中国舞的慷慨与灵动，而《滚灯舞》和《双龙汇》则分别展示了非遗技艺和结合舞蹈与武术的力量。此外，非遗文化巡游中的《板凳龙》和《鳌鱼戏》也为灯会增添了浓郁的传统文化气息。

上海豫园新春灯会不仅展示了丰富的非物质文化遗产，还探索并实施了一种较为成熟的运营模式。这种模式通过创新的彩灯展览形式和拓展的传统灯会场景，成功地融合了现代科技与人文建筑，从而推动了景区、购物、展览的一体化发展。豫园灯会的运营成功在于其能够打破传统与现代之间的界限，实现了技术和文化的和谐共融。通过使用现代科技手段，如动态灯光效果和互动装置，豫园灯会不仅保持了传统灯彩的艺术魅力，还增加了展览的互动性和吸引力，使得活动更加生动和参与感强烈。此外，豫园灯会的举办还极大地促进了本地的人气和经济发展。通过吸引大量的市民和游客，活动不仅提高了当地的知名度，还推动了相关商业活动和夜间经济的繁荣。特别是在新春佳节这样的传统节日，豫园灯会为人们提供了一个沉浸式的文化体验空间，使得传统与现代、文化与旅游、节庆与经济发展能够有机地结合在一起。

第五节　河南焦作：叫响“太极功夫之旅”品牌

焦作市在积极推动“非遗+文旅”融合的过程中，已经取得了显著成效，不仅促进了非物质文化遗产的保护和传承，还极大地丰富了文化旅游产业的内涵。这种融合不仅使非遗文化得到更广泛的传播，也为旅游体验增添了独特的文化深度。在焦作市，非遗项目与当地旅游资源的结合，为游客提供了多样化的文化体验。通过参与怀药制作、品尝怀府闹汤驴肉等非遗美食，游客可以深入了解和体验焦作的地方特色与传统工艺。此外，焦作市也依托其丰富的武术传统，如太极拳和八极拳，将这些体育项目与旅游景点相结合，不仅让游客体验传统武术的魅力，还提升了体验的互动性和教育性。在黄河故宫的嘉应观聆听黄河泥埙的古韵悠长，参观神农山下的野王紵器制作，以及体验黑陶小镇和云台古镇的传统制陶技艺，都是焦作非遗文化与旅游资源结合的典范。这些活动不仅让游客直观地感受到非遗文化的魅力，也实现了传统技艺的现代转化和市场化，有效地将文化遗产转化为经济价值。

一、完善四级保护体系

焦作市温县陈家沟是太极拳的发源地，太极拳自明末清初由陈王廷创编以来，已经历了近 400 年的发展，逐步演变出杨式、武式、吴式、和式等多种流派，每种流派都有其独特的特点和技艺。2006 年，陈式太极拳被认定为国家级非物质文化遗产，这标志着国家对这一传统武术形式的重视和保护。2008 年，太极拳被中国文化部正式推荐申报为人类非物质文化遗产。这一申报工作在文化和旅游部的指导下，河南省委和省政府的统筹部署下，以及焦作市与各大太极拳流派社区的共同努力下顺利进行。2020 年 12 月 17 日，太极拳被正式列入联合国教科文组织的《人类非物质文化遗产代表作名录》，这不仅是对太极拳文化价值的国际认可，也是对中国传统文化的一种全球肯定。焦作市的成功申遗，为太极拳的全球传播奠定了坚实的基础。目前，焦作市已经建立起一套完善的四级保护体系，涵盖国家、省、市、县四个级别的非物质文化遗产项目。该市不仅在保护传统武术方面取得显著成就，还在传承人的培养上成果丰硕，拥有国家级、省级、市级、县级非物质文化遗产传承人数百人。

二、激活非遗活力

2020年，焦作市的非物质文化遗产传承人和太极拳社区表现出了卓越的适应性和创新精神。他们通过艺术创作和在线教育为社会注入了正能量，展示了非遗文化的实际应用和社会价值。太极拳作为一种传统健身方法，在增强免疫力方面被广泛认可。焦作市的太极拳社区利用现代技术，通过微信群、公众号、太极拳网站及应用程序，推广太极拳的线上学习和练习。这一措施使得广大市民能在家中学习太极拳，不仅有助于提高个人健康和免疫力，也为社会稳定和个人心理健康提供了支持。这些在线课程的参与度极高，累计点击量超过千万人次，有效地推广了太极拳文化。焦作市即将举办的“百工献艺庆百年——焦作非遗讲述的中国共产党百年历史展览”将是又一次展示非遗文化与现代社会结合的良机。此次展览将展出一系列反映党史和新中国历史的非遗作品，这些作品由全市的非遗传承人、从业者及爱好者精心创作和整理。通过微信公众号和“焦作非遗”官方抖音号展出的方式，将使这些富有教育意义和历史价值的作品得到更广泛的传播和认可。

三、强化非遗宣传

焦作市在强化非物质文化遗产的宣传和推广方面采取了多项具体举措，有效提升了当地非遗项目的知名度和影响力。以下是焦作市非遗推广的三个主要方向。

（1）“春雨工程”活动：自2015年起，焦作市已连续五年策划并实施了“春雨工程”太极拳文化走边疆志愿服务活动。特别是在2019年，焦作市首次将太极拳文化志愿服务与旅游推介相结合，将活动带入甘肃张掖，不仅传播了太极拳文化，同时也推广了焦作的旅游资源。这种融合方式不仅向边远和民族地区介绍了焦作的文化成就，还让更多人体验到太极拳的健康益处。

（2）积极参加旅游推介会：焦作市通过组织多种非遗技艺参与地方和区域旅游推介会来提升当地文化项目的曝光度。例如，参加长三角旅游产品推介会和“乘坐高铁游焦作”（山西）旅游推介会，展示了当阳峪绞胎瓷烧制技艺、清化竹器制作技艺、野王紵器制作技艺等多种手工艺，以及陈氏太极拳等非遗项目，获得了广泛的好评和关注。

（3）通过活动促进非遗发展：在河南省文化和旅游厅的支持下，焦作市在云台山景区成功举办了包括文化和自然遗产日非遗展演展示活动及河南省非遗购物节在内的多项大型活动，这些活动有效地展示了非遗项目的新活力。此外，太极拳申遗成功后，焦作市举办了“共享太极 共享健康”主题的太极拳传承发展大会，并在全球范围内推广太极拳，尤其是在“一带一路”沿线国家和地区，极大地提升了太极拳的国际知名度。

四、融合初见成效

焦作市在非遗与旅游的融合方面取得了初步成效，并在多个方面展现了创新性的实践和积极的成果。焦作市通过实践案例“叫响太极功夫之旅品牌”获得了2020年度非遗和旅游融合优秀实践案例的荣誉。这一成就标志着非遗与旅游融合的策略不仅得到了认可，还为未来的保护和实践工作提供了宝贵的经验。在推动乡村振兴的过程中，焦作市积极探索非遗项目的传承与发展。通过将修武县云台山景区、修武县陪嫁庄村、温县陈家沟等地作为“黄河非遗点亮老家河南”活动的赛点，这些地区成功地结合了非遗传承与乡村振兴，展示了非遗在现代社会中的新价值和发展潜力。此外，焦作市还大力推广太极民宿集群的建设，采用“武馆+民宿”“民居+民宿”“民众+民宿”等多种形式，将传统武术与现代旅居体验相结合。通过这种方式，培育出了50余家具有地域特色的精品民宿，如恒义武馆、太极武府、禅武太极等，这些民宿不仅提升了地方旅游的吸引力，也为太极拳的传承创造了新的空间。在非遗演艺体验方面，云台山景区基于《竹林七贤的传说》这一非遗项目，创新性地开发了国风演艺《七贤游园》。这一演出不仅深受游客和媒体好评，也助推了河南文旅产品的再度“出圈”，并成功掀起了传统山水景区文旅转型的新浪潮。连续举办的汉服花朝节、红叶国潮文化节、国风音乐跨年盛典和端午国潮文化节等活动，进一步加深了游客对非遗文化的认知和体验。焦作市也在太极文创产品方面取得了显著进展。开发的太极IP形象如“廷爷”“陈小拳”，以及“太极拳主题怀药食养礼盒”“黄河之礼”系列文创伴手礼，一经推出即受到市场的热烈欢迎。这些文创产品不仅丰富了太极拳的文化内涵，也为传统文化的现代转化提供了新的可能性。

第六节　四川崇州：竹艺村让非遗在乡村振兴中绽放

一、崇州竹编概况

崇州市坐落于四川省中上游岷江之畔，西川平原的西侧边际，是被誉为“天府之国”的中心地带。特别是道明镇，这一地区位于崇州市的西北部，以其独特的自然环境和丰富的竹资源，成为竹编艺术的发源地。道明竹编，受益于地理与气候的双重恩泽，地形多样，海拔梯度大，土壤酸碱度适宜，这些条件为慈竹等竹类植物的生长提供了理想的环境。道明地区属于亚热带季风气候，四季分明，气候温和，具有较长的无霜期和充沛的降水，为竹类植物的生长创造了极为有利的条件。在这里，慈竹是竹编艺术的主要原料，它们多生长在海拔较低、温暖湿润的地区，这些区域的土壤疏松、肥沃，排水良好，非常适合竹类植物的生长。这种天赋的自然资源，使得道明竹编技艺得以传承与发展，不仅在中国古代文献如《华阳国志》中有所记载，其技艺和产品还远销至全球多个国家和地区。新中国成立以来，道明竹编的产业经历了从个体到集体，再到自由市场的多阶段变迁。改革开放以来，道明竹编进一步融入国际市场，与全球多国进行交流和贸易，使得这门传统艺术焕发新的生机。综观道明竹编的历史与现状，可见其背后不仅是技艺的传承与发展，更是一段段与自然和谐共生、与时代共进退的生动历史。

道明竹艺村建立了专门的传统工艺工作站，这一平台不仅是技术传承的中心，还是新创意和创新实践的发源地。工作站通过定期举办培训班和工作坊，不仅增强了工艺人的专业技能，还吸引了大量的年轻人投身于竹编艺术的学习与创作中。通过这样的集聚和教育，工作站有效地促进了竹编技术的整体性提升，并在乡村文化、产业及人才振兴中起到了桥梁和纽带的作用。道明竹艺村的环境建设也十分注重与传统竹艺的融合。村内的房屋、街道及公共空间广泛使用竹材进行装饰和建设，不仅体现了竹文化的独特魅力，也让整个村落显得更加和谐自然。这种设计不仅改善了居民的生活环境，还将竹艺自然地融入民居、景观与景点中，使得乡村旅游具有了鲜明的特色和差异化优势。游客来到这里，可以直接体验到竹艺文化的独特魅力，增加了旅游体验的吸引力。道明竹艺村积极探索将传统工艺与现代生活方式的结合。村内不少工艺师和设计师合作，开发出一系列既实用又具有艺术价值的现代竹制品，如竹制家具、装饰品及日用品。这些产品不仅在国内市场受到欢迎，也成功打入国际市场。通过这种文化创意的实践，道明竹艺不仅提升了竹产品的附加值，也让传统工艺在现代生活中找到了新的生存空间和发展方向。道明竹艺村还搭建了一个包括电子商务平台在内的销售网络，使得当地的竹编产品可以直接面向全球市场。这种新经济模式的探索，为当地竹艺工人开辟了新的收入来源，同时也推动了整个产业链的现代化和国际化。

四川省崇州市的道明竹艺村确实是以传统工艺促进乡村振兴的典型案例。作为国家级非物质文化遗产，道明竹编不仅代表了丰富的文化传统，还被纳入了国家传统工艺振兴目录的首批名单中，显示出其文化及艺术价值的重要性。道明竹编的成功，部分得益于当地对文化遗产的深刻理解和尊重，同时也体现了在传承中创新的智慧。地方政府与社区共同努力，采取了一系列措施来保护和发展这一传统艺术，如建立培训中心、提升工艺技术、扩大市场推广等。此外，道明竹艺村利用其独特的文化资源，开展了一系列文化和旅游融合发展的活动，如竹艺节、工艺展览和互动体验工坊，这些都有效地吸引了游客和艺术爱好者的关注，同时也为当地经济带来了活力。通过这样的方式，道明竹艺村不仅保护了传统工艺，还通过文化的力量为乡村振兴注入了新的动力。这种将传统工艺与现代发展需求相结合的模式，为其他地区提供了可借鉴的成功案例，显示出文化传承与创新在促进地区经济社会发展中的巨大潜力。

第七节　福建长汀：畅游非遗名城 尽享古韵风采

一、福建长汀非物质文化遗产概况

福建长汀具有深厚历史文化底蕴，不仅是古代汀州府的所在地，也是国家历史文化名城的典范。作为闽西文化的重要汇聚地，长汀承载着丰富的客家文化，历史上曾是客家人的政治、经济和文化中心。城市中遗留的众多古迹和丰富的传统技艺，使得长汀不仅仅是一个文物大县，更是一个非物质文化遗产的重要承载地。近年来，长汀县政府在非物质文化遗产的保护与传承方面采取了一系列积极措施。这些措施遵循古迹保护、风貌保存和古韵留存的原则，不仅保持了历史街区和古建筑的原有风貌，还努力将文化旅游融入当地的多元文化之中。这种方法不仅保护了传统文化的真实性和完整性，也使得文化遗产能够与现代社会发展相适应，增强了文化的可持续传承。通过将非遗项目与客家文化、历史文化、红色文化及生态文化的融合，长汀不仅强化了本地文化的内涵，也为城市的文化旅游业注入了新的活力。例如，长汀的刻纸龙灯、国家级非遗公嫲吹、长汀客家十番音乐等，这些非遗项目不仅被保护和传承，同时也成为吸引游客和文化学者的重要元素。长汀还致力于发展以文化遗产为核心的文化旅游业，通过建设博物馆、文化馆、艺术展览等设施，使得游客能够更深入地体验和理解客家及汀州文化。这不仅有助于提升当地经济，还为更广泛的人群提供了学习和欣赏传统文化的机会。

（一）长汀刻纸龙灯概述

长汀客家刻纸龙灯是一项承载着深厚文化传统和艺术价值的民间工艺，起源于清代康熙年间，具体可追溯到1751年。其发源地位于福建省长汀县的童坊镇北部的彭坊村，这个村庄距县城 20 千米，拥有 1880 名居民分布在 6 个自然村落中。彭坊刻纸龙灯的创始人是彭氏家族第十五代的彭景周，他将福建泉州的刻剪纸艺术与中原地区的元宵花灯艺术融合，创造出独具特色的彭坊刻纸龙灯，至今已有 260 多年的历史。彭坊刻纸龙灯的艺术特色在于它融合了多种民间美术工艺，如刻纸、绘画、刺绣、插花和折纸。龙灯的制作工艺极为复杂而精美，每一件作品都是艺术家们对美学与工艺的极致追求。龙灯的设计包含三种类型：黄龙、红龙和青龙，其图案主要涵盖花鸟虫鱼、戏剧人物和神话故事，寓意着生活的美好、人与自然的和谐相处，以及生生不息、循环往复的自然规律。这种龙灯的结构独特，通常由 2 或 4 个菱形的灯体组成，每个菱形灯体有 24 个面，象征着二十四节气。而龙灯的每一个面都是艺术家们手工刻制的，其中 16 个长方形面的刻纸长 12 厘米、宽 10 厘米，8 个三角形面的刻纸长 10 厘米、高 12 厘米，这些设计都富有深厚的文化内涵，象征着十二节气和“十全十美”。刻纸过程中，艺术家会将 20 层色纸折叠压实后进行刻割，这一过程要求极高的精准度和技巧，以确保图案的完整性和美观。不同的线条和图案需要使用不同的刻刀，艺术家们会用左手持刻刀，右手拿小追棒敲打，以在超薄的纸上雕刻出栩栩如生的图案。这一过程不仅考验艺术家的技艺，也是其对传统文化的传承和尊重。随着时代的变迁，彭坊刻纸龙灯在传统图案的基础上，也开始融入更多富有现代感的元素，如《中国梦》《生态家园》《神舟九号》，这些现代主题的加入使得龙灯艺术更加贴近当代社会，同时也展示了传统工艺与现代文化的完美结合。

（二）国家级非遗公嫲吹

福建省长汀县的公嫲吹，荣获“八闽绝唱”和“中国民间交响乐”的美誉。这一艺术形式源于明代，是一种传统的双唢呐演奏方式，由一男一女演奏者分别扮演“公”和“嫲”（即男性和女性）角色，通过乐器的交互对话，模仿生产和生活中的男女对话场景。公嫲吹的乐器配置主要包括两把音调不同的唢呐：公吹和嫲吹。公吹以其高昂、嘹亮的音色负责演绎雄浑的旋律，而嫲吹则以低沉、浑厚的音色表达更加细腻柔和的旋律。两种声部的结合，不仅创造了独特的音乐对话，还体现了男女声部的和谐与对立，形成了一种既有力度又不失细腻的音乐表达。2011 年，公嫲吹被正式列入国家级非物质文化遗产名录，这不仅是对其艺术价值的认可，也是对其文化意义的肯定。在传统演奏中，公嫲吹不仅仅是音乐表演，它还承载着表达夫妻或情侣间相濡以沫、携手共度生活的美好愿景。音乐中时而旋律交错，时而和声悠扬，仿佛在叙述一对夫妇携手走过风风雨雨的故事。此外，公嫲吹的演奏常与其他乐器如大锣、大鼓、二胡等组成的“十番音乐”合作，使得整个音乐表演更加丰富和震撼。

（三）长汀客家十番音乐

十番音乐，亦称为“十欢”或“十班”，是一种源于福建省福州和闽西地区的传统器乐表演艺术，起源于清代乾隆年间。这种音乐形式最初从龙灯舞的击乐演变而来，其独特之处在于使用由丝、竹、革、木、金等材料制作的十种乐器组成的乐队进行演奏。十番音乐的演奏形式多样，包括坐奏、行奏和舞奏，适应室内外不同的表演环境。室内演奏分为前后两堂，前堂以金属乐器为主，后堂则主要用丝竹乐器。乐队的组成灵活多变，人数从五到数十人不等，乐器配置基本包括曲笛、芦管、琵琶、三弦、二胡、小胖壶、大胖壶和夹板等，其中笛子是主要的领奏乐器。客家十番音乐特别强调节奏和节拍的变化，演奏风格既粗犷热烈又优雅抒情，节奏明晰、顿挫分明，常见的节奏形式包括单板（慢板）、双板（中板）和双双板（快板），表现出独特的节奏变化和音乐张力。十番音乐的曲牌结构丰富，大致可分为三大类：大曲或大牌、小调和戏曲弦串。大曲如《过江龙》和《梅花三弄》等展示了传统的十番乐曲风貌；小调则多用于地方性的民间活动，如《红绣鞋》和《双扶船》；戏曲弦串则吸收了闽西汉剧、潮剧等地方戏曲元素，如《南北进宫》和《琵琶词》等。

二、福建长汀非遗名城旅游策略

（一）将非遗文化融入宗祠家庙

将非物质文化遗产融入宗祠和家庙的实践，是中国传统文化传承的一种创新方式。在福建省长汀县，这种做法已经取得了显著成效，尤其是通过建立专门的传习所。例如，公嬷吹传习所就设立在城区的傅氏家庙内，这不仅为公嬷吹艺术提供了一个传承和展示的平台，也使得傅氏家庙成为文化交流的中心。同样，酿酒技艺传习所和九连环传习所分别设在五通街的林氏家庙和东街村的曾氏宗祠，这些设施不仅保存了技艺，也加深了社区成员对自己文化根源的认识和尊重。这些传习所采取多种方式进行技艺的传授，包括招收徒弟、在课堂上教学，以及进入社区活动，这样的方法使得非遗文化的教育更加生动和接地气。通过这种方式，非遗文化不仅得以保存，其活力也得以在当代社会中重新焕发。更重要的是，这种结合传统与现代、祭祀与教育的方式，强化了社区的凝聚力，让更多的年轻一代能够理解并珍视自己的文化遗产。

（二）将非遗文化融入旅游景点

长汀县通过融合非物质文化遗产与旅游发展的策略，自 2012 年以来投入了 16 亿人民币打造“一江两岸”景观，使得非遗文化在旅游景点中得到了充分的展示和传播。特别是在八喜馆、济川门城楼等地，专门设立了非遗项目的宣传展示场馆。这些场馆不仅展示了传统技艺，如“公嫲吹”“刻纸龙灯”“九连环”，还通过微缩模型的形式，生动地呈现了“百壶宴”“百鸭宴”和“玻璃子灯”等非遗项目，让游客能够一窥客家传统文化的魅力。这种创新的展示方式不仅增强了游客的体验感，也大大提高了非遗文化的传播效率。游客在游览美丽的自然景观同时，还能近距离感受到深厚的文化底蕴，这种文化与自然的结合，极大地丰富了旅游的内涵。此外，这些展示活动也为当地艺人和手工艺者提供了展示自己技艺的平台，从而帮助他们获得了更多的认可和经济收益。

（三）将非遗文化融入传统街区

店头街，作为长汀四大历史传统街区之一，承载着丰富的商业和文化历史。这条街区不仅见证了古汀州城的繁荣发展，如今还演变成为展示客家文化和美食的重要场所。街区内的醉春风、八喜院子等酒楼，都以其独特的客家建筑风格和传统装饰吸引着大量游客。这些酒楼不仅提供豆腐宴等传统客家美食，还在菜品的制作和呈现上融入了客家的非物质文化遗产元素，使得每一道菜都富有地方特色和文化内涵。

通过这种方式，店头街不仅成了一个美食集中展示的街区，更是一个活生生的非遗文化展示平台。游客在享受美食的同时，也能感受到深厚的客家文化氛围，这种体验使得传统街区的每一砖每一瓦都散发出历史的香气。此外，街区还定期举办各类文化活动和节庆，如传统的客家山歌对唱、龙灯表演等，这些活动不仅为游客提供了丰富的文化体验，也为当地居民提供了传承和发展自己文化传统的机会。

（四）将非遗文化融入乡村旅游

在推动乡村旅游发展的过程中，长汀县采取了一系列创新措施，将非遗融入乡村旅游中，以此促进地方经济和文化的双重发展。童坊镇作为其中的典型示例，积极传承和挖掘当地乡土文化和人文故事，将这些文化资源转化为乡村旅游的吸引力。例如，2020 年在彭坊村成立了刻纸龙灯非遗扶贫就业工坊，不仅为当地居民提供了就业机会，还通过非遗项目的展示和体验，吸引了大量游客，带动了当地旅游业的发展。通过这种模式，长汀县不仅在保护和传承非遗文化方面取得了显著成效，还成功地将非遗文化与乡村旅游结合起来，打造出一系列具有地方特色的旅游产品。这些产品不仅包括传统的刻纸艺术和龙灯表演，还涵盖了客家美食、传统手工艺品制作等多方面，为游客提供了一种全方位的文化体验。此外，这种融合发展的模式也有效地帮助了当地农民增收致富，改善了居民的生活质量，促进了乡村社区的整体发展和繁荣。

三、综合效益

自 2012 年以来，长汀县启动了“一江两岸”景观修复工程，并将水东街、东大街、南大街、店头街等四大街区作为名城保护和活化利用的核心，取得了显著的成效。这些努力不仅复建了古城墙、大夫第、八喜馆、济川门城楼、卧龙书院等重要文化节点，而且恢复了这座历史名城的古老风貌，使其古韵长存。随着非遗文化项目如“公嫲吹”“刻纸龙灯”等在各大景点、乡村和传统街区的常态化展演，长汀的非遗文化不仅得到了有效的保护与传承，也极大地丰富了游客的体验。尤其是在卧龙书院举办的龙岩市 2020 年非遗购物节，该活动不仅展示了来自龙岩市七个县市区的非物质文化项目，还创新性地将每个展馆与特定的文化特色相结合，形成了“一馆一文化、一馆一特色”的展示模式。此外，美食一条街的项目让游客不仅能够欣赏到当地的美景，还能品尝到各式客家美食和龙岩市各地的特色佳肴，从而深入体验当地文化。通过这些措施，长汀县不仅成功地将非遗文化融入旅游景点，而且通过与旅游管理部门和旅行社的紧密合作，组织旅游团队参与到这些文化活动中，进一步增加了长汀旅游的吸引力。这种融合非遗文化与旅游发展的策略，不仅有效地保护和传承了非物质文化遗产，也为当地经济带来了新的活力和增长点，实现了文化和经济双赢的局面。

第八节　贵州丹寨：主打非遗主题特色小镇

一、乡村振兴背景下贵州丹寨非遗主题特色小镇的规划要素分析

（一）产业定位研究先行，明确总体规划方向

在实施乡村振兴项目时，明确产业定位并制定详细的总体规划是关键。通常，这一过程会由政府主导，并早在项目立项之前就确定当地的主导产业方向，如绿色农业、文化旅游业或装配制造业。为了确保项目的成功，进一步的可行性研究

不可或缺，这需要将宏观的产业方向细化到更具体的实施层面。例如，在绿色农业方面，研究可能聚焦于特色水稻、高山茶叶或特色养殖业的发展潜力；而文化旅游业的规划则可能着重于挖掘和展示地区的民族文化、山水文化，或者开发与现有产业相结合的文化旅游品牌。这种详细的定位和规划，使得每一个环节都能紧密结合当地的实际条件和长远发展需要，不仅提升了地区的空间形象，还有助于推动当地经济和社会文化的持续稳定发展。

（二）空间形态的打造与传统文化的复兴不可分割

在乡村振兴和城乡规划的过程中，空间形态的打造与传统文化的复兴是紧密相连的。这种设计理念基于一种深刻的认识：保留自然生态和历史文化遗产不仅能留住“绿水青山”，还能保持人们对“乡愁”的记忆。这不仅关乎环境的美学和生态的可持续性，也关乎文化身份和历史连续性的维护。

在打造空间形态时，规划者需要深入挖掘和利用当地的自然与文化资源，创造出既符合现代居住需求，又能反映地区历史文脉的生活空间。这包括恢复和保护传统建筑风格、利用本地材料、保护传统手工艺，以及推广地方特色的文化活动。例如，通过恢复传统的村落布局，重建历史悠久的社区中心，或在新的设计中融入传统元素，可以让居住空间成为传统与现代交融的场所。同时，传统文化的活化不应仅限于文化展示或节庆活动，而应成为社区日常生活的一部分。这意味着传统文化需要与现代生活方式相适应，通过教育、艺术、工艺乃至日常饮食等多种形式，不断地在社区生活中得到实践和传承。

（三）可持续发展需要全程的规划统筹

可持续发展在乡村振兴和城乡规划中是一个全程的、动态的过程，它要求规划者不仅在项目启动和建设阶段保持高度的协调和统筹能力，更要在项目完成后继续发挥作用。项目的投入使用标志着一个新的开始，此时，规划者需要根据市场运营的实际情况和初期规划的预期进行比较，调整和应对可能出现的差异。这种持续的规划与协调包括对产业结构布局的调整、动线的优化，以及对新进入或伴生产业的整合。例如，随着项目的运营，可能会出现新的市场需求或产业趋势，这时候就需要对原有的空间布局和产业配置进行相应的调整，以保持项目的竞争力和吸引力。同时，考虑到技术进步、市场变化及社会需求的演变，项目本身可能也需要进行技术升级或功能改造，以适应新的发展条件。在此过程中，规划者还需要密切关注项目对当地社区的影响，确保项目的运营不仅符合经济效益，也要促进社会和文化的可持续发展。这包括提高当地居民的生活质量，增强周边地区的活力，以及促进地方产业的升级和经济结构的优化。通过这种全面而细致的规划与协调，项目不仅能实现自身的可持续发展，也能为整个社区带来长远的正面影响。

二、规划全局统筹下的丹寨非遗主题小镇设计与运营

贵州丹寨小镇是一个由对口扶贫项目发展起来的民族风情小镇。从规划定位到开业运营已走过 8 年历程，这是一个能够完整展示城乡规划学科站在乡村振兴战略角度全局统筹的典型案例。从前期产业选择的战略定位，中期设计过程中空间的营造和业态的把控，到后期小镇运营的规划协调，都充分展示了规划全局统筹带来的发展效率。希望能为方兴未艾的以文化旅游产业作为发展引擎的乡镇建设项目提供有益的参考。

（一）依托资源优势，因地制宜确定产业切入点

在考虑丹寨县的乡村振兴和经济发展策略时，旅游业的推广显得尤为重要，尤其是通过挖掘和展示当地丰富的非物质文化遗产。丹寨，位于黔东南苗族侗族自治州，虽然曾面临较高的贫困率和低下的农民人均纯收入，但其独特的民族文化和山水景观为发展旅游业提供了天然优势。合作研究中的“旅游扶贫+教育启智”策略，正是依托于这种文化和自然资源的双重优势。特别是在丹寨万达小镇的规划与建设中，非遗文化的融入起到了核心作用。小镇不仅展示了苗族和侗族的传统手工艺，如刺绣、银饰制作、竹编艺术等，还重现了这些民族丰富的节日庆典和传统习俗，成为吸引游客的重要元素。这种以非遗文化为核心的旅游发展策略，显著提升了丹寨的旅游吸引力。开业半年后，小镇迅速成为贵州省内热门旅游地之一，直接和间接带动了大量贫困人口的就业与增收，有效促进了当地经济的快速发展。丹寨小镇的成功案例，证明了非遗文化在乡村振兴中的巨大潜力，不仅帮助提升了当地居民的生活水平，还推动了整个县的城镇化进程，使城镇化水平从 11%上升至 39%。此外，小镇的发展还带动了相关的旅馆、餐饮业和其他服务业的兴起，使得旅游业收入增长了 30 多倍。通过这样的经济转型，丹寨县不仅在经济上实现了跨越式发展，也在文化传承和生态保护上取得了显著成效，走上了一条绿色发展的道路。这种以非遗文化为切入点的发展模式为其他贫困地区提供了宝贵的经验和示范，展示了非遗文化与经济发展相结合的巨大潜力。

（二）提取空间基因，营造场所的民族地域特色

在贵州省的丹寨县中，利用“空间基因”概念来营造具有民族地域特色的场

所是整个文化旅游发展策略的关键部分。这一策略深入挖掘和利用了当地的自然环境、历史文化，以及人文活动的特点，有效地将这些元素转化为具体的空间设计和建筑风格。丹寨小镇的规划和建设过程中，空间基因的提取和应用表现得尤为突出。区别于其他贵州的民族风情小镇通常基于现有的建筑群体修缮或围绕历史建筑遗址复建，丹寨小镇的建设更多地是从零开始，选择在文化资源丰富而分散的地区集中打造一个全新的经典展示窗口。这一决策背后的逻辑是，通过创造一个全新的、高度集成的文化旅游环境，能够更有效地吸引游客和推动地方经济的发展。在空间布局上，丹寨小镇采用了“商业步行街”和“酒店度假区”相结合的模式，这种环湖相望的设计不仅提供了美观的视觉享受，也方便了游客的休闲与活动。重要的是，这种布局充分利用了当地的自然景观优势，与周围的山水环境和谐共生。小镇在设计和建筑选择上，深入提取了苗族和侗族的传统建筑风格和装饰元素。这些设计细节不仅体现了地域的文化特色，还保持了与自然环境的和谐相融，展示了一种地域文化与现代商业活动相结合的新型旅游模式。

1. 空间基因传承的是空间形成的逻辑空间

在乡村振兴和规划设计项目中，空间基因理论的运用是确保“在地性”和文化传承的关键。该理论强调从每个特定区域的自然环境、建筑风格、社区布局，以及当地居民的生活方式中提取关键信息，以便捕捉和解析这些区域的独特空间基因。通过对这些基因的细致提取和解析，规划师和设计师能够创造出与当地文化和历史背景紧密相连的发展计划。实践中，这意味着不仅是复制或重新塑造传统的形式和结构，而是深入理解这些元素如何与现代生活方式相融合，并在此基础上进行创新设计。例如，通过识别一地区传统建筑的特点，如材料选择、构造技术或空间布局，规划者可以设计出既尊重传统又满足现代需求的空间。这种方法不仅提升了建成环境的品质和功能，也强化了社区成员对自身文化身份的认同和自豪感。通过将空间基因理论应用到乡村振兴项目中，可以有效避免单一化和模式化的问题，确保每个项目都具有独特性和针对性。这种方法不仅为乡村地区带来了视觉和功能上的提升，同时也有助于维护和强化地区内的文化和社会结构，促进社区的整体繁荣和可持续发展。

2. 借助空间基因提取与表达的快速设计

丹寨小镇的设计和建设充分体现了通过快速提取和表达“空间基因”来实现高效规划的典范。选择在东湖边的自然坡地上，小镇利用了自身的地理优势，采用了传统的“依山傍水、山水合抱”的营城理念，同时也顺应了传统聚落依山逐水而居的生活习惯。这种选址策略不仅利于环境保护，也优化了小镇的空间布局和视觉体验。小镇的空间布局设计巧妙地结合了商业活动与自然风光，将商业主街和滨水酒吧街布置在不同的标高台地上，利用地形的自然倾斜形成了层次分明的空间分区。这种布局允许游客在享受购物和餐饮服务的同时，也能轻松接触到自然水体，增强了亲水体验。步行街的设计参考了传统集市的线性布局，而变化的视线和流线则通过地形和水岸的自然曲折得以实现，创造出充满活力的步行体验。

在建筑设计上，小镇广泛采用了悬山屋顶和穿斗式结构，这些传统的建筑元素不仅展示了苗族和侗族的建筑美学，也为小镇增添了浓厚的民族文化氛围。同时，通过引入吊脚楼和半边吊脚楼等多样的建筑形式，小镇的空间变得更为丰富和多元，每一个转角都可能探索到新的视觉和体验惊喜。

在细节上，小镇的装饰和标识系统深入挖掘了苗族和侗族的传统图案和符号，如太阳纹饰和牛角纹饰，使得整个小镇在现代化的商业氛围中依然保持着根植于土地的文化身份。从广场的铺装到建筑的立面装饰，再到公共空间的小品景观，每一处细节都在讲述着丹寨的故事，加深了游客对这片土地文化的理解和感受。

（三）强调业态规划，复兴传统文化

遗产小镇的规划和运营深度融合了“非遗文化体验”作为其核心主题，强调传统文化的传承与复兴。通过精心的业态规划和招商，小镇不仅在视觉上延续了地方的传统风貌，还在功能上与地域历史紧密相连。小镇的每一个业态都紧扣地方文化，从餐饮到住宿，每处细节都展示了地方文化的精髓，如地方特色美食和传统手工艺品。同时，现代设计元素的加入使得小镇既展现传统魅力又满足现代生活需求，形成了一个充满活力的文化遗产活化示例，有效促进了文化的传承与地方经济的发展。

1. 以现代文化消费推广传统民间工艺

丹寨小镇通过将现代文化消费融入传统民间工艺的推广中，设计了三个独立的院落：卡拉鸟笼、石桥古法造纸和苗族蜡染，旨在为游客提供深度文化体验。这些院落采用了传统的庭院形式，通过内外串联的流线设计，不仅加强了场所的纵深感，还利用园林场景的引导和隔断，营造了吸引游客探索的氛围。每个小院的功能布局巧妙地将传统工艺与现代生活需求结合起来。例如，鸟笼制作与休闲客栈茶座相结合，古法造纸与现代文创产品相融合，蜡染技艺则与美术工坊相连。这种设计不仅为传统工艺带来了现代文化消费的新生命，也使得工艺本身更加贴近现代消费者的生活方式和审美。此外，通过流线的策略性布局，小院考虑了不

同游客的体验需求：快速浏览的游客可以在前场的展示和零售区快速了解和购买，而寻求深度体验的游客则可以在后场的制作区和教学区静心体验和休憩。

2. 以各色斗场再现传统民俗娱乐

丹寨小镇巧妙地利用了地形与自然景观，将传统的苗族民间娱乐项目斗鸟、斗鸡、斗牛集成于小镇的日常生活之中，提供了一种独特的文化体验。在东湖水岸的台地上，小镇规划了几处斗艺场，这些场地不仅与主街相连，还通过巧妙的设计独立于周围环境，确保了赛事活动的热烈氛围和游客互动，同时避免了人流交叉干扰。斗鸟场和斗鸡场作为观赏性较强的场地，被巧妙地设计在主街一侧的绿化中，形成了掩映的小型滨水场地，使得观赛的氛围更加亲近自然。斗鸡场特别注意了噪声控制，采用之字形台阶和绿化隔离，以减少对小镇其他部分的干扰。而斗牛场则因规模较大，采用了双向入口设计，一侧接近环东湖路，便于观众进出和停车，另一侧则通过大台阶与主街相连。台阶两侧的铜鼓雕塑和牛头图腾柱，以及尽端“牛霸天下”的匾额，都强调了斗牛文化的壮观和地域特色。这些斗场不仅作为传统民俗的展示窗口，也极大地丰富了游客的感官体验，将传统的逗宠文化与现代的游憩需求相结合，使得丹寨小镇成为一个活生生的文化遗产体验地，同时为游客提供了深入了解和体验黔东南民族文化的机会。

3. 以节庆歌舞展示乡土风情

丹寨小镇的节庆歌舞展示充分利用了小镇主街上四个具有代表性的节点广场：尤公广场、苗年广场、鼓楼广场和锦鸡广场，各自承担着丰富的文化展示和公众活动功能。这些广场不仅作为大型文艺演出和公众活动的核心场地，还通过歌舞和节庆活动展示了当地苗族的服饰风情和独特的歌舞文化。在丹寨小镇，节庆和歌舞不仅是展示乡土风情的一种方式，更是一种生动的文化传播手段。通过精心编排的歌舞表演和盛装歌舞巡游，小镇将物质空间的文化体验提升至精神层面的文化共鸣。表演融合了当地的民族历史、图腾崇拜、农耕文化及日常生活情趣，不仅展现了丹寨的文化深度，也极大地增强了游客的参与感和体验感。这种对节庆歌舞活动的重视和精心规划，使得丹寨小镇不仅仅是一个简单的旅游目的地，而是成了一个具有强烈文化特色和高度文化共鸣的旅游 IP。

三、规划理念引导全周期的可持续发展模式

科学合理的规划体现在丹寨小镇的全周期管理中，包括战略选择、设计实施，及后续运营检验。小镇的开业运营是其“文化主导、生态优先”规划理念与市场规律博弈的开始，通过不断优化空间配置和内容更新，有效对接市场需求。这种动态调整不仅增强了小镇的市场竞争力，也保持了其文化和生态价值的传递。

（一）文化主导原则下的非遗业态与现代服务业实现良性共生

丹寨小镇在业态规划中实现了文化主导原则下的非遗业态与现代服务业的良性共生。以“非遗”文化为核心，小镇不仅突出了民族和地方特色，还融合了现代商业服务设施，强化了旅游和度假服务链，提升了整体现代化水平。初期，小镇吸引了 200 余家商户，包括 150 个首次进驻的品牌，以及万达影院和万达锦华酒店等主力店，显著缩小了与大城市商业服务业的差距。近几年，小镇业态分化明显：餐饮减少，住宿微增，非遗业态保持稳定。新增的网红娱乐业态和体验类、文创类商家活跃了市场。小镇通过引入主题民宿、文创体验和国粹定制等新模式，加强了文化与商业的融合，这不仅符合“文化主导”的规划思想，也顺应了市场需求，有效地推动了文化与经济的双向发展。

（二）“合作共赢”理念下的小镇空间有序、有机生长

随着丹寨小镇的成功开业，该地区的旅游产业迎来了新的发展契机。丹寨小镇不仅成为当地旅游的核心吸引力，还逐渐吸引了包括演艺、研学、文创、拓展营地等相关伴生业态，有效地丰富和完善了整个产业链，涵盖了吃、住、行、游、购、娱等各个方面。小镇的发展是在“合作共赢”和“生态优先”的经营管理宗旨下进行的，这不仅确保了小镇及其周边文旅项目的有序增长，也使丹寨成为一个持续吸引新老游客的热点地区。即便在 2019 年至 2021 年，丹寨小镇的游客量反而实现了小幅提升，这表明小镇以创新和多样化的旅游体验满足了省内及周边地区游客的需求，形成了一个可持续发展的良性循环。

参考文献

［1］陈传亚. 盐城非物质文化遗产旅游研究［M］. 天津：天津社会科学院出版社，2021.
［2］陈剑宇. 基于非物质文化遗产保护理念的我国传统音乐传承与发展研究［M］. 长春：吉林人民出版社，2021.
［3］陈勤建. 回归生活非遗保护的理论与实践研究［M］. 上海：上海人民出版社，2018.
［4］戴维·罗斯. 正当与善［M］. 林南，译. 上海：上海译文出版社，2008.
［5］蒋晨丽. 多维度视阈下的旅游文化研究［M］. 北京：北京出版社，2021.
［6］李江敏，苏洪涛. 中国旅游与非物质文化遗产［M］. 武汉：武汉大学出版社，2017.
［7］李天元. 旅游学概论［M］. 5 版. 天津：南开大学出版社，2003.
［8］刘恩芹，李西臣. 非遗保护视域下贵州民族手工技艺的传承机制研究［M］. 北京：中国纺织出版社，2021.
［9］卢杰，李昱，项佳佳. 非物质文化遗产濒危评价及数字化保护研究［M］. 武汉：华中科技大学出版社，2018.
［10］马林诺夫斯基. 文化伦［M］. 北京：人民美术出版社，1987.
［11］马歇尔·萨林斯. 人性的西方幻象［M］. 赵丙祥，胡宗泽，罗杨，译. 北京：生活·读书·新知三联书店，2019.
［12］马振. 非物质文化遗产的旅游生产性场域研究［M］. 北京：九州出版社，2018.
［13］欧文. 戈夫曼. 日常生活中的自我呈现［M］. 2 版. 冯钢，译. 北京：北京大学出版社，2022.
［14］皮埃尔·布迪厄. 经济人类学法兰西学院课程 1992—1993［M］. 张璐，译. 上海：上海人民出版社，2023.
［15］泰勒. 原始文化［M］. 蔡江浓，译. 杭州：浙江人民出版社，1988.

［16］特里·克拉克. 说出真相沟通终结公共危机裂变的有效方法［M］. 洪燕，译. 北京：东方出版社，2008.

［17］田中娟. 古堰画乡非遗保护与旅游开发［M］. 上海：上海交通大学出版社，2017.

［18］王铭铭. 人类学讲义稿［M］. 北京：民主与建设出版社，2019.

［19］王文章. 非物质文化遗产概论［M］. 北京：文化艺术出版社，2006.

［20］晏雄，赵泽宽. 文化旅游融合发展理论、路径与方法［M］. 北京：中国旅游出版社，2022.

［21］赵琴琴. 乡村振兴丛书乡村旅游与非物质文化遗产协同发展机制研究以四川为例［M］. 成都：四川大学出版社，2022.

［22］中国非物质文化遗产研究中心. 中国非物质文化遗产保护与开发全书［M］. 北京：长城出版社，2006.

［23］朱运海. 汉江流域非物质文化遗产保护性旅游开发研究［M］. 武汉：华中科技大学出版社，2017.

［24］师守祥，徐丽霞. 论旅游产业构成界定的逻辑与原则［C］. 海南国际旅游岛大论坛，2009.

［25］保护非物质文化遗产公约［J］. 中国文物修复通讯，2004（23）：5.

［26］王文章. 非物质文化遗产保护国际学术研讨会（2004）论文集［C］. 北京：文化艺术出版社，2005：109.

［27］宋立中. "非遗"利用平衡统一是关键［N］. 中国社会科学报，2011-11-20.

［28］赵艳喜. "非遗+"遵循的基本原则与发展路径［N］. 中国社会科学报，2018-01-18.

［29］中华人民共和国非物质文化遗产法［N］. 人民日报，2011-08-05（008）.

［30］敖双庆. 非物质文化遗产旅游价值链高端延伸的驱动机理研究［J］. 四川旅游学院学报，2024（1）：89-94.

［31］白娜. 我国非物质文化遗产旅游开发的建议［J］. 中国市场，2016（6）：39-40.

［32］白雪，金丽，李烨. 非物质文化遗产旅游开发模式研究——以天津为例［J］. 旅游纵览，2014（6）：58-59.

［33］蔡寅春，方磊. 非物质文化遗产传承与旅游业融合发展：动力、路径与实例［J］. 四川师范大学学报（社会科学版），2016，43（1）：57-62.

［34］曹诗图，袁本华. 论文化与旅游开发关系［J］. 经济地理，2003，23（3）：405-408，413.

［35］曾元丽. 非物质文化遗产旅游开发模式分类研究［J］. 旅游纵览，2020（11）：

33-35.
［36］陈明秀. 非物质文化遗产经济价值开发路径研究［J］. 经济纵横，2013（5）：26-28.
［37］陈天培. 非物质文化遗产的经济价值［J］. 理论探讨，2006（5）：99-101.
［38］方磊，唐德彪，唐青桃. “孔府菜”对隆回花瑶饮食文化开发的启示与借鉴［J］. 湖南商学院学报，2013（2）：69-73.
［39］方磊，唐青桃. 武陵山经济协作区战略下怀化旅游业发展对策［J］. 资源开发与市场，2013（2）：209-211.
［40］黄鹂. 旅游体验与景区开发模式［J］. 兰州大学学报，2004（6）：104-108.
［41］梁学成. 对世界遗产的旅游价值分析与开发模式研究［J］. 旅游学刊，2006（6）：16-22.
［42］梁彦明. 基于游客体验的旅游产品设计［J］. 江苏商论，2005（5）：71-73.
［43］刘滨谊. 现代风景旅游规划设计三元论［J］. 规划师，2001（6）：64-65，85.
［44］龙江智. 从体验视角看旅游的本质及旅游学科体系的构建［J］. 旅游学刊，2005（1）：21-26.
［45］麻学锋，张世兵，龙茂兴. 旅游产业融合路径分析［J］. 经济地理，2010（4）：678-681.
［46］曲彦慧. “舞台化”真实理论在文化旅游开发中的应用研究［J］. 嘉应学院学报，2018，36（5）：76-81.
［47］宋才发. 论人类口头和非物质文化遗产保护的法律规定［J］. 湖北民族学院学报（哲学社会科学版），2004（6）：17-22.
［48］吴炆佳，袁振杰. 商品化、主体性和地方性的重构——再造的西双版纳傣族园泼水节［J］. 旅游学刊，2013，28（4）：14-15.
［49］向云驹. 论“文化空间”［J］. 中央民族大学学报（哲学社会科学版），2008（3）：5-8.
［50］向云驹. 再论“文化空间”——关于非物质文化遗产若干哲学问题之二［J］. 民间文化论坛，2009（5）：5-12.
［51］谢冰雪，胡旭艳. “舞台真实”理论在民族旅游文化保护策略中的运用误区——基于对“前台、帷幕、后台”开发模式的反思［J］. 云南社会科学，2019（4）：96-103，186.
［52］谢彦君. 中国旅游发展笔谈——旅游体验研究的范式创新［J］. 旅游学刊，2019，34（9）：1.
［53］张朝枝. 世界遗产保护与旅游发展关系 50 年回顾与展望［J］. 中国文化遗

产，2022（5）：38-42.
［54］张岱年. 中国文化的基本精神［J］. 党的文献，2006（1）：94-95.
［55］陈炜，唐景薇. 旅游开发对少数民族非物质文化遗产保护的影响研究——以广西三江侗族自治县为例［J］. 前沿，2010（8）：142-149.
［56］陈悦，马翠华，哈晓晨，马明福. 基于数字信息平台的博湖非遗旅游资源的开发模式研究［J］. 教育现代化，2018（49）：222-225.
［57］程美超，王舜. 体育非物质文化遗产价值评价指标体系构建研究［J］. 淮北职业技术学院学报，2020（5）：24-27.
［58］程乾，吴秀菊. 非物质文化遗产真实性保持与旅游开发协调共生感知研究［J］. 经济研究导刊，2014（14）：234-235.
［59］代凌枝. 基于 AHP 法的潍坊市非物质文化遗产旅游资源的定量评价［J］. 云南地理环境研究，2011（2）：64-70.
［60］单纬东. 基于产权理论的少数民族非物质文化资源的开发与保护［J］. 贵州民族研究，2008（3）：23-28.
［61］但文红，张聪. 文化遗产对地方经济发展贡献研究——以遵义会议纪念馆经济价值评估为例［J］. 贵州师范大学学报（自然科学版），2009（8）：57-60.
［62］董晓萍. 非物质文化遗产与民俗评估［J］. 北京师范大学学报（社会科学版），2005（5）：43-49.
［63］甘代军，高唯唯. 非物质文化遗产保护的现代性困境及其突破［J］. 云南师范大学学报（哲学社会科学版），2024，56（3）：109-117.
［64］顾金孚，王显成. 非物质文化遗产旅游开发热下的冷思考［J］. 西南民族大学学报（人文社科版），2008（2）：208-211.
［65］郭剑英，余晓萍. 非物质文化遗产价值评价——以四川西部少数民族地区为例［J］. 乐山师范学院学报，2009（4）：91-93.
［66］郭俊红. 政府：非遗工作的协调者还是主导者——以山西省和顺县政府申报以及保护牛郎织女传说为例［J］. 现代经济信息，2015（2）：30-31.
［67］韩冰. 秦皇岛非物质文化遗产保护和旅游开发新模式研究［J］. 劳动保障世界（理论版），2013（5）：170-171.
［68］韩荣培，梁坤. 贵州省少数民族非物质文化遗产空间结构及文旅关系［J］. 贵州民族研究，2020（9）：69-76.
［69］贺小荣，何清宇. 非物质文化遗产旅游开发的新范式：景区实景舞台剧模式教育教学论坛［J］. 教育教学论坛，2011（7）：151-152.
［70］黄海珍. 非物质文化遗产旅游开发的矛盾问题与合理应对［J］. 大众文艺，

2017（11）：2-3.
［71］黄继元. 云南省非物质文化遗产旅游开发研究［J］. 旅游研究，2009（4）：8-14.
［72］黄梦媛. 非物质文化遗产保护与旅游开发关系分析[J]. 中国民族博览，2017（12）：64-65.
［73］黄永林. 非物质文化遗产文化基因的结构特征和保护利用［J］. 中央民族大学学报（哲学社会科学版），2024，51（2）：114-123.
［74］黄卓. 非物质文化遗产的“数字化”传承与保护——以泾县油纸伞视频制作为例［J］. 艺术家，2019（7）：138-139.
［75］吉芊融. 地方博物馆在非物质文化遗产传承推广中的作用［J］. 哈尔滨学院学报，2023，44（12）：98-100.
［76］贾鸿雁. 论我国非物质文化遗产的保护性旅游开发［J］. 改革与战略，2007（11）：119-122.
［77］蒋长春，黄丹凤. 区域”非遗”与旅游深度融合机制与模式研究——以莆田湄洲妈祖信俗为例［J］. 资源开发与市场，2015，31（4）：504-508.
［78］阚如良，李肇荣. 论旅游开发与非物质文化遗产传承［J］. 旅游论坛，2008（6）：361-365.
［79］阚越. 新疆非物质文化遗产资源与旅游节庆活动的互动发展探析［J］. 喀什大学学报，2016（5）：39-41.
［80］匡翼云. 非物质文化遗产的产业化发展模式探讨［J］. 经济研究导刊，2015（9）：36-37.
［81］雷蓉，胡北明. 非物质文化遗产旅游开发的必要性分析——基于保护与传承的视角［J］. 贵州民族研究，2012（2）：130-134.
［82］李建英. 菏泽地方戏曲与非遗旅游开发的良性互动研究[J]. 北方音乐，2019（12）：72-73.
［83］李江帆，李冠霖，江波. 旅游业的产业关联和产业波及分析——以广东为例［J］. 旅游学刊，2001（3）：19-25.
［84］李淼. 民间非物质文化遗产的活化路径研究［J］. 普洱学院学报，2024，40（2）：48-50.
［85］李晓燕. 基于文旅产业视阈的“非物质文化遗产”探究——以淮河流域民间美术为例［J］. 乐山师范学院学报，2024，39（1）：63-71.
［86］李昕. 非物质文化遗产进入文化产业的评估研究［J］. 东岳论坛，2011（4）：112-116.

［87］李杨．基于数字平台的非遗旅游资源化创新模式研究［J］．包装工程，2015（10）：32-355.
［88］李烨，李莉，王颖．传统曲艺旅游化生存模式探讨——以天津相声为例［J］．旅游纵览，2014（7）：29-30.
［89］李烨，王庆生，李志刚．非物质文化遗产旅游开发风险评价——以天津市为例［J］．地域研究与开发，2014（5）：88-93.
［90］梁保尔，马波．非物质文化遗产旅游资源研究——概念、分类、保护、利用［J］．旅游科学，2008（2）：7-14.
［91］梁圣蓉．南通市非物质文化遗产旅游开发模式研究［J］．科技视界，2012，（10）：35-36.
［92］廖四顺．乡村非物质文化遗产保护传承与旅游高质量互动发展［J］．社会科学家，2024（2）：86-92.
［93］林继富，汤尔雅．非物质文化遗产旅游与铸牢中华民族共同体意识［J］．文化遗产，2024（2）：1-8.
［94］刘芳．非物质文化遗产产业化传承路径研究[J]．技术经济与管理研究，2023（12）：102-105.
［95］刘红萍．非物质文化遗产旅游开发模式研究［J］．湖北科技学院学报，2014（11）：45-46.
［96］刘建平，陈姣凤，林龙飞．论旅游开发与非物质文化遗产保护［J］．贵州民族研究，2007（3）：65-69.
［97］刘丽华．非物质文化遗产旅游开发研究——以石屏彝族海菜腔为例［J］．中国民族博览，2020（6）：70-71.
［98］刘敏敏，汪婷婷，周甄川，等．基于非物质文化遗产的徽州传统村落活化研究［J］．山西建筑，2024，50（4）：9-12.
［99］刘少艾，林迎星．游客参与、真实性感知与非遗文化旅游价值开发［J］．福建论坛（人文社会科学版），2020（12）：99-108.
［100］刘玉峰，孔昊瑜．数字孪生技术与非物质文化遗产的活态化传承［J］．佛山科学技术学院学报（社会科学版），2024，42（3）：98-104.
［101］卢世菊，柏贵喜．民族地区旅游扶贫与非物质文化遗产保护协调发展研究［J］．中南民族大学学报（人文社会科学版），2017，37（2）：74-79.
［102］卢云．民族文化生态保护传承的价值补偿模型测算与机制研究——基于生态旅游的视角［J］．商业文化，2020（7）：27-33.
［103］罗杰，杨绍骏，谭超．非物质文化遗产保护与乡村旅游经济融合发展——

以乐山市为例［J］. 山西财经大学学报，2024，46（S1）：127-129.
［104］马勇，童昀. 从区域到场域：文化和旅游关系的再认识［J］. 旅游学刊，2019，34（4）：7-9.
［105］孟姝言. 关注民族区域旅游扶贫与非物质文化遗产保护的协调发展［J］. 才智，2019（33）：239-240.
［106］孟涛. 非物质文化遗产旅游价值及利用模式研究——以西宁市及海东市为例［J］. 江苏商论，2018（12）：65-67.
［107］聂丽清，王永鸿. 文旅融合视阈下非遗传承与发展的产业机制研究——江西非遗产业发展存在的问题及对策建议［J］. 南方文物，2021（6）：268-271.
［108］牛宏程，段友文. 活态传承视角下的陕北民歌系统性保护探索［J］. 文化遗产，2024（1）：34-40.
［109］彭黎. 非遗传承与旅游文创产品开发互推策略研究［J］. 绿色包装，2020（8）：69-73.
［110］彭逸乐，许建. 非物质文化遗产的旅游价值与研学旅游相结合的开发对策探究［J］. 经济师，2020（6）：220-221.
［111］宋河有. 创意旅游与主题旅游的融合：动因与实现路径——以草原旅游目的地马文化主题创意旅游开发为例［J］. 地理与地理信息科学，2018，34（5）：119-124.
［112］宋欢. 旅游开发与非物质文化遗产保护［J］. 沧桑，2006（4）：88-89.
［113］苏卉. 非物质文化遗产旅游价值的多层次灰色评价［J］. 北京第二外国语学院学报，2010（9）：72-77.
［114］孙晓亚，张芸芸. “景区+非遗”模式下的乡村旅游精准扶贫研究——以邛崃市南宝山镇羌寨为例［J］. 农村经济与科技，2019（11）：75-77.
［115］谭静怡. 从静态传承走向活态保护——论非物质文化遗产的旅游开发模式与价值［J］. 山西档案，2016（3）：131-133.
［116］汤倩铠. 非物质文化遗产合理利用应与旅游开发适度结合［J］. 神州民俗（学术版），2011（4）：56-58.
［117］田茂军，张湘华. “非遗”保护与乡村旅游适度融合研究——以湖南省湘西州为例［J］. 原生态民族文化学刊，2015（4）：140-147.
［118］田晓蕾，朱佳妮. 融媒体时代陕西非物质文化遗产对外传播路径研究［J］. 今传媒，2024，32（6）：48-51.
［119］王丹竹. 黔西南州非物质文化遗产保护与旅游发展研究［J］. 兴义民族师范学院学报，2016（4）：1-4.

[120] 王红霞. 吴江区非物质文化遗产与乡村特色旅游的互动发展 [J]. 文化产业，2024（3）：139-141.
[121] 王健. 非物质文化遗产与旅游的不解之缘 [J]. 旅游学刊，2010（4）：11-12.
[122] 王伟，孙雷. 区域创新系统与产业转型耦合协调度分析——以铜陵市为例 [J]. 地理科学，2016，36（2）：204-212.
[123] 王艳平. 非物质文化遗产旅游性质的认识路径 [J]. 旅游科学，2009（1）：53-56.
[124] 韦慧灵. 旅游开发与非物质文化遗产保护 [J]. 旅游纵览，2019（4）：184-185.
[125] 向龙辉. 达州非物质文化遗产与旅游的深度融合研究 [J]. 文化创新比较研究，2024，8（4）：125-130.
[126] 肖曾艳. 非物质文化遗产保护与旅游开发的阶段性互动分析——以湖南虎形山花瑶乡的非物质文化遗产为例 [J]. 云南地理环境研究，2008（2）：100-103.
[127] 谢春. 非物质文化遗产保护理念的当代变迁 [J]. 艺术传播研究，2024（1）：32-40.
[128] 徐凤菊. 旅游文化与文化旅游：理论与实践的若干问题 [J]. 旅游学刊，2005，20（4）：67-72.
[129] 闫路瑶. 数字赋能：亳州非物质文化遗产的存续场域 [J]. 通化师范学院学报，2024，45（5）：25-30.
[130] 杨军. 基于新常态的乡村旅游与文化创意产业融合发展模式研究 [J]. 青海社会科学，2018（5）：131-134，174.
[131] 杨军昌，杨蕴希. 清水江流域民族教育文化遗产与乡村旅游融合发展研究 [J]. 西南民族大学学报（人文社会科学版），2018（5）：1-6.
[132] 杨茜，杨方玲. 音乐类“非遗”在文化旅游产业中的应用与创新研究 [J]. 黄河之声，2018（12）：64-65.
[133] 叶凌燕. 从共谋到联动——非物质文化遗产保护性开发与旅游合作发展策略 [J]. 才智，2015（2）：288-289.
[134] 殷毓晗. 非物质文化遗产保护与旅游资源开发的协调发展浅谈——以攀枝花市迤沙拉村 [J]. 知识经济，2014（3）：95-96.
[135] 余丹. 民族节庆旅游开发与非物质文化遗产保护互动模式研究 [J]. 西南民族大学学报（人文社科版），2009（9）：5-8.
[136] 张秉福. 京杭运河非物质文化遗产保护与旅游开发互动关系的现状与问题

探析［J］. 出版发行研究，2019（5）：180-184.
［137］张朝枝，孙晓静，卢玉萍. “文化是旅游的灵魂”：误解与反思——武夷山案例研究［J］. 旅游科学，2010，24（1）：61-67.
［138］张朝枝. 文化与旅游何以融合：基于身份认同的视角［J］. 南京社会科学，2018（12）：162-166.
［139］张荣天，管晶. 非物质文化遗产旅游开发模式及可持续发展策略研究——以皖南地区为例［J］. 遗产与保护研究，2017（4）：37-41.
［140］张涛. 旅游业内部支柱性行业构成辨析［J］. 旅游学刊，2003，18（4）：24-29.
［141］张魏. 非物质文化遗产保护与旅游开发动态关系分析［J］. 边疆经济与文化，2015（10）：50-52.
［142］张希月. 非物质文化遗产的旅游开发模式与优化策略［J］. 人民论坛，2016（11）：80-82.
［143］张希月. 非物质文化遗产资源旅游开发价值评价体系与应用——以苏州市为例［J］. 地理科学进展，2016（8）：997-1007.
［144］张瑛. 中国非物质文化遗产保护与旅游开发实现“双赢”的思考——以云南少数民族歌舞非物质文化遗产为例［J］. 新西部，2009（10）：131-133.
［145］赵鹏霞，石惠春，谢敏慧，宋媛. 甘肃省非物质文化遗产空间分异及旅游开发模式探究［J］. 资源开发与市场，2019，35（10）：314-321.
［146］赵婷. 非物质文化遗产资源旅游开发模式——以青海省海东地区为例［J］. 旅游纵览，2013（24）：85-87.
［147］赵莹. “体育非物质文化遗产”的保护与传承研究［J］. 盐城工学院学报（社会科学版），2024，37（2）：83-86.
［148］赵悦，石美玉. 非物质文化遗产旅游开发中的三大矛盾探析［J］. 旅游学刊，2013（9）：84-93.
［149］郑乐丹. 非物质文化遗产资源价值评价指标体系构建研究［J］. 文化遗产，2010（1）：6-10.
［150］郑小虎，刘平. 论旅游开发对民族社区文化的影响——以花溪区石板镇镇山村为例［J］. 长沙大学学报，2011（6）：49-50.
［151］朱国兴. 地域传统文化与旅游发展理性思考——以徽州文化为例［J］. 人文地理，2002，17（3）：78-81.
［152］朱赟，叶新才. 非物质文化遗产资源保护与旅游利用研究综述［J］. 旅游研究，2014（4）：29-34.

[153] 邹统钎，胡晓荣，邱子仪，等. 论非物质文化遗产旅游活化逻辑与路径［J］. 文化软实力研究，2024，9（2）：44-54.
[154] 宾玉洁. 非物质文化遗产开发视角下庙会旅游吸引力研究——以长沙火宫殿火神庙会为例［D］. 长沙：湖南师范大学，2013.
[155] 陈荣杨. 体育非物质文化遗产旅游开发价值评价指标体系研究［D］. 深圳：深圳大学，2019.
[156] 范玉娟. 非物质文化遗产的旅游开发研究［D］. 上海：上海师范大学，2007.
[157] 胡小红. 荆楚非物质文化遗产保护与开发模式研究［D］. 武汉：华中师范大学，2008.
[158] 胡颖. 论历史街区的非物质文化遗产保护——以屯溪老街为例［D］. 上海：华东师范大学，2006.
[159] 纪晓君. 非物质文化遗产价值评估体系研究［D］. 济南：山东大学，2014.
[160] 罗春培. 非物质文化遗产在旅游业中的有形化利用研究［D］. 杭州：浙江工商大学，2007.
[161] 齐超. 基于研学旅游的福州油纸伞非遗活态传承研究［D］. 福州：福建师范大学，2018.
[162] 尚蕊. 传统手工技艺类非物质文化遗产旅游开发社会效益评价研究［D］. 湘潭：湘潭大学，2018.
[163] 盛静. 民俗类非物质文化遗产保护政策探讨［D］. 北京：中国艺术研究院，2012.
[164] 王凤丽. 非物质文化遗产的旅游开发研究——以山西省非物质文化遗产旅游开发为例［D］. 武汉：华中师范大学，2008.
[165] 向晶晶. 湘西乡村振兴与非遗保护互动路径研究——以古丈县龙鼻村为例［D］. 湘西土家族苗族自治州：吉首大学，2020.
[166] 肖刚. 体验经济视角下的非物质文化遗产旅游开发模式研究［D］. 兰州：西北师范大学，2010.
[167] 谢胜林. 传统戏剧类非遗旅游开发价值评价指标体系构建与应用研究［D］. 福州：福建师范大学，2016.
[168] 杨维. 非物质文化遗产生产性保护诸问题研究［D］. 北京：中国艺术研究院，2014.
[169] 杨晓玫. 非物质文化遗产物质空间保护与更新研究——以陕西凤翔六营泥塑手工艺为例［D］. 西安：西安建筑科技大学，2009.
[170] 张魏. 非物质文化遗产旅游开发系统的动态仿真研究［D］. 昆明：昆明理

工大学，2014.
［171］张湘华．“非遗”保护与乡村旅游适度融合研究——以古丈县墨戎苗寨为例［D］．湘西土家族苗族自治州：吉首大学，2017.
［172］赵丽慧．非物质文化遗产与旅游融合发展的效应评价研究［D］．西安：西北大学，2021.
［173］朱莎．非物质文化遗产的旅游开发模式与绩效评价——以张家界“土家风情园”为例［D］．长沙：湖南师范大学，2011.